Journal of Errors in Use of Japanese and Japanese Language Teaching

# 日语偏误与日语教学研究

## 第五辑

日语偏误与日语教学学会 编

浙江工商大学出版社
ZHEJIANG GONGSHANG UNIVERSITY PRESS
· 杭州 ·

**图书在版编目(CIP)数据**

日语偏误与日语教学研究. 第五辑 / 日语偏误与日
语教学学会编. —杭州:浙江工商大学出版社,2020.11
ISBN 978-7-5178-4047-3

Ⅰ.①日… Ⅱ.①日… Ⅲ.①日语—教学研究—文集
Ⅳ.①H369-53

中国版本图书馆 CIP 数据核字(2020)第156196号

日语偏误与日语教学研究　第五辑
RIYU PIANWU YU RIYU JIAOXUE YANJIU DIWUJI
日语偏误与日语教学学会 编

| | |
|---|---|
| 责任编辑 | 鲁燕青　王　英 |
| 封面设计 | 林朦朦 |
| 责任印制 | 包建辉 |
| 出版发行 | 浙江工商大学出版社 |
| | (杭州市教工路198号　邮政编码310012) |
| | (E-mail:zjgsupress@163.com) |
| | (网址:http://www.zjgsupress.com) |
| | 电话:0571-88904980,88831806(传真) |
| 排　　版 | 杭州朝曦图文设计有限公司 |
| 印　　刷 | 杭州高腾印务有限公司 |
| 开　　本 | 710mm×1000mm　1/16 |
| 印　　张 | 16.75 |
| 字　　数 | 249千 |
| 版 印 次 | 2020年11月第1版　2020年11月第1次印刷 |
| 书　　号 | ISBN 978-7-5178-4047-3 |
| 定　　价 | 58.00元 |

# 目　录

# 【论　坛】

# 专题 语言研究与语言学习

# 語彙概念構造と日本語研究
## ―反使役化と脱使役化を巡って―

岸本秀樹(神戸大学)

要　旨　本論では(「壊す/壊れる」のような動詞のペアに見られる)反使役化と(「助ける/助かる」のような動詞のペアに見られる)脱使役化を取り上げ,語彙に含まれる意味要素が分解されて表示される語彙概念構造が動詞の自他交替を分析するのに有効であることを示す。反使役化によって派生された自動詞には行為の意味は含まれないが,脱使役化によって派生された自動詞には行為の意味が含まれることを主に付加詞による述語の修飾可能性を見ることで検証する。脱使役化によって派生された自動詞には「に」格で標示された行為者を表出できるものとできないものがある。行為者が表出できる自動詞では,自動詞の語彙概念構造に場所述語が追加され,行為者項と場所項(着点)が同定されることによって行為者の生起が可能になることを論じる。

キーワード　語彙概念構造,反使役化,脱使役化,使役事象,行為者と場所の同定

## 1　はじめに

　語彙の意味を分解して表示する語彙概念構造(Lexical Conceptual Structure,LCS)を用いる日本語の研究,特に動詞の研究は,言語に関

する有用な一般化を提示できる可能性がある。本論では,語彙概念構造を用いる研究の事例として自他交替を取り上げる。自他交替は,形式的には,主語と目的語をとる他動詞と,主語のみをとる自動詞との間の交替である。形式上は,一つのまとまりをなす自他交替も,交替に関わる意味を考慮に入れるといくつかのクラスに分かれる。本論では,そのような自他交替のうち,影山(1996)が「反使役化(anti-causativization)」および「脱使役化(de-causativization)」と呼ぶ二つのタイプの自他交替について考察する。

　反使役化の操作によって作られた自動詞は,語彙概念構造に使役(行為)の意味を含まないが,脱使役化の操作によって作られた自動詞は,語彙概念構造に使役(行為)の意味を含むという特徴を示す。この違いは,付加詞の修飾の可能性によって確認することができる。反使役化により作られる自動詞は行為者を表出できないが,脱使役化により作られる自動詞には,行為者を表出できるものとできないものがある。本論では,脱使役化によって派生された自動詞では,動詞の語彙概念構造の中で付加された場所述語のとる着点項が行為者項と同定される場合に,行為者の表出が可能になることを示す。

　本論の議論は,以下のように進める。まず,第2節では,Vendler(1957)の動詞の4分類をもとに,分解述語を用いた動詞の語彙概念構造がどのように表示されるのかを説明する。第3節では,反使役化と脱使役化について考察を行い,反使役化によって派生された自動詞の語彙概念構造には使役事象(行為)の意味が含まれないのに対して,脱使役化で派生された自動詞の語彙概念構造には使役事象(行為)の意味が含まれていることを示す。第4節は結論である。

## 2　動詞の意味クラスと分解述語

　言語学においてしばしば議論されるように,動詞は意味によっていくつかのクラスに分かれる。意味に基づく動詞の分類はこれまでにもいくつか提案されているが,最も初期に動詞を分類した研究としては,Vendler(1957)が挙げられる。Vendler(1957)は,動詞の意味特性をもとに動詞を(1)のような四つのクラスに分類して

いる。①

（1）a. 状態動詞（stative verb）

　　 b. 活動動詞（activity verb）

　　 c. 到達動詞（achievement verb）

　　 d. 達成動詞（accomplishment verb）

Vendler（1957）の4分類は，動詞の意味の研究において重要な役割を果たしてきた。Vendler（1957）の4分類に基づいて動詞の意味分解を行った研究には，例えば，Dowty（1979）がある。②Dowty（1979）の研究で提案された動詞の分類法や動詞の意味分解の基本的な部分は，現在の語彙概念構造を用いた動詞研究に引き継がれていると言ってよい（Van Valin 2005, Van Valin and LaPolla 1997などを参照）。もちろん，語彙分解を行って研究を行う利点としては，意味をいくつかの部分に分けることによって動詞のクラスの一般化が掴みやすくなるということが挙げられる。

　　以下では，動詞の意味の分解について具体的に考えることにする。語彙概念構造においては，位置関係を表すBE AT，活動を表すACT（ON），変化を表すBECOME，因果関係を表すCAUSEなどの抽象的な分解述語を用いて動詞の意味を表す。

　　最初に，状態動詞について見ると，（例えば，「ある」「いる」のような）状態動詞は，（2）aのように変化を伴わない状態（state）を表し，場所述語のBE ATを用いて場所あるいは所在を指定する。

（2）a. その本が　図書館に　ある。③

　　 b. [$_{STATE}$ y BE AT　z]

（2）bの語彙概念構造は，「ある」が持つ意味構造で，「yがzのところに存在する」という意味を表す。（2）bの語彙概念構造中のyは（2）aの「本」，zは（2）aの「図書館」に対応し，それぞれの項が定項として現れ

---

① Vendler（1957）と似た動詞の分類としては，金田一（1950）の4分類もある。金田一の分類は，日本語の「ている」形動詞が表すことができるアスペクトの意味に基づく分類である。

② さらに，動詞をいくつかの意味に分解するというアプローチは，いわゆる生成意味論（generative semantics）で盛んになった。例えば，McCawley（1968）は，killをcause not to be aliveというようにいくつかの部分に分解して表示できることを議論している。

③ 下線は筆者によるものである。全書は同様。

ると(2)aの意味が表される。①(2)bの意味述語の周りを囲む括弧 [STATE …]は表されている事態が状態であることを示している。

　次に,活動動詞には,「働く」「走る」「歩く」などの動詞があり,何らかの活動を行っているという意味を表す。活動は変化が関与しないので,(3)aの「走る」は,(3)bのような活動を表すACTを含む語彙概念構造を持っているとすることができる。

　(3)a. <u>学生が</u> 走った。

　　　b. [EVENT x ACT]

ACTは活動を表す述語で,(3)bの語彙概念構造は何らかの行為を行うという意味を表す。行為を表す抽象述語としてはDOが用いられることもあるが,本稿ではACTを用いることにする(cf. Dowty 1979)。また,ACT自体は抽象的な行為を表し,〈　〉を用いて行為の種類をACT$_{\langle manner \rangle}$のように指定することもある(Rappaport Hovav and Levin 1998参照)。また,[EVENT …]は表されている事態が出来事であることを示す。ちなみに,「たたく」のような動詞は,活動動詞であるが,行為が向けられる対象をとることもできる。

　(4)a. 学生が ドラムを たたいた。

　　　b. [EVENT x ACT ON y]

「たたく」行為には働きかけの対象が含まれていても,対象の状態変化は意味に含まれない。したがって,「たたく」の語彙概念構造では,(4)bのように,行為の働きかけの対象をONという述語で表し,x ACT ON yによってxがyに働きかける行為をするという意味を表す。

　次に,到達動詞には「開く」「壊れる」などがあり,何らかの変化が起こるという意味を表す。変化は[EVENT BECOME [STATE y *PRED*]]という形式で表される。BECOMEは変化の意味を表し,変化の結果は*PRED*で表される(*PRED*は動詞によって異なるものが指定される)。変化を表す事態は,「移動(場所変化)」と「状態変化」の二つに大きく分けられる。例えば,(5)aの「着く」は移動変化の意味を

---

① 状態は,恒常的な状態であっても,一時的な状態であってもよい。(2)aは一時的な状態を表す。

表す。

（5）a. 荷物が 自宅に 着いた。

　　b. [EVENT BECOME [STATE y BE AT z]]

「着く」は, 対象物が着点まで到達したという意味を表すが, そこに至るまでの過程については意味に含まれない。したがって, 到達動詞「着く」は,（5）bの語彙概念構造を持つと考えられる。これに対して,（6）aは対象の状態変化を表す。

（6）a. 聴衆は 静まりかえった。

　　b. [EVENT BECOME [STATE y BE AT-[QUIET]]]

（6）bの語彙概念構造は対象に対する変化を表し, この意味はBE ATの後ろに状態述語を入れて表す。（6）aは「静かになる」という意味を表すので,（6）bの語彙概念構造にはBE AT-[QUIET]という述語が現れている。この語彙概念構造には, 変項は一つしか現れないので,（6）aは項が一つしか現れない自動詞文となる。

最後に, 達成動詞には,「壊す」「開ける」「書く」「読む」などがあり, 動詞は複雑な意味構造を持つ。例えば（7）bは,（7）aの「壊す」の語彙概念構造である。

（7）a. 学生が ドアを 壊した。

　　b. [EVENT x ACT] CAUSE [EVENT BECOME [STATE y BROKEN]]

（7）bの語彙概念構造では, ACT, CAUSE, BECOMEという複数の分解述語が現れている。この語彙概念構造は,「xが行為を行うことで, yが*PRED*（＝BROKEN）で指定される状態になる」という意味を表している。CAUSEの前に現れる意味表示は「使役事象（causing event）」を表し, CAUSEの後に現れる意味表示は「被使役事象（caused event）」を表している。（7）bの語彙概念構造の使役事象には, 行為の意味を表すACTが含まれているが, 使役事象には行為の意味が含まれているとは限らず, 被使役事象を引き起こす何らかの出来事があればよい。その場合には, 使役事象は, 出来事を表すxのみが現れ, [EVENT x] CAUSE [EVENT BECOME [STATE y *PRED*]]という形式で表示される。

（7）aの「壊す」は他動詞であるが, これに対応する自動詞は「壊れる」である。（8）aの「壊れる」が持つ語彙概念構造は（8）bである。

(8)a. <u>ドアが</u> 壊れた。

　　b. [$_{EVENT}$ BECOME [$_{STATE}$ y BROKEN]]

(8)bの語彙概念構造は，yが壊れた状態になるという意味を表す。(8)bでは，「壊す」の意味に対応し，*PRED*の位置にはBROKENという述語が入っている。以降でも議論するが，「壊れる」のような自動詞の場合，他動詞で表される被使役事象に相当する部分は語彙概念構造で表されていない。しかし，他動詞「壊す」と自動詞「壊れる」は語根が共通で，(7)bと(8)bの語彙概念構造において被使役事象は共有されているので，自他交替をすると認定される。

　以上，本節では，Vendler(1957)の動詞の4分類にしたがって，動詞の意味がどのように分解されて語彙概念構造に表示されるかについて解説した。次節では，日本語の反使役化によって作られた自動詞と脱使役化によって作られた自動詞にどのような意味の違いがあるかについて具体例を見ながら考察する。

## 3　反使役化と脱使役化

　前節では，Vendler(1957)の分類にしたがって動詞の語彙概念構造の解説を行ったので，本節では，本稿の中心テーマである日本語の反使役化と脱使役化についての検討を始める。(この二つの用語は，文献により異なる意味で用いられる場合があるが，本論ではこれらの用語を影山(1996)が用いた意味で使用する。)本節で議論するのは，(9)で観察される反使役化の現象と，(10)で観察される脱使役化の現象である。

　(9)反使役化

　　a. <u>子供が</u> <u>ドアを</u> 閉めた。　　　　　　　　　　　（他動詞）

　　b. <u>ドアが</u> 閉まった。　　　　　　　　　　　　　　　（自動詞）

　(10)脱使役化

　　a. <u>救助隊が</u> <u>子供を</u> 助けた。　　　　　　　　　　（他動詞）

　　b. <u>子供が</u> 助かった。　　　　　　　　　　　　　　　（自動詞）

反使役化と脱使役化は，動詞の自他交替の二つの変種であり，他動詞から自動詞が派生されるという見方から名付けられた用語である。反使役化と脱使役化は形式的には同じパターンを示し，他動詞

の目的語が自動詞の主語に対応し,自動詞では他動詞の主語に相当する項が現れない。

　形式的な面においては,反使役化と脱使役化は同じであるが,意味的な面ではかなり異なる性質を示す。反使役化が関わる自動詞と他動詞はいわゆる使役関係を指定するCAUSEが現れているかどうかが異なる。他動詞は,語彙概念構造に使役事象と被使役事象を含みこの二つがCAUSEによって結ばれるが,自動詞は被使役事象のみが含まれる。しかし,脱使役化が関与する自動詞と他動詞の語彙概念構造にはともにCAUSEによって結ばれる使役事象と被使役事象が含まれると考えられる。以下では,具体例を見ながら,反使役化と脱使役化によって派生される自動詞の意味の違いについて検討する。

## 3.1　反使役化

　反使役化が関与する自他交替は,さまざまな言語で一般的に観察され,このクラスに入る動詞のペアは「開ける/開く」「溶かす/溶ける」「割る/割れる」など多数存在する。ここでは,「閉める/閉まる」のペアを例として取り上げ,他動詞と自動詞でどのような意味が表されるかを考える。他動詞「閉める」が現れている(11)a(=(9)a)の例は,「行為者(子供)が何かをすることにより,行為の向けられる対象(ドア)が閉じた状態になった」という意味を表すので,「閉める」は(11)bのような語彙概念構造を持っているとすることができる。

　(11)a. 子供が　ドアを　閉めた。　　　　　　　　　　　(他動詞)

　　　 b. [EVENT x ACT] CAUSE [EVENT BECOME [STATE y CLOSED]]

(11)bは,使役事象と被使役事象からなる達成動詞の語彙概念構造である。これに対して,自動詞の「閉まる」が用いられている(12)a(=(9)b)は,「対象(ドア)が閉じた状態になった」という意味を表す。

　(12)a. ドアが　閉まった。　　　　　　　　　　　　　(自動詞)

　　　 b. [EVENT BECOME [STATE y CLOSED]]

自動詞「閉まる」の語彙概念構造は,(12)bに示されている。(11)bの他動詞の語彙概念構造と(12)bの自動詞の語彙概念構造から,反使

役化については，(13)で示されているような変換が関わっていると
することができる。[1]

(13) $[_{\text{EVENT}}$ x ACT$]$ CAUSE $[_{\text{EVENT}}$ BECOME $[_{\text{STATE}}$ y $PRED]]$
　　　 → $[_{\text{EVENT}}$ BECOME $[_{\text{STATE}}$ y $PRED]]$

他動詞の語彙概念構造と自動詞の語彙概念構造には，$[_{\text{EVENT}}$ x
ACT$]$ CAUSEの部分があるかないかという違いがある。反使役化
により派生された自動詞の語彙概念構造には被使役事象だけが指
定されており，使役事象は指定されていない（Dowty 1979, cf. 影山
1996）。

　反使役化により派生された自動詞では，意味構造に結果の指定だ
けがあって原因の意味が含まれていないことになるが，ここで問題
となるのは，どのようにして動詞の持つ語彙概念構造を確認するか
である。以下で示すように，副詞要素（付加詞）の修飾可能性を見る
ことによって動詞にどのような意味構造が備わっているかを検証
することができる。

　反使役化が関わる自他交替については，使役事象（原因）の指定，
つまり，出来事の成立が外的な要因によるものかどうかを見ること
が重要である。この意味の部分については，「自然に」「自然発生的
に」のような付加詞述語で修飾できるかどうかによって検証するこ
とができる。ただし，付加詞は，多くの場合多義的なので，意図しな
い意味で用いられることを排除するために，少し長くなるが（原因
の指定の場合）「何が原因というわけでもなく自然に」や（行為者の
指定の場合）「誰がしたわけではなく自然に」という表現を用いるこ
とにする。

　具体例を見ると，「壊す/壊れる」の動詞のペアの場合，「何が原因
というわけでもなく自然に」の修飾に関して，(14)のような対比が
観察される。

---

[1] 影山（1996）はこのタイプの自動詞がACTの変項xと被使役事象の変化を表すyとが同
　　定されることによって派生されることを提案しているが，本論での提案は，より一般
　　的に仮定されている考え方を採用し，反使役化によってつくられた自動詞において
　　は，使役事象を表す部分自体が語彙概念構造に現れないとみなす（Dowty 1979,
　　Rapport Hovav and Levin 2012などを参照）。

（14）a. あの人が（*何が原因というわけでもなく自然に）花瓶を壊
　　　した。
　　b. 花瓶が（何が原因というわけでもなく自然に）壊れた。
「何が原因というわけでもなく自然に」という表現は，動詞の意味に
原因の指定があると，意味的な不整合が生じる。すなわち，この表
現が意味的な逸脱を引き起こさずに生起するためには，[$_{\text{EVENT}}$ x ACT]
CAUSEの部分が動詞の語彙概念構造に備わっていないことが必要
となるのである。そうすると，（14）から，他動詞の「壊す」は原因の
意味が含まれているが，反使役化により作られた自動詞「壊れる」は
原因の意味が含まれないとすることができる。

　付加詞の修飾については，修飾の可能性がすべて語彙概念構造の
意味指定の有無によって決まるわけではないという点に注意する
必要がある。本論では，少なくとも付加詞の修飾に関して（15）のよ
うな可能性があることを提案する。

（15）a. 語彙概念構造に矛盾する表示があると述語の修飾ができ
　　　ないもの
　　　例「誰がしたわけでもなく自然に」（ACTなしの環境
　　　で可）
　　b. 語彙概念構造に適格な表示がないと述語の修飾ができな
　　　いもの
　　　例「慎重に」「丁寧に」（ACTありの環境で可）
　　c. 語彙概念構造とは独立に述語の修飾の可能性が決まる
　　　もの
　　　例「ハンマーで」「わざと」「～するために」
（15）aの付加詞は，述語の語彙概念構造と整合しなければ，文に現れ
ると意味的な逸脱が生じる。逆に，（15）bの付加詞は，意味構造に表
示がないと修飾ができない。さらに，（15）cの付加詞は，語彙概念構
造の意味指定とは独立に修飾の可能性が決まる。

　（15）のような規定が正しければ，付加詞は組み合わせが可能なも
のと可能ではないものが出てくることが予測される。例えば，（15）
aの「誰がしたわけでもなく自然に」は語彙概念構造にACTがない環

境で生起できるが,(15)bの「慎重に」が生起するにはACTが必要な
ので,この二つの要素は同じ環境では生起できないことを予測する。
実際に,(16)のような例はその予測が正しいことを示唆している。

(16)a. 機械が(\*慎重に/誰がしたわけでもなく自然に)壊れた。

　　 b. 彼らが(慎重に/\*誰がしたわけでもなく自然に)折り紙を
　　　　折った。

　　 c. 折り紙が(慎重に/\*誰がしたわけでもなく自然に)折ら
　　　　れた。

「慎重に」は,「壊れる」のような自動詞とは共起しないが,(16)bの他
動詞「(折り紙を)折る」とは共起できる。(16)cの受身形でも同様の
分布が観察されるので,「慎重に」は語彙概念構造の[$_{event}$ x ACT]の
行為の部分を修飾すると考えられる。また,「誰がしたわけではな
く自然に」は,行為者の意味がない場合に挿入できるので,(16)では
「慎重に」「誰がしたわけではなく自然に」は相補分布を示す。(16)c
は,動詞の意味に行為が指定されていればよく,行為者が文の主語
として表面上現れる必要がないことを示している。

　　道具を表す「ハンマーで」は,出来事が「ハンマー」のような道具を
使った結果として成立することが想定できるのであれば,動詞の語
彙概念構造に行為の意味が含まれていなくても付加できる。

(17)a. あの人が(ハンマーで/慎重に)花瓶を壊した。

　　 b. (ハンマーで/\*慎重に)花瓶が壊れた。

道具は何かの行為を行う際に補助的に使用されるので,使役事象
(行為者の行為)が関与していなければならない。ただし,この使役
事象は,動詞の語彙概念構造に含まれている必要はなく,使役事象
が推論できれば修飾可能になる。そのため,(17)において,道具
「ハンマーで」は,「慎重に」とは異なる分布を示す。

　　次に,「わざと」のような副詞の振る舞いを見る。「わざと」は意図
的な行為を行っていることを表すが,動詞の語彙概念構造にACTの
意味述語が入っている必要はない。

(18)a. あの人が(わざと/慎重に)花瓶を壊した。

　　 b. 花瓶が(\*わざと/\*慎重に)壊れた。

(18)aでは,「わざと」が「慎重に」と同じように他動詞の「壊す」と共

起できる。(18)bで示されているように,この二つの表現は,自動詞
の「壊れる」とは共起できない。このことから,「わざと」が文中に起
こるには,動詞の語彙概念構造に「行為」の意味の指定が必要である
と思えるかもしれない。しかし,(19)から,実際には「わざと」が生
起するには,動詞の語彙概念構造に行為の意味が含まれる必要がな
いことがわかる。

　　(19)a．子供がプールで(わざと/?*慎重に)倒れた/溺れた。

　　　　 b．学生が(わざと/*慎重に)間違った部屋に行った。

　　　　 c．花瓶は(*わざと/慎重に)壊された。

(19)は,「わざと」は「慎重に」とは同じ分布を示さないことを示して
いる。先に見たように,「慎重に」の修飾には,動詞の語彙概念構造
に行為者の行為を表すACTが必要である。しかしながら,「わざと」
は,「慎重に」とは分布が異なる。(19)aの自動詞は,意図的な行為を
必ずしも表さない動詞(非対格動詞)であり,特に,「倒れる」の場合
には,「看板が倒れた」のように,主語は無生物であっても問題ない。
また,(19)cのように無生物主語が直接受身の主語になった場合,
「わざと」が起こることができないことから,「わざと」には主語が行
為者でなければならないという要件があり,その条件を満たした上
で,動詞の持つ語彙概念構造の意味の指定とは独立に,出来事が
なんらかの行為によって成立する可能性があれば,「わざと」の生起
が許容されると考えることができる。すなわち,「わざと」のような
付加詞は,動詞の語彙概念構造にACTが含まれていても含まれてい
なくても,主語が行為を行うことによって出来事が成立することが
推論できれば,述語の修飾が可能になるのである。

　　上で述べたように,付加詞の修飾の可能性を見ることにより動詞
の語彙概念構造にどのような要素が含まれているかを検証するこ
とができる。ただし,付加詞には動詞の意味構造とは独立の要因で
修飾の成否が決まるものがあり,どのような付加詞を適用してテス
トするのかについては慎重に考える必要がある。次節では,もう一
つの自他交替である脱使役化について考察する。

### 3.2 脱使役化

　　本節では，影山(1996)が「脱使役化」と呼ぶ自他交替について考察する。脱使役化は，行為の意味を残したまま他動詞から自動詞を作りだす自動詞化の操作を指す。行為の意味が含まれる自動詞は，自他交替に反使役化しかなければ存在しないことが予測されるが，実際には，日本語にはそのような例がいくつか見つかる。また，Haspelmath(1993)も，この手の自動詞化は英語には存在しないが，他の言語では観察される場合もあることに言及している。

　　日本語においても，また，通言語的に見ても，多くの他動詞は自他交替を起こす。しかし，自動詞化が不可能な他動詞があるということは，影山(2001)において議論されている(Rappaport Hovav and Levin 2012も参照)。一般に，意図的な行為によってしか成立しない出来事を記述する動詞には自動詞形がないとされる。例えば，「書く」「作る」「読む」などの動詞は，何かしら対象に対して行為が行われないと成立しない出来事を表しているので，自動詞形がないとされる。しかし，たとえ他動詞と自動詞のペアが存在しても，人為的な行為によって成立する出来事を表すのに自動詞を使用することは通常はできない。このことは，(20)と(21)の対比から明らかである。

(20)a. 彼が紙を破った。

　　　b. 紙が破れた。

(21)a. 彼が法律を破った。

　　　b. *法律が破れた。

「紙を破る」の場合，「紙が破れる」という事態が引き起こされる原因はいくつか考えられ，人為的な行為によらなくてもよい。しかし，「法律を破る」ことは，人為的な行為を伴わないと成立しない。この場合には，自動詞「破れる」を用いて，法律に違反した出来事を記述することができない。

　　しかしながら，行為の意味が含まれる自動詞と他動詞のペアが存在することも事実である。影山(1996)はこのタイプの自他交替については，脱使役化が関わるとしている。脱使役化により派生され

た自動詞について具体的にどのような性質が備わっているかを見るために,(22)の例について考えてみる。

（22）a. 職人が木を植えた。　　　　　　　　　　　　　　（他動詞）

　　　b. 木が庭に植わっている。　　　　　　　　　　　　（自動詞）

　　　c. この木は(*誰がしたわけでもなく自然に)植わっている。

まず,「木を植える」という出来事は,「植える」という人為的な行為がないと成立しない。これは自動詞「植わる」についても言えることなので,このことから,「植わる」には動詞の意味に行為の意味が入っていると考えることができる。実際に,「植える」のように脱使役化で派生される自動詞に(外的)原因(実際には,ほとんどの場合,行為)の意味が含まれることは,(22)cで示されているように,「誰がしたわけではなく自然に」の生起が許されないことから確認できる。

　脱使役化により作られた自動詞「植わる」に関して起こる問題は,「植わる」という出来事は行為がないと成立しないが,(23)aで示されているように,その行為を行う行為者を表出できないということが挙げられる。

（23）a. *木が<u>職人によって</u>植わった。

　　　b. 木が<u>職人によって</u>植えられた。

行為の意味が含まれている自動詞「植わる」は,受身と同じような意味を表すので,行為者を(23)bの受身文と同じように表出できてもよさそうである。しかし,実際には,(23)aの非文法性が示すように,行為者を表出できない。この事実を説明するために,影山(1996)は,脱使役化により派生された自動詞では,語彙概念構造のACTの変項が存在量化されるため,文に行為者を表す項が現れることができないと提案している。①

（24）$[_{\text{EVENT}}\ \text{x}\ \text{ACT}]\ \text{CAUSE}\ [_{\text{EVENT}}\ \text{BECOME}\ [_{\text{STATE}}\ \text{y}\ \text{BE}\ \text{AT}\ \text{z}]]$
　　　　　　　｜
　　　　　　　φ

つまり,脱使役化により作られた自動詞は,何らかの行為が関わっ

---

① 本論での表記法にしたがって語彙概念構造は調整してあるため,影山(1996)の語彙概念構造の表記とは多少異なるが,この違いについては,ここでの論点には影響がない。

ていないと実現しない事態あるいは出来事を表すため,ACTが語彙概念構造に含まれている。しかし,行為を表すACTの項は,存在量化されているので,文の中において項として実現できないのである。

なお,同じ自動詞が,なんらかの行為が関与しなければ成立しない出来事を記述することも,行為が関与しなくとも成立する出来事を記述することもある。(25)bの「崩れる」は脱使役化が関わる自動詞の例になる。

(25)a. 彼は1万円札を<u>崩した</u>。

　　b.（なんとか）1万円札が<u>崩れた</u>。

　　c. 1万円札が(*誰がしたわけでもなく自然に)崩れた。

(25)aの「1万円札を崩す」という出来事は,行為者の行為が関わることによって成立する。しかし,(25)bのように自動詞構文も成立する。自動詞「崩れる」の現れる文では「誰がしたわけでもなく自然に」が起こることができないので,「崩れる」の語彙概念構造にACTが含まれていると考えられる。これに対して,(26)bの「積み木が崩れる」は行為者の行為がなくても成立する事態である。

(26)a. 彼は積み木を<u>崩した</u>。

　　b. 積み木が<u>崩れた</u>。

　　c. 積み木は(何が原因というわけでもなく自然に/誰がしたわけでもなく自然に)崩れた。

「積み木が崩れる」の場合,「何が原因というわけでもなく自然に」や「誰がしたわけでもなく自然に」が起こることができるので,「崩れる」の語彙概念構造に被使役事象の指定がなくACTも含まれていないことがわかる。つまり,(26)bの「崩れる」は反使役化によって派生された自動詞なのである。(25)と(26)の例は,同じ形態を持つ他動詞「崩す」が,表す意味の違いによって,反使役化と脱使役化の両方の操作が可能であることを示している。

ここで,影山(1996)の脱使役化に関する主張に目を向けることにする。まず,影山(1996)は,自他交替のタイプと動詞の形態との間には相関関係があると見ているが,必ずしもそのような相関関係は成立しない。具体的には,影山(1996)は,動詞の脱使役化を動詞接

辞の-arに結びつけている。実際に,脱使役化によって作られる自動詞には,「植わる(uw-ar-ru)」のように動詞語根に接辞-arが付いたものが多い。しかし,(接辞-arではなく)接辞-eが付いた自動詞の中にも,行為の意味が含まれているものがある。

(27)a. 植える/植わる,(絵を)掛ける/(絵が)掛かる,助ける/助かる,など①

　　　b. 崩す/崩れる,やぶる/やぶれる

(27)aで挙げられているように,脱使役化により派生された自動詞には,接辞-arが付いたものが多い。このことは,このタイプの自動詞が受身に近い意味を表し,また,-arが受身の接辞と起源が同じであることと関係していると思われる。しかしながら,本論で検討する脱使役化が関わる自動詞の中にも(26)bのように-arの付かない自動詞もある。このことから,脱使役化の意味と動詞の形態には,直接の相関関係はないと言える(奥津 1967,野田 1991,Jacobsen 1991などを参照)。ただし,数の上で言えば,-arの付くタイプの自動詞が多い。

　次に,影山(1996)の分析では,脱使役化によって派生された自動詞は,行為の意味を含むものの,行為者が具現化できないことが予測される。しかしながら,「つかまる」のような自動詞では,(28)bのように,行為者を「に」格で標示して表出することができる(村木 1983,1991;杉本 1991)。

(28)a. 学生が先生をつかまえた。

　　　b. 先生が(学生に)つかまった。

(28)bの自動詞文では,(28)aの他動詞文と同じ論理的な意味が伝えられ,「学生」は,「つかまえる」行為を行う行為者と解釈できる。ただし,(29)のように行為者を自動詞文で表出できない場合もある。

(29)a. 先生が学生を助けた。

　　　b. 学生が(*先生に)助かった。

---

① 影山(1996)は「集まる」に脱使役化が関わると見ているが,「ゴミが(風のせいで自然に)部屋の隅に集まった」のような例も可能なことから,必ずしも脱使役化によって自動詞が派生されるのではないことがわかる。

自動詞「つかまる」と「助かる」には，語彙概念構造に行為の意味が含まれる自動詞を派生する脱使役化が関わっていることは，(30)で確認できる。

　　(30)a. 先生が(*誰がしたわけでもなく自然に)つかまった。

　　　　b. 学生が(*誰がしたわけでもなく自然に)助かった。

(30)の例は，「つかまる」と「助かる」の語彙概念構造に行為の意味が含まれていることを示しているので，この二つの動詞は，ともに脱使役化によって派生された自動詞に分類されるが，行為者の表出に関しては異なる振る舞いを示すのである。以下でも議論するが，脱使役化が関わり行為者が表出できる自動詞には，「つかまる」「見つかる」「敗れる」「引っ掛かる」などがある。

　　影山(1996)の分析では，「つかまる」のような自動詞でも他動詞の主語に相当する行為者は表出できないはずで，「つかまる」のような自動詞では，行為者を表出することがどのようにして可能になるのかが問題となる。以降の議論では，「つかまる」のような自動詞の語彙概念構造には場所を表すBE ATを追加することができ，着点項がACTのとる行為者項と同定されることによって行為者の具現化が可能になると提案する(岸本 2015)。

　　ここで，「つかまえる」と「つかまる」の文がどのようにして派生されるかについて具体的に見ていく。(31)aは「つかまえる」が現れる他動詞文で，(31)bは「つかまえる」の語彙概念構造である。

　　(31)a. 学生が 先生を つかまえた。

　　　　b. [$_{\text{EVENT}}$ x ACT] CAUSE [$_{\text{EVENT}}$ BECOME [$_{\text{STATE}}$ y CAUGHT]]

「つかまえる」の語彙概念構造中のxは行為者で，(31)aでは「学生」に対応し，yはつかまえられる対象で「先生」に対応する。(32)aの自動詞「つかまる」は，(31)aの他動詞「つかまえる」と基本的に同じ語彙概念構造を持つが，影山(1996)の分析では，ACTのxは存在量化されて具現化しないので，(32)aのような文しか派生されないはずである。

　　(32)a. 先生が つかまった。

　　　　b. [$_{\text{EVENT}}$ $\phi$ ACT] CAUSE [$_{\text{EVENT}}$ BECOME [$_{\text{STATE}}$ y CAUGHT]]

しかし，「つかまる」では，(33)aのように「に」格で標示される行為者

の表出が可能である。本論では,行為者項を伴う(33)aの「つかまる」は,BE ATが追加された(33)bのような語彙概念構造を持つため,行為者の表出が可能になると提案する。

(33)a. 先生が 学生に つかまった。

b. [$_{EVENT}$ $\phi_i$ ACT] CAUSE [$_{EVENT}$ BECOME [$_{STATE}$ y CAUGHT]
& [$_{STATE}$ y BE AT $x_i$]]

「つかまえる」「つかまる」は状態変化(出来事)を表すので,通常「に」格の着点項は現れない。しかし,BE ATが追加されると,場所項(着点)が「に」格で標示されて現れることが可能になる。ACTのxは,存在量化されているので,節の中に項として現れないが,BE ATで指定される場所(着点)は項として現れることができる。そして,行為者項が場所項(着点)と同定されると,行為者が場所項(着点)としての資格で(つまり,場所(着点)を表す「に」格標示を伴って)現れることができるようになるのである。①

本論での提案では,BE ATが脱使役化によって派生された自動詞の語彙概念構造に追加されることになるが,この提案から,次の三つのことが予測される。まず,(a)行為者が現れるタイプの自動詞の元となる他動詞には(基本的に)「に」格項が現れることができない。次に,(b)行為者が現れる自動詞には(行為者と同定されない)場所が現れることができる。さらに,(c)BE ATで追加される場所項(着点)は一つで,行為者との違いは,場所が行為者と同定されるかされないかの違いなので,行為者項と場所項(着点)は同時に表出できない。以下では,これらのことが行為者が表出可能なタイプの自動詞に対して観察されることを見ていく。②

まず,「に」で標示される場所句については,(34)bの「つかまる」の自動詞文では表出が可能であるが,(34)aの「つかまえる」の他動詞

---

① 本論では,二つの項が同定されることをそれぞれの項に指標のiを付加することによって表す。

② 本論で述べている三つの予測に加えて,他動詞と行為者が表出された自動詞では,BE ATに由来する特別な意味が付加されることも予測される。このことを検証するには,特殊な文脈が必要な場合が多く,意味の違いが常に明確に現れるとは限らない。以下では,意味の違いについて明らかである場合のみについて言及する。

文では表出が可能でない。

(34)a. 猟師がタヌキを(*あの罠に)つかまえた。

b. タヌキがあの罠につかまった。

c. *あの罠がタヌキをつかまえた。

通常,自動詞が他動詞から派生される自他交替においては,行為者・使役者以外の動詞の選択制限は保持されることが多いが,(34)のような場合には,それが維持されていない。ちなみに,(34)bの「あの罠」は行為者ではないため,「あの罠」を主語として表出する(34)cは容認されない。(以下でも見るように,このクラス動詞には同じ現象が観察されるので,動詞ごとにこのような選択制限の変化が起こるわけではない。)

次に,(35)aと(35)bから,「つかまる」では,行為者と場所(着点)が「に」格で標示されて生起できることがわかる。しかし,(35)cのように,この二つの項を同時に表出することはできない。①

(35)a. タヌキがあの罠につかまった。

b. タヌキが猟師につかまった。

c. *タヌキが猟師にあの罠につかまった。

(35)cが容認されないのは,単に「に」格の項が重複しているからというわけではない。項の文法関係が完全に異なる場合には,(36)のように同じ格標示を持つ項が重複して現れても適格な文となるからである。

(36)a. 猟師はタヌキをあの罠に追い込んだ。

b. タヌキは猟師にあの罠に追い込まれた。

(36)aからわかるように,「追い込む」の場合には,行為者と場所が共

---

① 「つかまる」の文に現れる「に」格の場所項は,純粋な場所ではなく,ある種の原因の意味が入っている必要がある。

　(i)a. 警官は酔っぱらいを検問で/飲酒運転でつかまえた。

　　b. 酔っぱらいは検問{で/に}/飲酒運転{で/*に}つかまった。

　　c. 酔っぱらいは検問所{で/*に}つかまった。

　(i)aの「飲酒運転」は純粋に原因を表し「に」格で標示できる。「検問」は場所を指すが,「つかまる」原因であるという意味合いも含まれる。純粋に場所を表す「検問所」の場合には,「に」格を伴うことはできない。この場合,「つかまる」と同じ意味で「引っ掛かる」を用いることもできる。

起できる。これはこの動詞が行為者と場所を別々の項として選択するからである。(36)aが受身になった(36)bでは「に」格項が二つ現れるが容認される。したがって,(35)cが容認されないのは,単純に同一節に「に」格項が重複して現れているからではない。

　次に,他動詞の「つかまえる」,行為者を伴う「つかまる」,および行為者を伴わない「つかまる」の意味の違いについて考える。このことについては,(37)のような文によって表される意味の違いを考えるとわかりやすい。

　(37)a. 学生は(駅で)タクシーをつかまえた。

　　　b. (駅で)タクシーがうまくつかまった。

　　　c. タクシーが学生につかまった。

(37)aの「タクシーをつかまえる」では,「タクシーを呼び止めて乗った」の意味を表せる。同様に,(37)bの「タクシーがつかまる」でも,「(タクシーに乗るために)タクシーを呼び止める」という意味を表すことができる。これに対して,行為者が現れる(37)cでは「タクシーはその場で動けなくなる」という意味が表されてしまう。これは,(37)cの「つかまる」の語彙概念構造に,(33)bのような場所を指定するBE ATが含まれることによる。この語彙概念構造では,行為者項が場所項(着点)と同定されるために,「タクシー」が「学生のいるところに留め置かれる」ことになる。そのために,「タクシーに乗るためにタクシーを呼び止める」という意味が得られなくなるのである。

　さらに,「見つける/見つかる」について検討すると,自動詞「見つかる」でも行為者が伴うか伴わないかによって異なる意味が表される。

　(38)a. 編者が原稿のミスを見つけた。　　　　　　　　　　　(他動詞)

　　　b. 原稿のミスが見つかった。　　　　　　　　　　　　　(自動詞)

「見つける」と「見つかる」は,なんらかの行為が行われないと成立しない事態を表すので,(39)で示されているように,語彙概念構造に行為の意味が含まれると考えられる。

（39）a. 見つける：[EVENT x ACT] CAUSE [EVENT BECOME [STATE y FOUND]]

b. 見つかる：[EVENT φ ACT] CAUSE [EVENT BECOME [STATE y FOUND]]

そうすると，「見つかる」は「見つける」に脱使役化が適用されて派生された自動詞であることになる。したがって，（40）bのように行為者を表出することが可能である。

（40）a. 夫が妻のへそくりを見つけた。

b. 妻のへそくりが<u>夫に</u>見つかった。

しかしながら，行為者を表出すると，文に意味的な逸脱が起こることもある。例えば，（41）bは，通常の文脈では奇妙に感じられる。

（41）a. 編者が原稿のミスを見つけた。

b. #原稿のミスが<u>編者に</u>見つかった。

（40）bと（41）bの違いはどこからくるのであろうか。「へそくり」は通常は見えない（あるいは見つからない）ように意図的に隠される。このように隠されたものが（40）bのように主語として現れる場合には行為者を「に」格で標示して表出できる。これに対して，（41）bが奇妙に感じられるのは，通常の場合，ミスは意図的に起こさないことが想起されるのにもかかわらず，意図的にミスをして隠しているという意味が表されるからである。

「見つかる」に行為者を加えると出てくる「何かが隠されている」という意味合いは，他動詞「見つける」の場合には必ずしも得られない。したがって，（40）aと（41）aはともに適正に解釈される文となる。このことは，行為者を表出した「見つかる」では，行為者を伴う「つかまる」と同じように，場所述語を含む（42）のような語彙概念構造が得られることを示唆している。

（42）[EVENT φᵢ ACT] CAUSE [EVENT BECOME [STATE y FOUND] & [STATE y BE AT xᵢ]]

そうすると，存在物が隠されているという（40）bに生じる意味合いは，場所述語の意味と関係すると考えることができる。「見つかる」の場合，「つかまる」ほどは具体的な行為を表さないが，それでも，「見つかる」ことによって探されていた対象が単に発見されるだけ

でなく,行為者のコントロールに置かれるという意味合いが出る。この意味が場所述語で指定され,行為者がそのための行為を行うという意味が出てくるのである。したがって,そのような状況に整合する(40)bは容認されるが,そのような状況が想像しにくい(41)bには意味的な逸脱性が感じられることになる。①

　本論の分析では,「見つける」と「見つかる」のペアについても,「つかまえる」と「つかまる」のペアで見られた特徴が観察されることが予測される。この予測は正しく,(43)のような例では,他動詞「見つける」には「向こうの壁面」を場所として指定すると容認性が下がるが,自動詞「見つかる」では問題なく「向こうの壁面」を「に」格の場所として表出できる。

　(43)a. ?*通行人がいたずら書きを向こうの壁面に見つけた。

　　　b. いたずら書きが向こうの壁面に見つかった。

また,「見つかる」では,(44)aと(44)bのように,行為者と場所を別個に表出できるが,(44)cのように場所と行為者を共起させることはできない。

　(44)a. いたずら書きが向こうの壁面に見つかった。

　　　b. いたずら書きが通行人に見つかった。

　　　c. *いたずら書きが通行人に向こうの壁面に見つかった。

場所が「に」格で表出されている(44)aの場合は,いたずら書きの発見の意味を表すことができる。(44)bの場合,通行人が意識して行為を行っている際に,隠されていたいたずら書きが発見されたという意味合いが出る。そして,この両方の項を生起させた(44)cは非文法的となる。

　自動詞「見つかる」の場合,行為主が表出された(44)bでは,いたず

―――――――――――

① (i)例も,「見つかる」が「に」格で標示される場所と行為者をとることができるが,この二つを同一節で重複させて表出できないことを示している。

　(i)a. 不正が書類に見つかった。

　　 b. 不正が職員に見つかった。

　　 c. *不正が書類に職員に見つかった。

　なお,(i)bの「職員」は,行為者を表すともとれるが,場所の解釈も可能である。行為者の解釈の場合は「職員が不正を見つけた」ことになるが,場所の解釈では「職員の不正が見つかった」ことになる。

ら書きが見つからないように隠されたような状況で，通行人が意識して探し当てる行為を行った結果，発見に至ったという意味合いが出る。このような意味合いは，自動詞「見つかる」において，行為者が生起する場合に観察されるので，この意味は，語彙概念構造に BE AT が追加され，場所項（着点）が ACT の項（行為者）と同定されることによりもたらされると考えられる。①

「引っ掛かる」についても同様のことが起こる。「引っ掛ける」と「引っ掛かる」の動詞のペアで興味深い点は，表す意味によって，自他交替に反使役化が関わる場合と脱使役化が関わる場合があることである。まず，(45)a と(45)b は，脱使役化により派生された自動詞の「引っ掛かる」の例である。

(45)a. あの子が悪い男に引っ掛かった。

b. あの子は詐欺に引っ掛かった。

c. *あの子は詐欺に悪い男に引っ掛かった。

(45)の「引っ掛かる」は抽象的な意味で，「つかまる」と同じように用いられる。ただし，「引っ掛かる」は「つかまる」とは同義ではなく，行為の影響を受ける経験者が悲惨な状態に陥るという「つかまる」よりも悪い意味がある。この「引っ掛かる」は，(45)a のように行為者が表出できる。この場合も行為者は「に」格で標示される。また，(45)b のように，被害の種類を特定する「に」格の項も現れることができる。しかし，これら二つの「に」格項は，(45)c のように，同時に重複した形で生起できない。さらに，(46)が示すように，他動詞の「引っ掛ける」では，「に」格項を用いて被害の種類を特定することは

---

① 自動詞構文において，主語が指す対象が隠された状態で，行為者が意識的な行為を行って見つけるという意味合いは，(i)b のような例でも観察される。

(i)a. オニが隠れていた子供を見つけた。

b. 隠れていた子供がオニに見つかった。

(i)b では，「かくれんぼ」で子供が隠れている状況で，オニが子供を見つけたという意味が容易に得られるので，文を適切に解釈することができる。これに対して，(ii)b は，意味的に逸脱していると感じられる。

(ii)a. 捜索隊が行方不明の子供を見つけた。

b. #行方不明の子供が捜索隊に見つかった。

通常，行方不明の子供が捜索隊を避けて隠れている状況は語用論的に想像しにくく，行為者が表されている(ii)b は，おかしく感じられるのである。

できない。

（46）悪い男はあの子を（*詐欺に）引っ掛けた。

そうすると，「引っ掛かる」に現れる「に」格項は，「引っ掛かる」がもともと持つ語彙概念構造に付加された場所述語が指定する場所項（着点）であると考えられる。（45）と（46）の特徴は，脱使役化が関与する自他交替で観察されるものである。そうすると，（45）aの自動詞「引っ掛かる」では，動詞の語彙概念構造にBE ATが加えられ，それがとる場所項（着点）がACTの項と同定されることで行為者が表出されていると考えられる。

これに対して，（47）の二つの文は，反使役化が関わる「引っ掛かる」と「引っ掛ける」が現れている例である。①

（47）a. 木切れが川辺の岩に引っ掛かっていた。

　　　b. 子供は木切れを川辺の岩に引っ掛けていた。

（47）の「引っ掛かる」も「に」格の場所をとることができるが，抽象的な意味の「引っ掛かる」とは異なり，「に」格項は他動詞にも現れることができる。これは，「引っ掛ける」「引っ掛かる」が移動の意味を表し，動詞が着点項をとるからである。

脱使役化が関わる自他交替の最後の例として，他動詞「破る」と「破れる」のペアについて見てみる。「破る」は，物理的な変化を表す場合には，「破れる」とペアになるが，打ち負かすという意味では，「敗れる」がペアとなる。（48）は，「破る」と「破れる」がペアになっている例である。

（48）a. 彼が紙を破った。

　　　b. 紙が破れた。

「破る」が打ち負かすという意味を表す場合には，（49）bの「敗れる」が対応する自動詞となる。②

--------

① （47）aの自動詞「引っ掛かる」は，例えば，「川の水に流されて，木切れが岩に引っ掛かった」という文脈が想定できるので，この場合の「引っ掛かる」では，語彙概念構造に行為の意味の指定がないと考えられる。
② この場合，使用される漢字は異なるが，「敗れる」は「破れる」と同じ動詞であるとみなせる（『日本国語大辞典』第二版）。

（49）a．Bチームが Aチームを破った。

　　　b．Aチームは Bチームに敗れた。

（48）bの「破れる」は反使役化が関わっているが，（49）bの「敗れる」は脱使役化が関わっている。したがって，「誰がしたわけでもなく自然に」のような副詞の修飾に関して（50）のような対比が現れる。

（50）a．その紙は（誰がしたわけでもなく自然に）破れた。

　　　b．Aチームは（*誰がしたわけでもなく自然に）敗れた。

そうすると，（49）bの「敗れる」の文に現れる「に」格項は，もともとの語彙概念構造に BE AT が追加され，場所が行為者と同定されて表出されていることになる。①

　このことは，「に」格項の表出に関して，「敗れる」が脱使役化によって派生された他の自動詞と同じ振る舞いを示すことから確認することができる。まず，（51）から，行為者と場所は，別個に表出することができるが，同時に重複して生起させられないことがわかる。

（51）a．Aチームは試合に敗れた。

　　　b．*Aチームは Bチームに試合に敗れた。

さらに，（52）から，（打ち負かすという意味の）他動詞「破る」は，「に」格項を表出することができないことがわかる。

（52）Bチームは Aチームを（*試合に）破った。

（51）aと（52）は，自動詞「敗れる」には他動詞「破る」がとれない場所項（着点）が現れていることを示している。このことから，「敗れる」の行為者の表出に関しても，動詞の語彙概念構造に BE AT が加えられた上で，場所項（着点）と行為者項が同定されることによって節に現れることが可能になっていると考えられる。

　最後に，「植わる」タイプの自動詞（「植わる」「掛かる」「詰まる」など）において，行為者が「に」格項として表現できない理由について

---

① 「敗れる」と同じ意味を持つ「負ける」も，(i)で示すように，行為者と場所を「に」格標示できるが，この二つを共起させることができないという特徴を示す。

　(i)a．Aチームは Bチームに負けた。

　　 b．Aチームは試合に負けた。

　　 c．*Aチームは Bチームに試合に負けた。

手短かに考えてみたい。この点に関しては,いくつかの可能性があるが,ここでは一つの可能性を示唆することに留めたい。まず,「植える/植わる」の動詞のペアは,自動詞のみならず他動詞においても「に」格の場所項(着点)が表出できるという点において,先に見た「つかまえる/つかまる」などの動詞のペアとは異なる。

　(53)a. 職人は<u>庭に</u>木を植えた。

　　　h. 木が<u>庭に</u>植わった。

日本語において,出来事を表す動詞が「に」格の着点項をとるのは,基本的に移動の意味を表す場合に限られる。そして,「起こる」のように単なる対象の状態変化を表す場合には,「に」格の着点項はとらない。

　(54)a. 事件が<u>ここで</u>起こった。

　　　b. *事件が<u>ここに</u>起こった。

(54)の「起こる」と同じように,自動詞「つかまる」は,移動ではなく,対象の状態変化の意味を表す。そうすると,「つかまる」では,もともと着点項をとらないので,動詞の語彙概念構造にBE ATという場所(着点)を指定する述語を特別に加えることができる。そのため,「つかまる」では,場所に相当する表現を「に」格で表現したり,行為者と場所を同定することによって,行為者を「に」格で表出できるようになる。これに対して,「植わる」では,移動の意味が表される。この場合,語彙概念構造にBE ATがもともと組み込まれているので,ここにBE ATをさらに追加することができない。したがって,「植わる」においては,語彙概念構造にBE ATを追加した上で,行為者項を場所項と同定させる操作ができず,「に」格で標示される行為者を生起させることができないと考えられる。

## 4　まとめ

　語彙概念構造では語彙に含まれる意味要素が分解されて表示される。本論では,語彙概念構造を用いた自他交替の分析を行った。本論で取り上げた自他交替は,「割る/割れる」のような動詞のペアに見られる反使役化と「つかまえる/つかまる」や「助ける/助かる」のような動詞のペアに見られる脱使役化である。反使役化によって

派生された自動詞の語彙概念構造には行為の意味は含まれないが，脱使役化によって派生された自動詞の語彙概念構造には行為の意味が含まれることを付加詞の分布を見ることで示した。反使役化によって派生された自動詞とは異なり，脱使役化によって派生された自動詞には行為者を表出できるもの（「つかまる」など）とできないもの（「助かる」など）がある。本論では，脱使役化により派生された自動詞に備わる語彙概念構造には，使役（行為）の指定があるものの，行為者を表す変項が存在量化を受けるために，行為者項はそのままでは表出できない。しかしながら，脱使役化により派生された自動詞においては，場所述語を語彙概念構造に付加した上で，場所項と行為者項を同定する操作が行われた場合には，「に」格で標示される行為者項を生起させることが可能になることを論じた。

　付記：本稿は「2019年日本語の誤用および第二言語習得研究国際シンポジウム」（於：中国人民大学）での発表に改訂を加えたものである。

## 参考文献

奥津敬一郎,1967. 自動詞化・他動詞化および両極化転形—自・他動詞の対応—[J]. 国語学(70):46-66.

影山太郎,1993. 文法と語形成[M]. 東京：ひつじ書房.

影山太郎,1996. 動詞意味論[M]. 東京：くろしお出版.

岸本秀樹,2015.「見つかる/つかまる」クラス述語の他動性[M]//パルデシ プラシャント,桐生和幸,ナロック ハイコ. 有対動詞の通言語的研究—日本語と諸言語の対照から見えてくるもの—. 東京：くろしお出版:43-57.

金田一春彦,1950. 国語動詞の一分類[J]. 言語研究(15):48-63.

杉本武,1991. ニ格をとる自動詞—準他動詞と受動詞—[M]//仁田義雄. 日本語のヴォイスと他動性. 東京：くろしお出版:233-250.

日本語国語大辞典第二版編集委員会,小学館国語辞典編集部,2000—2002. 日本国語大辞典[M]. 2版. 東京：小学館.

野田尚史,1991. 文法的なヴォイスと語彙的なヴォイスの関係[M]//仁田義雄. 日本語のヴォイスと他動性. 東京：くろしお出版:211-232.

村木新次郎,1983. 迂言的な受身表現[J]. 国立国語研究所研究報告集(4):

1-40.

村木新次郎,1991. 日本語動詞の諸相[M]. 東京:ひつじ書房.

DOWTY D,1979. Word meaning and montague grammar[M]. Dordrecht:Reidel.

DOWTY D,1991. Thematic proto-roles and argument selection[J]. Language(67):
547-619.

HASPELMATH M,1993. More on the typology of inchoative/causative verb alternations
[M]//COMRIE B, POLINSKY M. Causative and transitivity. Amsterdam: John
Benjamins:88-120.

JACOBSEN W,1991. The transitive structure of events in Japanese[M]. Tokyo:
Kurosio Publishers.

LEVIN B,RAPPAPORT HOVAV M,1995. Unaccusativity:at the syntax-lexical semantics
interface[M]. Cambridge,MA:MIT Press.

MCCAWLEY J,1968. Lexical insertion in a transformational grammar without deep
structures[J]. CLS(4):71-80.

RAPPAPORT HOVAV M,LEVIN B,1998. Building verb meanings[M]//BUTT M,
GEUDER W. The projection of arguments: lexical and compositional factors.
Stanford,CA:CSLI Publications:97-134.

RAPPAPORT HOVAV M,LEVIN B,2012. Lexicon uniformity and the causative
alternation[M]//EVERAERT M,MARELJ M,SILONI T. The theta system:an
argument structure at the interface. Oxford:Oxford University Press:150-176.

VAN VALIN R D,2005. Exploring the syntax and semantics interface[M]. Cambridge:
Cambridge University Press.

VAN VALIN R D,LAPOLLA R J,1997. Syntax:structure,meaning and function
[M]. Cambridge:Cambridge University Press.

VENDLER Z,1967. Verbs and times[J]. The philosophical review(66):143-160.

# クオリア構造と日本語類別詞の研究

眞野美穂（鳴門教育大学）

**要　旨**　日本語の助数詞をめぐっては,これまで様々な研究が行
われており,その中で,どのような助数詞がどのような
対象を数えるために使われるのかが明らかにされてき
た。しかし,それだけではいくつもの助数詞と共に使用
することのできる対象物の場合に観察される意味解釈
の差異が説明できない。本稿では,眞野・米澤（2013）で
提案した,生成語彙論（Generative Lexicon）の枠組みによ
るクオリア構造を使った助数詞の分析を紹介し,クオリ
ア構造（qualia structure）を考えることで,類別詞と対象
名詞の関係だけに限定されない,対象名詞との合成や文
の生成という統語的な側面の両方を捉えることができ
ることを示す。さらに,日本語で多数観察される名詞と
しても使用される類別詞について,名詞からの類別詞へ
の文法化と捉え,それぞれのクオリア構造を提案するこ
とで検討し,分析が応用可能であることを示した。

**キーワード**　助数詞,類別詞,生成語彙論,クオリア構造

## 1　はじめに

日本語では,(1)aから分かるように基本的に名詞には直接数詞を
つけることができず,(1)cのように数詞と共に助数詞（counter,下線

部）を使用する必要がある。<sup>①</sup>

  （1）a. *2{犬/車}

    b. *2の{犬/車}

    c. 2匹の犬/2台の車

飯田（1999）によると，現代日本語には，類別詞を含み，（2）に挙げるような約360の様々な助数詞が存在すると言われている。

  （2）人，匹，個，本，枚，面，粒，球，台，脚，語，通，曲，説，冊，部，巻，着，機，基，軒，棟，層，階，株，ページ，張り，振り，案，品，点，回，度，件，匙，杯，カップ，パック，椀，鉢，切れ，抱え，包み

日本語の助数詞には，それが数える対象に対して意味的な制約があることが知られている。例えば，（1）cに挙げた「−匹」には，〈有生，人間でない〉というような意味的制約が，「−台」には〈無生，機械〉のような意味的な制約があり，そのような特性を持たない対象を数えることはできないことが，（3）からも分かる。

  （3）a. 2匹の{犬/魚/虫/*人/*機械}

    b. 2台の{機械/車/電話/*犬/*木}

そのため，助数詞の種類やそれらが数える対象との関係について，これまで盛んに研究が行われてきた（見坊 1965；北条 1973；Sanches 1977；Denny 1979；Downing 1996；飯田 1999，2004；など）。これらの先行研究の多くは，助数詞（中でも主に類別詞）が名詞をどのような範疇に分類しているかに注目している。また，認知言語学的な視点からの研究も盛んに行われてきた（谷原・顔・リー 1990，松本 1991，Matsumoto 1993，西光・水口 2004，など）。

  しかし，眞野・米澤（2013）が指摘するように，数える対象名詞との関わりだけでは説明できない例もある。例えば，（4）に例を挙げる。さらに，助数詞の中には，（5）のような名詞と同形のものもあり，その扱いについても問題が残されている。

  （4）a. 3回のシャンプーが {終わった/*落ちている}。

    b. 3本のシャンプーが {*終わった/落ちている}。

---

① ただし，「−つ」でしか数えることのできない抽象物の場合，10以上の数では「100の疑問」などのような助数詞なしの表現が許容される（西光・水口 2004を参照）。

（5）2曲の曲を書き上げた。

本稿では，まず第2節で日本語の助数詞についての先行研究を概観
した上で，第3節でMano(2012)，眞野・米澤(2013)で提案した生成
語彙論の枠組みによるクオリア構造を使った日本語助数詞の分析
を紹介する。クオリア構造を考えることで，助数詞と対象名詞の関
係だけに限定されない，対象名詞との合成や文の生成という統語的
な側面の両方を捉えることができることを示す。その上で，第4節
で，この分析が名詞と同形の助数詞における文法化の仕組みの説明
にも応用可能であることを示したい。

## 2　日本語助数詞についての先行研究

### 2.1　助数詞の定義

まず，本稿が対象とする助数詞の範囲について示したい。日本語
の助数詞については，その定義は先行研究によって異なるという問
題がある。いくつか例を挙げると，松本(1991)は，「助数詞」を，「数
詞に後接し，数えられている事物を表す名詞と共起しうるもの」と
し，「類別詞」は「助数詞の内，個別化された事物の数を示すもの」と
している。飯田(1999)は，「広義の助数詞」を「数詞に直接つく接辞
(suffix)」とし，「狭義の助数詞」を，「単位を示しておらず，独立して用
いることのできないもの」としている。しかし，飯田では定義にあ
わない「−粒」「−例」「−束」など（「粒がそろっている」や「例を挙げる」
のように，それぞれ名詞として独立して使用可能である）も「狭義の
助数詞」に含まれている点で問題が残る。

このように，名詞と助数詞の区別は難しいものであるが，影山他
(2011)は，「助数詞」は「形態的には接尾辞で，それだけでは独立で
きないもの」であるとして，さらに，助数詞の判断基準として，「何
(なん)−」という言語現象を提案している。助数詞は(6)aのように
「何(なん)−」を付与し，数量を数える意味となるのに対し，(6)bの
ような助数詞以外（ここでは名詞）ではできないことを指摘して
いる。

（6）a. 一枚/何枚，一例/何例，三キロ/何キロ

　　　b. 三男/*何男，三議員/*何議員

定義によって助数詞の範囲は異なることになるが，本稿では，眞野・米澤（2013）で挙げた（7）の「助数詞」の条件に従うものを分析対象とすることにする。それらを満たす助数詞の例は，（8）のようなものである。

（7）a. 数詞に後接する。

　　　b. 数えられている対象を示す名詞と共起する。

　　　c. 「何（なん）」に後接し，数を質問する意味となる。

（8）a. 3{人/軒/台/枚/足/班/グラム/切れ}

　　　b. 3人の学生/3軒の家/3足の靴/3班の子ども達/3グラムの薬/3切れの肉

　　　c. 何{人/軒/台/枚/足/班/グラム/切れ}

これらには，独立した名詞として使えるもの（9）もあれば，それだけでは独立して使用できない接辞と考えられるもの（10）も含まれることになる。その上で，名詞との差異については，第4節で議論する。

（9）a. 班/曲/例/パック

　　　b. 班/曲/例/パックを作る。

（10）-人（にん）/-軒（けん）/-枚（まい）/-足（そく）/-切れ（きれ）……

## 2.2　助数詞の分類

多数存在する日本語の助数詞については，分類についても様々な提案がなされているが（Denny 1979；松本 1991；飯田 1999；水口 2004a，2004b，2009；など），多くはどのような範疇に対し，それぞれの助数詞が使用されるのか，という点に着目してきた。Bisang（1993）は類別詞の機能として，個別化，範疇化，指標化，関係化を挙げているが，日本語の助数詞は個別化（individuation），範疇化（categorization）の機能を持つことが指摘されている（cf. 西光・水口 2004）。例えば，水口（2004a，2009）は，これらの助数詞のうち，範疇化を行う類別詞（水口の用語では，個別類別詞（numeral classifier））の体系を，図1のように提案している。それぞれの例は，（11）のとおりである。

```
              ∧
         有生    無生
          ∧
       人間  動物
```

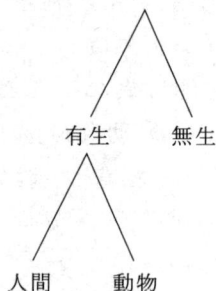

**図1　日本語の個別類別詞（水口　2004a:16）**

（11）a.　有生（人間）:−人 ; −名 , −方①

　　　　　　（動物）−匹 ; −頭 , −羽 , −尾

　　　b.　無生:−つ ;（形状）−個 , −本 , −枚 , −面 , −玉 , −粒 , −筋……

　　　　　　　（非形状）−台 , −隻 , −機 , −戸 , −校 , −通 , −株 , −基 ,

　　　　　　　−点 , −回 , −度……

影山他（2011）は , 日本語助数詞の中でも , 数える対象がどのような意味範疇に属しているかを表す範疇化の機能を持つ助数詞が「類別詞」であり , 対象の性質を類別して特定し , その数を数えるものとする。そして , 数える対象を数や量に分割する個別化の機能を持つものを「計量詞（measure specifiers）」として , 区別する。そして , 計量詞ごとに個別化の仕方は異なる。つまり , 計量詞は何らかの基準により , もとが不定量の物質に境界を作り（または , 元々境界を持つものに新しい境界を作り）量り取り（つまり , 個別化し）, その量を示すのである。（12）は類別詞 ,（13）は計量詞の例であり , それぞれ（14）に挙げるように , 振る舞いが異なる。類別詞は特定の性質を指定するため , 対象となる名詞は限定的であるが , 計量詞の場合 , それぞれの計量詞が指定する個別化が可能な対象物であれば , かなり広く数量を指定することができる。

　（12）類別詞:−人 , −匹 , −個 , −枚 , −粒 , −軒 , −戸 , −回 , −点……

　（13）計量詞:−束 , −杯 , −パック , −箱 , −切れ , −つまみ , −ロール , −キ

　　　　　ロ……

---

① 「;」の左に示しているものが , それぞれのカテゴリーのデフォルト類別詞である。

（14）a. 3匹の{エビ/*コーン/*砂糖/*しょうゆ}　　　　　　［類別詞］

　　　b. 3{杯/キログラム}の{エビ/コーン/砂糖/しょうゆ}

　　　　　　　　　　　　　　　　　　　　　　　　　　　　　［計量詞］

また，（15）で示すように，日本語には集合からなる対象を数えるような類別詞・計量詞もそれぞれ存在するが，本稿では，単体の対象を数える類別詞を対象に論を進めることにする。

（15）a. 集合類別詞:－足(足に履く物)，－つがい(生物の雌雄)，家族(人間)，－班(人間)，－チーム(人間)

　　　b. 集合計量詞:－対，－束，－山，－ペア，－グループ，列，組

　　　　　　　　　　　　　　　　　　　　　　　　（cf. 影山他 2011）

### 2.3　類別詞の分析

これまでの研究は，「類別詞」が特定の意味を持つ名詞のみを数えるという性質を持つため，各類別詞が数える対象の持つ特性(意味的制約)と，その対象の捉え方に焦点が置かれる傾向があった(cf. 松本 1991，Matsumoto 1993，Downing 1996，飯田 1999，西光・水口 2004)。つまり，名詞と助数詞の一致(agreement)に焦点が置かれていたといえる。しかし，先に(4)で見たように，それだけでは説明できない言語現象が存在する。

Huang and Ahrens(2003)は，中国語の類別詞について，単に数える名詞と一致するだけではなく，特定の意味を強制(coercion)することを指摘している。さらに，影山他(2011)は，生成語彙論の枠組みで，類別詞を対象のクオリア構造に何らかの指定を持つものとして分析できることを示している。日本語においても，一つの対象はその捉えられ方により，(16)aのように様々な類別詞や計量詞と共起できる。しかし，実際に文中では，(4)や(16)b、(16)cのように述語や文全体の意味により，その選択肢は限定されることがある。

（16）a. 3{匹/パック/キロ/箱}のエビ

　　　b. 3{パック/キロ/箱}のエビを{買った/*育てている}。

　　　c. 3匹のエビを{買った/育てている}。

つまり，類別詞とそれが数える対象との間の関係だけではなく，「類別詞と対象名詞」全体が表す意味や，それらと文中の他の構成要素

との関係を捉えられる枠組みが必要であることが分かる。次節では,影山他(2011),Mano(2012),眞野・米澤(2013)で提案された生成語彙論による類別詞の分析を概観する。

## 3　類別詞のクオリア構造による分析

### 3.1　生成語彙論

生成語彙論とは,Pustejovsky(1995,2006,2011)によって提案された理論である(cf. 松本 1998,影山 1999,小野 2005,など)。生成語彙論では,語彙の意味は簡潔に言うと,(17)のような種々の情報からなるとされる。また,その内クオリア構造は,(18)のような情報から構成されている。そして,例を挙げると,*book*という語の持つ情報は(19)のように表され,*book*という語の持つ様々な意味が記述されていることが分かる。

(17)語彙の意味

 a. 項構造(argument structure):述語が要求する項の数と特徴を指定する。

 b. 事象構造(event structure):下位事象を含むかなどイベントのタイプを指定する。

 c. クオリア構造(qualia structure):語に関連付けられる様々な属性を指定する。

 d. 語彙的タイプ構造(lexical typing structure):タイプを指定する。

(18)クオリア構造

 a. 構成役割(constitutive role):材料,材質,成分,重さ,内容,〜の一部分(part of x)などの内的な性質(the relation between an object and its constituent parts)

 b. 形式役割(formal role):具象物か抽象物か,自然物か人工物か,性別,形状,色,大きさなどの外的な属性(that which distinguishes it within a larger domain)

 c. 目的役割(telic role):対象物に本来的に意図された目的や機能(purpose and function of the object)

 d. 主体役割(agentive role):それを産み出す動作や原因,成り立

ち, 出処 (factors involved in its origin or "bringing it about")

（影山 1999:44）

$$(19)\begin{bmatrix} book \\ \text{ARGSTR} = \begin{bmatrix} \text{ARG1} = x:\text{info} \\ \text{ARG2} = y:\text{physobj} \end{bmatrix} \\ \text{QUALIA} = \begin{bmatrix} \text{information} \cdot \text{physobj\_lcp} \\ \text{FORMAL} = \text{hold}(y,x) \\ \text{TELIC} = \text{read}(e^T,w,x.y) \\ \text{AGENT} = \text{write}(e^T,v,x.y) \end{bmatrix} \end{bmatrix}$$

（Pustejovsky 1995:204）

このように, 生成語彙論は, 語彙の持つ様々な情報を記述し, さらにはどのように文を生成していくかの仕組みも含め, 説明する枠組みである。

### 3.2 生成語彙論による類別詞の分析

Bond and Paik(1997)は, 生成語彙論の枠組みによる日本語と韓国語の類別詞の分析を提案した。(20)はそこで提案されたクオリア構造であり, (21)が「-個」の例である。対象がD-ARGとなっているのは, 日本語・韓国語では対象名詞を明示的に示すことが義務的ではないためである。

$$(20)\text{CL}\begin{bmatrix} \text{ARGSTR} \begin{bmatrix} \text{ARG1} \quad x:\text{numeral}+ \\ \text{D-ARG1} \quad y:? \end{bmatrix} \\ \text{QUALIA} \begin{bmatrix} \text{FORMAL} \; \text{quantifies}(x,y) \end{bmatrix} \end{bmatrix}$$

$$(21)\text{-}ko\begin{bmatrix} \text{"3D"} \; \text{ARGSTR} \begin{bmatrix} \text{ARG1} \quad x:\text{numeral}+ \\ \text{D-ARG1} \begin{bmatrix} y:\text{ inanimate} \\ \text{DIMEN} \quad 3D \end{bmatrix} \end{bmatrix} \\ \text{QUALIA} \begin{bmatrix} \text{FORMAL} \quad \text{quantifies}(x,y) \end{bmatrix} \end{bmatrix}$$

（Bond and Paik 1997）

しかし, この構造だけでは, すべての類別詞の性質を捉えることは難しい。例えば, 「-戸(こ)」は, 「人が住むために建てられた住まい (マンションの各部屋も含む)」を数える類別詞であることが, (22)からも分かる。

（22）a. 3戸の{住宅/*学校/*犬小屋}

　　b. 30戸の新築マンション（＝30部屋ある１棟のマンション）
これは，形式役割に〈住居（residence）〉を指定するだけでは説明できない。さらに，「住む」という目的役割や構成役割〈玄関扉，……〉などにも指定を持つ可能性がある。

　影山他（2011）は，類別詞を対象の形式役割だけではなく，（23）にまとめるように，様々なクオリア構造に何らかの指定を持つものとして分析できることを示した。

（23）形式役割に指定を持つ類別詞：−人，−本，−枚，−粒

　　　構成役割に指定を持つ類別詞：−戸，−串，−株

　　　目的役割に指定を持つ類別詞：−台，−隻，−件，−丁，−着

　　　主体役割に指定を持つ類別詞：−基，−点

その分析をさらに発展させ，合成の仕組みを提案したのが眞野・米澤（2013）である。次節で詳しく見ていく。

### 3.3　類別詞のクオリア構造と合成の仕組み

　Mano（2012），眞野・米澤（2013）は，これまで明らかにされてきた個々の類別詞が指定する性質は，対象のクオリア構造への指定として示すことができることを提案した。より具体的には，基本的に類別詞は，（24）のように対象（y）のクオリア構造に特定の指定を持つと考える。例えば，人を数える類別詞「−人」は，（25）のように対象名詞（D−ARG1）の形式役割に［human］という指定を持ち，そのため（26）のように，その性質を持たないものを数えることはできない。

$$（24）助数詞 -\alpha \begin{bmatrix} ARGSTR & \begin{bmatrix} ARG1 & x:quantity \\ D\text{-}ARG1 & y:entity \end{bmatrix} \\ QUALIA & [FORMAL \quad quantifies(x,y)] \end{bmatrix}$$

（眞野・米澤 2013:149）

$$（25）-人 \begin{bmatrix} ARGSTR & \begin{bmatrix} ARG1 & x:quantity \\ D\text{-}ARG1 & y:human \\ & [FORMAL=human(y)] \end{bmatrix} \\ QUALIA & [FORMAL \quad quantifies(x,y)] \end{bmatrix}$$

（同上:151）

（26）3人の{子供/歌手/*チンパンジー/*象/*ロボット}

このように,「−人」は対象の形式役割に指定を持つ類別詞と考えられる。

　その他,形式役割に指定を持つ類別詞と,そのクオリア構造を(27)にいくつか示す。動物を数えるデフォルト類別詞である「−匹」と,より指定の多い「−羽/−頭」は,すべて(27)のように,形式役割の指定によって,その差異を表すことができる。

$$(27)\text{a.} \quad -匹 \begin{bmatrix} \text{ARGSTR} = \text{D-ARG1} = \text{y:animal} \\ \qquad [\text{FORMAL} = \text{animal}(\text{y})] \end{bmatrix}$$

$$\text{b.} \quad -羽 \begin{bmatrix} \text{ARGSTR} = \text{D-ARG1} = \text{y:bird} \\ \qquad [\text{FORMAL} = \text{bird}(\text{y})] \end{bmatrix}$$

$$\text{c.} \quad -頭 \begin{bmatrix} \text{ARGSTR} = \text{D-ARG1} = \text{y:animal} \\ \qquad [\text{FORMAL} = \text{animal}(\text{y}) \ \& \\ \qquad \text{large}(\text{y})] \end{bmatrix}$$

（同上:151）

また,無生のものを数える類別詞の中にも,形式役割に指定を持つものは多数存在している。(28)に例を挙げる。

$$(28)\text{a.} \quad -本 \begin{bmatrix} \text{ARGSTR} = \text{D-ARG1} = \text{y:phys\_obj} \\ \qquad [\text{FORMAL} = \text{phys\_obj}(\text{y}) \ \& \\ \qquad 1\text{D}(\text{y})] \end{bmatrix}$$

$$\text{b.} \quad -枚 \begin{bmatrix} \text{ARGSTR} = \text{D-ARG1} = \text{y:phys\_obj} \\ \qquad [\text{FORMAL} = \text{phys\_obj}(\text{y}) \ \& \\ \qquad 2\text{D}(\text{y})] \end{bmatrix}$$

$$\text{c.} \quad -回 \begin{bmatrix} \text{ARGSTR} = \text{D-ARG1} = \text{y:event} \\ \qquad [\text{FORMAL} = \text{event}(\text{y})] \end{bmatrix}$$

（同上:152）

しかし,類別詞の中には,形式役割以外にも指定を持つものがある。次に,構成役割にも指定を持つと考えられる類別詞のクオリア構造を見る。先に挙げたように,「−戸」は〈人が住むために建てられた住まい(マンションの各部屋も含む)〉を数える類別詞であるが,そのクオリア構造はそれぞれの役割に以下のような指定を考えると,説明できる。

$$(29)\text{-戸}\begin{bmatrix} \text{ARGSTR}=\text{D-ARG1}=\text{y}:\text{residence} \\ \begin{bmatrix} \text{FORMAL}=\text{residence}(\text{y}) \\ \text{CONST}=\text{consist\_of} \\ \quad(\text{y},\{\text{玄関の戸}\cdots\cdots\}) \\ \text{TELIC}=\text{live\_in}(\text{e},\text{z},\text{y}) \end{bmatrix} \end{bmatrix}$$

（同上：153）

さらに，目的役割に指定を持つ類別詞のクオリア構造を挙げる。例えば，「-機」は〈機械〉であるだけではなく，〈飛行する〉という意味的制約を持ち，「-着」は，〈身につけるもの〉という制約を持ち，これらは(30)のような目的役割への指定として捉えることができる。

$$(30)\text{a. -機}\begin{bmatrix} \text{ARGSTR}=\text{D-ARG1}=\text{y}:\text{machine} \\ \begin{bmatrix} \text{FORMAL}=\text{machine}(\text{y}) \\ \text{TELIC}=\text{fly}(\text{e},\text{y}) \end{bmatrix} \end{bmatrix}$$

$$\text{b. -着}\begin{bmatrix} \text{ARGSTR}=\text{D-ARG1}=\text{y}:\text{clothing} \\ \begin{bmatrix} \text{FORMAL}=\text{clothing}(\text{y}) \\ \text{TELIC}=\text{put\_on\_body}(\text{e},\text{z},\text{y}) \end{bmatrix} \end{bmatrix}$$

（同上：154）

また，類別詞の中には，主体役割に指定を持つと考えられる類別詞も存在する。例えば，「-基」は発電機のような，〈大きな人工物〉であり，かつ〈据え付ける〉ものを数え，「-点」は〈作品〉のような人の活動の結果生まれたものを数える性質を持ち，そのクオリア構造における指定は，(31)のように考えることができる。

$$(31)\text{a. -基}\begin{bmatrix} \text{ARGSTR}=\text{D-ARG1}=\text{y}:\text{artifact} \\ \begin{bmatrix} \text{FORMAL}=\text{artifact}(\text{y}) \ \& \\ \qquad\qquad\quad \text{large}(\text{y}) \\ \text{AGENT}=\text{place}(\text{e},\text{z},\text{y}) \end{bmatrix} \end{bmatrix}$$

$$\text{b. -点}\begin{bmatrix} \text{ARGSTR}=\text{D-ARG1}=\text{y}:\text{phys\_obj} \\ \begin{bmatrix} \text{FORMAL}=\text{phys\_obj}(\text{y}) \\ \text{AGENT}=\text{act\_on}(\text{e},\text{z},\text{y}) \end{bmatrix} \end{bmatrix}$$

（同上：155）

このような類別詞のクオリア構造における指定を仮定した上で，眞野・米澤（2013）は対象名詞との合成を含め，文の生成の仕組みを，

Pustejovsky(2011)の提案する(32)のような各種のメカニズムで説明
できることを示した。

(32)a. SELECTION(Type Matching)：The target type for a predicate,
F, is directly satisfied by the source type of its argument,
A：$F(A_\alpha)_\alpha$

b. ACCOMMODATION SUBTYPING：The target type a function
requires is inherited through the type of argument, $\Lambda$：$F$
$(A_\beta)_\alpha$, $\beta \subset \alpha$

c. COERCION BY INTRODUCTION：the type a function requires
is imposed on the argument type. This is accomplished
by wrapping the argument with the type required by the
function：

$F(A_\alpha)$ $_{\beta \odot \sigma}$, $\alpha \subseteq \beta$(domain-preserving)

$F(A_\alpha)_\beta$, $\alpha \rightarrow \beta$(domain-shifting)

d. COERCION BY EXPLOITATION：the type a function requires
is imposed on the argument type. This is accomplished by
taking a part of the argument's type to satisfy the function：$F$
$(A_{\alpha \odot \tau})_\beta$, $\tau \subseteq \beta$

(Pustejovsky 2011：1411)

詳細は紙面の都合上割愛するが,いくつか合成の例を挙げておきた
い。「3人の学生」の場合,「－人」がD-ARGの形式役割として要求する
[human]という特性は「学生」の形式役割[human]とタイプ・マッ
チング(32)aが起こり,文法的な表現となる。一方,「3回のスピー
チ」は,「スピーチ」のクオリア構造が,(28)cで挙げたように「－回」が
D-ARGの形式役割に要求する[event]という特性の指定により強制
を受け(32)d,出来事を表す解釈となる。そのため,(33)aから分か
るように,物体を目的語に要求する「破る」という動詞とは共起でき
ない。一方で,「3枚のスピーチ」の場合,(28)bの指定から,物体の解
釈が生じるため,(33)bのように「破る」という動詞との共起に問題
はない。このような合成の仕組みを考えることで,先に挙げた(4)
の例も同様に説明することが可能である。

（33）a. 3回のスピーチを{*破った/終わらせた}。

　　　b. 3枚のスピーチを破った。

このような生成語彙論による類別詞と文中の他の要素との合成の
仕組みを考えると，名詞と同形の助数詞をどのように分析すること
ができるであろうか，次節で検討したい。

## 4　名詞と同形の類別詞のクオリア構造

### 4.1　名詞と同形の助数詞

　先に述べたように，日本語には名詞と同形の助数詞が存在し[①]，名
詞との境界の線引きは難しい。成田（1990）は，助数詞的な名詞の中
には，被修飾名詞との共起において（34）のように用法に制限のない
ものから，（35）のように全て非文となるようなものまで，様々なも
のが存在することを指摘している。

（34）a. 千票の票を集める

　　　b. 票千票集める

　　　c. 票を千票集める

（成田　1990:5）

（35）a. *ことし，3大学の大学ができた

　　　b. *ことし，大学3大学ができた

　　　c. *ことし，大学が3大学できた

（同上:4）

これらは，名詞から助数詞への文法化の過程にあると考えられる
が，そのクオリア構造にはどのような変化が考えられるであろう
か。先に挙げた条件を満たす類別詞で，名詞としても使用できるも
のには，（36）に挙げるようなものがあるが，次節以降でそのクオリ
ア構造について考えていく。

（36）a. 文字，駅，曲，例……

---

[①] どのようなものが存在するか，そして，どのような振る舞いの違いが観察されるかに
　ついては，さらに東条（2012, 2015），Mano（2013），田中（2015）などでも調査が行われて
　おり，詳しくはそれらの研究を参照されたい。

　　b. 3文字のアルファベット,3駅の停車駅,3曲のヒット曲,3
　　　例の症例……

　　c. 何文字,何駅,何曲,何例……

### 4.2　名詞と同形の類別詞の構造

　本稿では,ケーススタディーとして,(36)で示した名詞と同形の
類別詞のうち,「 文字」について検討する。

　まず,名詞としての「文字」を考えたい。「文字」は元々類別詞「–つ」
を使用し,「3つの文字」のように数えることができる。名詞「文字」,
類別詞「–つ」のクオリア構造はそれぞれ,(37)と(38)のようなもの
だと考えられる。

$$(37)文字\left[\begin{array}{l}\text{QUALIA}-\left[\begin{array}{l}\text{phoneme}\cdot\text{phys\_obj}\\\text{FORMAL}-\text{express}(y,x)\\\text{TELIC}=\text{keep}(e^{T},w,x.y)\\\text{AGENT}=\text{write}(e^{T},v,x.y)\end{array}\right]\end{array}\right]$$

$$(38)-つ\left[\text{ARGSTR}=\left[\begin{array}{ll}\text{ARG1}&x:\text{quantity}\\\text{D-ARG1}&y:\text{inanimate}(x)\\&[\text{FORMAL}=\text{inanimate}(x)]\end{array}\right]\right]$$

そして,「–つ」が対象の形式役割に指定する[inanimate]により,「3つ
の文字」は,「文字」の持つクオリア構造から,意味の一部を利用した
強制(32)dにより,物体としての文字を表す解釈として,問題なく生
成される。

　では,類別詞として使用される「–文字」のクオリア構造は,名詞
「文字」とどのように異なるのであろうか。まず,類別詞「–文字」が
どのような対象名詞の数量を指定するかを(39)aに示す。ただし,
(39)bのように対象名詞が省略されたものと混同しないよう,注意
が必要である。しかし,数詞が直接「文字」に付加され,その数を表
す(39)bの「10文字」のような場合は,(37)のようなクオリア構造は
そのまま保たれていると考えられる。その上で,類別詞として使用
される「–文字」は,物理的な文字のみの数量を指定するため,(40)の
ように表せるであろう。

（39）a. 3文字の{アルファベット/ひらがな/漢字/??音/*絵}

　　　b. 10文字の{単語/手紙} = 10文字からなる{単語/手紙}

（40）-文字 $\begin{bmatrix} \text{ARGSTR} = \begin{bmatrix} \text{ARG1} = x : \text{quantity} \\ \text{D-ARG1} = y : \text{phys\_obj} \\ \quad [\text{FORMAL} : \text{express}(y, \text{phoneme})] \end{bmatrix} \\ \text{QUALIA} \quad [\text{FORMAL} = \text{quantifies}(x, y)] \end{bmatrix}$

　名詞と類別詞の大きな性質の違いは，それ自体が対象物を指示する意味（referential meaning）を持つかどうかであると考えられる（cf. Mano 2013）。名詞（37）と類別詞の用法の「-文字」（40）との大きな違いは，前者はそれ自体クオリア構造を持ち，指示的意味を担えるのに対し，後者は数詞を要求し，対象物を取る項構造を持ち，その数量を指定する機能を担う点であることが，上記のクオリア構造では明示的に示されている。

　しかし，この文法化の過程については，それぞれの段階における統語的な振る舞いに関する通時的な調査が必要であり（cf. 田中 2015），それにより（37）から（40）に変化の過程が明らかになると考えられる。それについて今後の課題としたい。

## 5　まとめと今後の課題

　本稿では，主に眞野・米澤（2013）で提案した生成語彙論の枠組みによるクオリア構造を使った類別詞の分析を紹介し，クオリア構造を考えることで，類別詞と対象名詞の関係だけに限定されない合成の仕組みや，文の生成という統語的な側面の両方を捉えることができることを示した。さらに，日本語で多数観察される名詞からの類別詞への文法化の現象の仕組みを説明できる可能性について議論した。しかし，その詳細な文法化の過程におけるクオリア構造の変化については，詳細な通時的調査を含む多くの課題が残されている。

　また，類別詞は日本語に限らず様々な言語で観察されるものであるが，それらの分析に応用した場合，どのように個別言語の特性が把握できるかも，今後の課題である。

## 参考文献

飯田朝子,1999. 日本語の主要類別詞[D]. 東京:東京大学.

飯田朝子,2004. 数え方の辞典[M]. 東京:小学館.

小野尚之,2005. 生成語彙意味論[M]. 東京:くろしお出版.

影山太郎,1999. 形態論と意味[M]. 東京:くろしお出版.

影山太郎,眞野美穂,米澤優,他,2011. 名詞の性質と数の数え方[M]//影山太郎. 日英対照 名詞の意味と構文. 東京:大修館書店:10-35.

見坊豪紀,1965. 現代の助数詞[J]. 言語生活(66):54-60.

田中佑,2015. 近現代日本語における新たな助数詞の成立と定着[D]. 筑波:筑波大学.

谷原公男,顏端珍,リー,他,1990. 助数詞の用法とプロトタイプ―〈面〉・〈枚〉・〈本〉・〈個〉・〈つ〉―[J]. 計量国語学(5):209-226.

東条佳奈,2012. 助数詞・準助数詞・疑似助数詞―名詞と同形の助数詞をめぐって―[C]. 日本語学会2012年度春季大会予稿集:127-134.

東条佳奈,2015. 現代語における「名詞型助数詞」の記述的研究[D]. 大阪:大阪大学.

成田徹男,1990. 名詞と同形の助数詞[J]. 都大論究(27):1-8.

西光義弘,水口志乃扶,2004. 類別詞の対照[M]. 東京:くろしお出版.

北条正子,1973. 主要接辞・助数詞一覧[M]//鈴木一彦,林巨樹. 品詞別文法講座10 品詞論の周辺. 東京:明治書院:260-272.

松本裕治,1998. 意味と計算[M]//郡司隆男,阿部泰明,白井賢一郎,他. 言語の科学4 意味. 東京:岩波書店:125-167.

松本曜,1991. 日本語類別詞の意味構造と体系―原型意味論による分析―[J]. 言語研究(99):82-106.

眞野美穂,米澤優,2013. 生成語彙理論による助数詞の分析[J]. レキシコン・フォーラム(6):139-170.

水口志乃扶,2004a.「類別詞」とは何か[M]//西光義弘,水口志乃扶. 類別詞の対照. 東京:くろしお出版:3-22.

水口志乃扶,2004b. 日本語の類別詞の特性[M]//西光義弘,水口志乃扶. 類別詞の対照. 東京:くろしお出版:61-77.

水口志乃扶,2009. 類別詞から日本語を考える[J]. 日本語学(7):22-31.

AIKHENVALD A Y,2000. Classifiers[M]. Oxford:Oxford University Press.

BISANG W,1993. Classifiers,quantifiers and class nouns in Hmong[J]. Studies in language(17):1-51.

BOND F, PAIK K, 1997. Classifying correspondence in Japanese and Korean [C]. Tokyo:Meisei University:58-67.

DENNY J P, 1979. Semantic analysis of selected Japanese numeral classifiers for units[J]. Linguistics(17):317-335.

DOWNING P A, 1996. Numeral classifier systems: the case of Japanese [M]. Amsterdam:John Benjamins.

HUANG C-R, AHRENS K, 2003. Individuals, kinds and events: classifier coercion of nouns[J]. Language sciences(25):353-373.

MANO M, 2012. Compositional mechanisms of Japanese numeral classifiers[C]// MANURUNG R, BOND F. Proceeding of the 26th Pacific Asia conference on language, information and computation. Depok: Faculty of Computer Science, Universitas Indonesia: 620-625.

MANO M, 2013. Exploring the noun-classifier continuum in Japanese [C]. Geneva:19th International Congress of Linguists.

MATSUMOTO Y, 1993. Japanese numeral classifiers: a study of semantic categories and lexical organization[J]. Linguistics(31):667-713.

PUSTEJOVSKY J, 1995. The generative lexicon[M]. MA:MIT Press.

PUSTEJOVSKY J, 2006. Type theory and lexical decomposition[J]. Journal of cognitive science(6):39-76.

PUSTEJOVSKY J, 2011. Coercion in a generative theory of argument selection [J]. Linguistics(49):1401-1431.

SANCHES M, 1977. Language acquisition and language change: Japanese numeral classifiers [M]//BLOUNT B, SANCHES M. Sociocultural demensions of language change. New York:Academic Press:51-62.

# 日本語の使役文および使役文の研究
## —使役文の文法的な意味の捉え方—

早津恵美子（東京外国語大学）

**要　旨**　日本語の使役文（意志動作の引きおこしを表す使役文：
「太郎が弟に荷物を運ばせる」）の文法的な意味として広
く知られているのは［強制：許可］という二つに分けるも
のである。本稿では，早津（2015, 2016a）で提唱されてい
る［つかいだて：みちびき］という捉え方を紹介する。こ
れは［強制：許可］という捉え方を否定するものではな
く，両者はそれぞれ，使役事態の「先行局面」と「後続局
面」に注目した異なる観点からの捉え方であって両立す
るものである。そして，［つかいだて：みちびき］は原動
詞の語彙的な意味に支えられた文法的な意味であるこ
と，この2類の使役文を特徴づける内部構造上の違いが
見いだせること，この捉え方によって使役文と他の構造
の文（原動文・V-テモラウ文・他動詞文）との異同を説
明しうること，といった特徴をもつ。したがって，［つか
いだて：みちびき］は意志動作の引きおこしを表す使役
文の文法的な意味として有効な捉え方である。

**キーワード**　使役文の意味, つかいだてとみちびき, 使役事態の
　　　　　　　先行局面と後続局面

## 1　はじめに

筆者は2019年11月9日（土）～10日（日）に中国人民大学で開催された「2019年日本語の誤用及び第二言語習得研究国際シンポジウム」において講演の機会を頂戴した。いただいたタイトルは「日本語の使役文および使役文の研究」であった。そこで，使役文をめぐって自身がこれまでに考えてきたことを聞いていただくことにした。内容は，早津（2016b）の一部分（1，2，3，8章）で述べたこと及びその後の考察で気づかれたことをもとに，とくに，使役文の文法的な意味に［つかいだて］と［みちびき］とがあると捉える筆者の観点から使役文の種々の現象を整理したものとなった。本稿はその講演の記録として，当日のハンドアウトをもとに，その後の考察も加えてまとめたものである。[①]

## 2　使役文と原動文の対応の二つの側面

使役文（V-（サ）セルを述語とする文）と原動文（Vを述語とする文）の対応関係は，次のAのように捉えられることが多い。すなわち，使役文は，人が他者の動作や事物の変化を引きおこすことをその引きおこし手を主語にして述べる文であり，原動文は，動作や変化が生じた人や事物を主語にして述べる文であり，使役文の表す事態は原動文の表す事態を包摂している，という捉え方である。

［使役文と原動文の対応 A：〈包摂関係〉］

A：「XガYニ/ヲ（Zヲ）V-（サ）セル」⊃「Yガ（Zヲ）V」

　　A1花子が太郎に荷物を運ばせる。⊃ 太郎が荷物を運ぶ。

　　A2花子が冷凍庫で果汁を凍らせる。⊃ 果汁が凍る。

それに対して，本稿は次のBのような対応関係も積極的に認めようとするものである。すなわち，使役文は人が他者の動作を引きお

---

① 講演の機会を頂戴したこと，また講演内容をもとにした本稿をこの《日語偏误与日语教学研究（日本語誤用と日本語教育研究/Journal of Error in Use of Japanese and Japanese Language Teaching)》に寄稿させていただけることについて，日本語誤用と日本語教育学会会長于康先生（関西学院大学），副会長林璋先生（福建師範大学）・張佩霞先生（湖南大学）および事務局のみなさまに感謝申し上げる。

こすことを表す文, 原動文は人がある動作を自分自身で行うことを表す文であり, 使役文と原動文は, 動作を他者に行わせるか自分自身で行うかという点で対立している, という捉え方である。

［使役文と原動文の対応 B:〈対立関係〉］

B:「XガYニ/ヲ(Zヲ)V-(サ)セル」⟺「Xガ(Zヲ)V」

　　花子が太郎に荷物を運ばせる。⟺ 花子が(自分で)荷物を運ぶ。

もちろん, Aの捉え方は使役文の表す事態と原動文の表す事態の関係を正しく捉えており, 意志動作の引きおこしを表す使役文(上のA1)にも無意志動作の引きおこしを表す使役文(上のA2)にもこのような関係はなりたっている。一方, Bの対応関係は意志動作の引きおこしを表す使役文についてのみ認められる関係である。しかしながら, Bの捉え方をすることは, 意志動作の引きおこしを表す使役文の文法的な意味について従来とは異なる見方をするための重要な観点を示唆してくれる。いま, A・B二つの捉え方を図式的に表すとすると次のように示すことができる。

A:

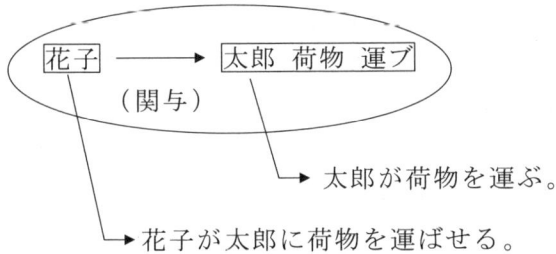

　　（使役文は原動文の表す事態には含まれない人や事物を「項」として加え, それを主語にして述べる文であるという捉え方）

B:

花子が 太郎に 荷物を 運ばせる。⟺ 花子が 自分で 荷物を 運ぶ。
[主語][補語] 　　[述語] 　　[主語][修飾語] 　　[述語]

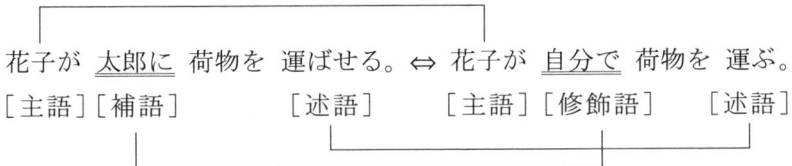

　　（使役文と原動文は, 主語者が, 原動詞の表す動作を他者に行わせるのか自分で行うのか, つまり, 主語が動作の間接的な主体

　　　　か直接の主体かという点で異なる文である，そして，使役文と
　　　　原動文は文の構文機能構造において対立しているという捉
　　　　え方）

　　先述のように，この二つの捉え方のうち，Aの捉え方は広く知られ
ているがBの捉え方はあまり知られていない。ただし，鈴木（1972）
には比較的はっきりとこの捉え方が示されており（AとB両方の捉
え方が示されている），早く山田（1908）にもうかがえるものである。
そして，上にも述べたように，このAとBの捉え方は，背反的なもの
ではなく，意志動作の引きおこしを表す使役文についてはどちらの
面もみることができる。

　　　　花子が太郎に荷物　　⊃　太郎が荷物を運ぶ。　　　　（A包摂）
　　　　を運ばせる。　　　　⇔　花子が（自分で）荷物を運ぶ。（B対立）

　　そして，日本語の使役文の性質を考える際にAの側面からの捉え
方だけでなくBの側面からの捉え方も必要であり，上にも少し述べ
たように，とくに意志動作の引きおこしを表す使役文の文法的な意
味を考える際にBの捉え方が重要な手掛かりとなる。
　　以下では，第3節で［強制：許可］という捉え方と［つかいだて：み
ちびき］という捉え方の観点の違いを示し，第4節で，［つかいだて：
みちびき］という文法的な意味が原動詞の語彙的な意味の性質に
よって支えられていることを示す。そして，第5節では使役文の内
部構造の性質に［つかいだて：みちびき］の違いがみられる現象を示
し，第6節では使役文と他の構造の文との関係を考えるときに［つ
かいだて：みちびき］という捉え方が生かされ得ることを示す。

# 3　日本語の使役文の文法的な意味—二つの観点からの捉え方—

　　使役文の文法的な意味についての研究は種々あり，意味の分類の
仕方にもいくつかの提案があってそれぞれの用語も様々である。
しかし，意志動作の引きおこしを表す使役文の意味については，大
きく［強制：許可］，あるいはこれに準ずる2類を認めるものがほとん

どである(Shibatani 1973,青木 1977,佐藤 1986,種々の文法書な
ど,多数)。例えば,次の(1)が強制を表す使役文,(2)が許可を表す
使役文とされる。

　(1)母親が子どもに命じて窓ガラスを拭かせた。

　(2)山田氏は子供が留学したいというので1年間だけ留学させる
　　　ことにした。

それに対して,早津(2015,2016b)では[つかいだて(他者利用),みち
びき(他者誘導)]という捉え方が提案されている。①この[つかいだ
て:みちびき]は,[強制:許可]という捉え方を否定するものでも,そ
れと矛盾するものでもなく,後述するように,両者は異なる観点か
らの捉え方である。

　第2節でもみたように,使役文は,人がある動作を自分自身で行
うのではなく他者に行わせるという事態を表すものである。では,
人は,どんなときに,なんのために,ある動作を他者に行なわせるの
か,それには大きく二つの状況があると考えられる。一つは,人が
あることを実現させたいという意向を持ち,しかし自分では能力的
にあるいは何らかの事情で行えない,自分ではやりたくない,と
いったときに,自分の代わりに他者にその動作を行わせて事態を実
現させ,自分はその恩恵を受けるという状況であり(状況①),もう
一つは,人が,他者がその動作を行うことがその他者にとって意義
があるとみなすことをその他者に行わせ,それによって他者(動作
主体)自身が恩恵を受けることになるという状況である(状況②)。
それぞれ,例えば,次のような場合が考えられる。

　状況①

　(3)太郎は運送業者に(依頼して)引っ越し荷物を運ばせた。

　(4)太郎は忙しくて銀行へ行けないので(代わりに)息子を行か
　　　せた。

　(5)太郎は自分はやりたくないので,弟に部屋の掃除をさせた。

_____

① [つかいだて:みちびき]は,山田(1908)において使役文(山田では「発動性間接作用」)
　の意味的な2類を[使令作用:干与作用]としているものを発展的に継承したものであ
　る(早津 2016b)。

状況②

(6)母親は子供が丈夫に育つことを願って栄養のあるものを<u>食べさせる</u>。

(7)コーチは選手の基礎体力を伸ばすため毎日10キロ<u>走らせた</u>。

(8)教師は学生が基礎知識を身につけられるようまず入門書を<u>読ませた</u>。

早津（同）では，人が他者に動作を行わせる状況には大きくこのような2種があってそれが使役文の文法的な意味の違いに反映しているのだと考えられている。すなわち，状況①のような使役事態が［つかいだて（他者利用）］の使役，状況②のような使役事態が［みちびき（他者誘導）］の使役である。それぞれ次のように規定することができる。

［つかいだて（他者利用）］の使役

・使役主体が，自分自身がある状態を享受したいという目的や意図を持ち，しかしそのために必要な動作を自身が行うのではなく，それを実現させるのにふさわしいとみなす他者をいわば利用してそれを実現させる。

・動作主体がその動作を行うことによって，それをさせた使役主体や使役主体に関わるものが望ましい状態になり，使役主体が恩恵を受ける。

［みちびき（他者誘導）］の使役

・使役主体が，他者がある状態を享受するようにみちびきたいという目的や意図をもち，その状態をもたらすのにふさわしい動作を動作主体に行わせる。使役主体が他者を利用するわけではない。

・動作主体がその動作を行うことによって，動作主体自身が新たな状態に変化する。多くは，動作主体にとって望ましい状態になり動作主体が恩恵を受ける。

そして，先に，［強制：許可］と［つかいだて：みちびき］について，「両者は異なる観点からの捉え方である」と述べたのは次のようなことである。例えば，二つの使役文「親が子供に窓をあけさせる」「親が子供を床にすわらせる」の表す事態について考えてみる。そ

れぞれの{子供が窓をあける}{子供が床にすわる}という動作が生じるのに先だって,「親」から「子供」に対して命じたり頼んだり,あるいは許可をしたりするという働きかけがなされる。そして,動作が行われたあとには,その動作がいわば原因となって「窓」「子供」に変化が生じ,{窓があいた状態}{子供がすわった状態}という結果が生まれる。図式化すると、以下の図1のようになる。

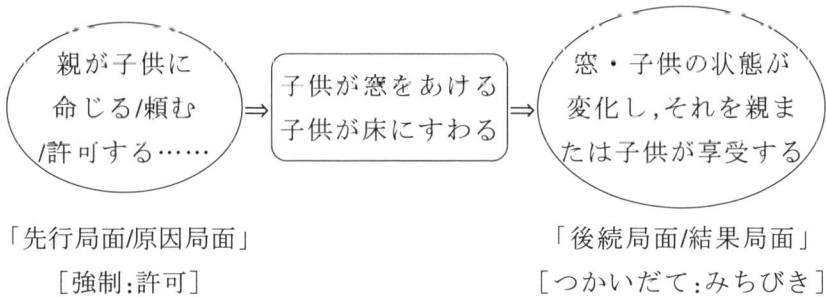

親が子供に命じる/頼む/許可する…… ⇒ 子供が窓をあける 子供が床にすわる ⇒ 窓・子供の状態が変化し,それを親または子供が享受する

「先行局面/原因局面」　　　　　　　　　「後続局面/結果局面」
　[強制:許可]　　　　　　　　　　　　　[つかいだて:みちびき]

**図1**

このように考えると,[強制:許可]は,使役事態の「先行局面/原因局面」すなわち,動作を行なわせるに際して使役主体の意志と動作主体の意志のどちらが強いか(Shibatani 1973,青木 1977,など),動作が実現するきっかけが使役主体にあるか動作主体にあるか(佐藤1986)という点に注目した捉え方である。一方,[つかいだて:みちびき]は,使役事態の「後続局面/結果局面」すなわち,使役主体は何を目的として動作主体に動作をさせるのか,その動作の実現によって広い意味での動作の結果を使役主体が享受することをめざすのか動作主体が享受することをめざすのか,という点に注目した捉え方であるといえる。両者が矛盾しないのはこのように観点が異なる捉え方だからである。そして,[つかいだて:みちびき]という捉え方は,以下にみるように,使役文の内部構造の性質,および使役文と他の構造の文との関係を考察するのに有効である。

## 4　原動詞の語彙的な意味と[つかいだて:みちびき]の関係

動詞のいわゆるV-テイル形の表す文法的な意味が動詞(V)の語

彙的な意味にまずは大きく規定されることがよく知られている。すなわち，「歩く」「たたく」「考える」「(雨が)降る」のような，人や事物の動きを表す動詞のV‐テイル形は，動作の継続というアスペクト的な意味を，「疲れる」「汚れる」「枯れる」「決まる」のような，人や事物の状態に変化が生じることを表す動詞のV‐テイル形は，変化の結果の継続というアスペクト的な意味を表すという性質である。①意志動作の引きおこしを表す使役文の文法的な意味についても，使役文の述語となるV‐(サ)セルの原動詞(V)の語彙的な意味②が大きく関わっていると考えられ，早津(2015，2016b)では，何に変化③を生じさせることを志向して行う動作を表す動詞かという観点から，動詞が次の4種5類に分類されている。④動詞例とそれによる使役文の例をいくらか示す。

(a)「対象変化志向の他動詞」

他動詞のうち，事物の状態や位置や状況の変化を生じさせることを志向して対象に働きかけることを表す動詞。

開ける，洗う，切る，閉じる//塗る，埋める，入れる//はがす，出す，運ぶ，送る//(人を)通す，帰す//弱める，改める，ゆるめる//おこなう，始める//作る，築く，継ぐ，仕立てる，建てる//たたく，もむ，なでる……

例「親が子供に窓を開けさせる」「太郎が弟に荷物を運ばせ

---

① 金田一(1950)，工藤(1982)をはじめ多くの研究があり，研究者の立場によって動詞の意味のまとめ方やアスペクト的な意味の名づけに違いがあるが，動詞の語彙的な意味のうちの何らかの側面がV‐テイル形の意味をまずは決めているという見方である点は同じである。

② 正確には，単に単語の語彙的な意味というよりも，単語のいわゆる「カテゴリカルな意味」すなわち「単語の語彙的な意味のなかで，その単語のある文法的な性質をうみだすものとして機能している一般的な側面」によって規定されているのだが，ここではそのことは詳しく述べない。カテゴリカルな意味については，奥田(1985)，早津(2008，2015，2016a)を参照。

③ ここでの「変化」は，人の生理面や精神面の変化，事物の状態や位置や状況の変化，人と人との間に生じる物や情報の所有関係の変化，人の社会的な立場や状況の変化など，広い意味での変化を指す。

④ この分類は，金田一(1950)，工藤(1982)，言語学研究会(1983)，Hopper and Thompson(1980)などを参照して早津(2015，2016b)で提案されたものである。各類の詳しい性質や多くの動詞例は早津(2015，2016b)を参照。

る」「門番に客を部屋へ通させる」「後輩にビールを継がせる」「業者に洋服を仕立てさせる」

（b）「やりとり志向の他動詞」

人と人との間の物のやりとりを表す動詞（広義の授受動詞）および情報のやりとりを表す動詞（言語活動動詞）には，やりとりの方向によって次の二つがある。

（b-1）授与・発信型の授受動詞と言語活動動詞

動作の実現によって動作の相手（つまり間接<u>対象</u>）が物や情報を保有する状態に変化する（「太郎が<u>弟</u>に辞書をゆずる」「太郎が<u>花子</u>に集合場所を伝える」）ことを表す動詞。間接対象に変化が生じることからこれも対象変化志向の動詞としてまとめられる。

　払う，届ける，納める，貢ぐ，売る，ゆずる//伝える，連絡する，言う……

　例「政治家が業者に食事代を払わせる」「秘書に頼んで客に書類を届けさせる」「弁護士から相手に気持ちを伝えさせる」「後輩をおどして監督に不平を言わせる」

（b-2）取得・受信型の授受動詞と言語活動動詞

動作の実現によって動作の<u>主体</u>が物や情報を保有する状態に変化する（「<u>太郎</u>が手紙を受けとる」「<u>太郎</u>が兄から事件の様子を聞く」）ことを表す動詞。動作主体自身の所有状態に変化が生じることから，次のc類，d類とともに主体変化志向の動詞としてまとめられる。

　受けとる，稼ぐ，借りる，買う//聞く，聞きとる……

　例「山田氏が太郎に謝礼を受けとらせる」「後輩に金を稼がせる」「おばあさんが孫に昔話を聞かせる」

（c）「主体変化志向の他動詞」

他動詞のうち，動作の対象に変化を生じさせるというよりも，主体自身に広い意味での変化を生じさせることを志向して行う動作を表す動詞。

　読む，習う，覚える//見る，味わう//考える，決意する//理解する，納得する，信じ込む//調べる，調査する//経験する，体験す

る//食べる,飲む//(腰を)かがめる,(目を)つぶる//着る,ぬ
ぐ,かぶる,背負う……

例「教師が学生に入門書を読ませる」「生徒に漢字を覚えさ
せる」「部下においしい酒を飲ませる」「子供に帽子をかぶら
せる」

(d)「主体変化志向の自動詞」

自動詞のうち,人の意志動作(移動や起居動作,社会的な関わ
りや活動,など)を表す動詞。

帰る,行く,来る,歩く,走る//すわる,寝る,うつむく,降り
る//結婚する,独立する,勤める,通う,入学する//遊ぶ,住
む……

例「監督が選手たちを毎日10キロ走らせる」「疲れた人を椅
子にすわらせる」「師匠が弟子を独立させる」「子供を学校へ
通わせる」

そして早津(2015,2016b)では,意志動作を表すこの4種5類の動詞
と,これらを原動詞とする使役文の意味との関係は次のようになる
ことが示されている。上にあげた使役文の例からこのことがうか
がえるであろう。

対象変化志向の動詞
　(a)対象変化志向の他動詞
　(b-1)授与・発信型の他動詞(対象変化志向)　⎫ つかいだての
　　　　　　　　　　　　　　　　　　　　　　 ⎬ 使役になじむ

主体変化志向の動詞
　(b-2)取得・受信型の他動詞(主体変化志向)
　(c)主体変化志向の他動詞　　　　　　　　　⎫ みちびきの使
　(d)主体変化志向の自動詞　　　　　　　　　⎬ 役になじむ

このように,[つかいだて]であるか[みちびき]であるかは,原動詞
が対象変化志向の動詞であるか主体変化志向の動詞であるかに
よって第一義的にどちらかになじむ。しかしながら,対象変化志向
の動詞がみちびきの使役を表現したり,主体変化志向の動詞がつか
いだての使役を表現したりするという使役文もみられる。そこに
もある程度の条件は見いだせるのだが,この相互移行の現象につい
ては本稿では省略する(早津 2015,2016b参照)。

## 5 つかいだての使役文とみちびきの使役文の内部構造

前節では,原動詞の語彙的な意味が使役文の文法的な意味をうみだす土台となっていることをみた。本節では,つかいだてを表す使役文とみちびきを表す使役文とには内部の構造に違いがあり,それぞれのそういった特徴もまた使役文の意味を支えていることをみる。使役文の基本的な骨組み構造に見られる違いも拡大成分にみられる違いもある。

### 5.1 使役文の基本的な骨組み構造における違い

#### 5.1.1 使役主体と動作主体との関係(「$\boxed{X}$ガ$\boxed{Y}$ニ/ヲ(Zヲ)V-(サ)セル」)

基本的な骨組み構造として,まず動作主体(Y)の文中での明示のされ方と動作主体の特定/不特定性,および使役主体(X)と動作主体(Y)との社会的な関係についてみてみよう。

つかいだての使役文には動作主体が文中に明示されていない文がかなりある。前後の文脈から判断できるために省略されているという場合もあるが,文脈からも特定できないことがむしろ少なくない。それにもかかわらず文として不自然でなく通達上の問題もないのは,つかいだての使役では,動作が実現して使役主体がそれを享受できるようになることに重きがあり,その動作を具体的に誰が行うかはあまり問題とならないことによる。

(9){店に来る}薬の客に出す為に特に<u>焼かせた</u>という昔の茶呑茶碗から……(島崎藤村『家』)

(10)その時,来客が二人あったので,わたしは自分の部屋に<u>通させた</u>。(中里恒子『時雨の記』)

動作主体が明示されている使役文もあるが,その場合,動作主体は,①その動作を行うのにふさわしい専門的な技能や知識をもった人(「職人」「大工」「仕立て屋」「画家」「技師」「床屋」「看護師」など),②社会的な役割や職務として他者に代わって何かを行ったり他者に仕えたりすることが期待される人(「使者」「秘書」「部下」「弟子」「店員」「ボーイ」「女中」など),③家族・学校・会社などの組織を構成する

人で，使役主体にとって動作を頼みやすい身近な人（「妻」「子供」「息子」「娘」「家人」「生徒」「社内の人」など）であることが多い。

（11）私は前の年あたりから<u>大工</u>を入れ，新しい工事を<u>始めさせていた</u>。（島崎藤村『嵐』）

（12）かづは着つけにかかりながら，<u>女中</u>に命じて運転手を<u>呼ばせた</u>。（三島由紀夫『宴のあと』）

このようなことから，つかいだての使役文における使役主体と動作主体は，「事態享受者」と「奉仕者・代行者」という関係であるといえる。

一方，みちびきの使役文では，動作主体は当該の使役文中に明示されていたり，そうでなくても前後の文脈から特定できたりする。みちびきの使役では動作主体こそが動作の結果を享受する人であるので，動作主体が誰であるかが通達上重要なことだからである。①

（13）そういうわけで，<u>学生</u>に宿題として<u>読ませる</u>教材を選ぶ段になると，私の前にはきわめて限られた選択しかなかった。（江藤淳『アメリカと私』）

（14）私たちは，<u>卒園期の子ども</u>には，もっともっと楽しいことをいっぱい<u>やらせたい</u>，いろんなことを<u>経験させたい</u>って気持ちでいっぱいなんです。（山田桂子『「待ち」の子育て』）

そして，使役主体と動作主体は，〔親―子供〕〔教師―学生〕〔師匠―弟子〕〔保母―幼児〕〔医者・看護師―患者〕といった関係にあるものが多く，使役主体と動作主体は，「誘導者・育成者」と「被誘導者・被育成者」という関係である。

### 5.1.2　使役主体・動作主体と動作対象との関係（「ＸガＹニＺヲＶ-（サ）セル」）

原動詞が他動詞の場合だが，動作対象（Ｚ）が，使役主体と動作主体のどちらと広義の所有関係にあるのかという点についても，つかいだての使役文とみちびきの使役文とに違いがみられることがある。

---

① ただし，みちびきの使役であっても一般論が述べられているときには（「学問を<u>させるととかく人間が理屈っぽくなっていけない</u>」『こころ』），使役主体も動作主体も不特定者である。

　　つかいだての使役文では,動作対象は,使役主体の身体部位や所持品,使役主体の必要とする物など,使役主体側のものである。

　　(15)「太郎が床屋に ひげ をそらせる」「多江はこわれた 腕時計 を修理させた」「父は女中に 外出用の帽子 を持ってこさせた」

一方,みちびきの使役文では,動作対象は,動作主体自身の身体部位や,動作主体が摂取したり身につけるようになったりするものなど,動作主体側のものである。

　　(16)「医者が患者に 目 をつぶらせる」「先生が園児に 手 を洗わせる」「親が子供に 帽子 をかぶらせる」

## 5.2　使役文の任意的な拡大成分における違い

　　使役文の骨組み構造「XガYニ/ヲ(Zヲ)V-(サ)セル」が句や節によって拡大された文において,そこに2種の違いがうかがえることがある。

### 5.2.1　使役主体から動作主体への関与のしかたの現れ

　　使役主体は動作主体の動作を引きおこそうとして,動作主体に対して言語的あるいは態度的な働きかけをすることがある。その働きかけ動作を拡大成分として具体的に表現する使役文として,「XガYニ/ヲ V₁-テ,……V₂-(サ)セル」という複文構造のものがあり,働きかけ動作を表す動詞の「V₁-テ」形が従属節述語として現れる(「親が{娘に 命じて/娘を おだてて}皿を洗わせる」)。この「V₁-テ」としてどのような動詞が用いられているかに,つかいだての使役とみちびきの使役の特徴が現れる。つかいだての使役文の場合には,次のような,他者を自分の目的のために利用することを表しうる動詞がなじむ。

　　①〈使う〉類(利用性:他者を利用することそのものを総括的に表す動詞)

　　　　例「職人を使って器を造らせる」「友人を{利用して:使役して}募金を集めさせる」

　　②〈派遣する〉類(派遣性:他者をある動作のために適切な場所へ赴かせることを表す動詞)

　　　　例「部下を現場に{派遣して:遣って:遣わして:送って}被害状

　　況を調べさせる」

　③〈動員する〉類（巻き込み性：他者を自分のもくろみに巻き込む
　　ことを表す動詞）
　　　例「学生を動員してポスターを貼らせる」「秘書をわずらわせ
　　　て手紙を出させる」
　④〈頼む〉類（依頼性：他者に自分のための動作を依頼することを
　　表す動詞）
　　　例「仕立て屋に{頼んで：依頼して：注文して：誂えて}振袖を作
　　　らせる」
　⑤〈介する〉類（媒介性：動作の媒介性そのものを表す動詞）
　　　例「社長が秘書を{介して：通して：通じて}感謝の意を伝えさ
　　　せる」
　一方，みちびきの使役の場合には，他者の身体への接触や，他者の
所有状態を変えるような関与，相手にとって好ましい動作の促しを
表す動詞がなじむ。

　①〈抱く〉類（接触性：他者の身体部位に触れることを表す動詞）
　　　例「けがをした中学生をそっと{かかえて：抱いて}布団に横た
　　　わらせる」「子供の手を{つかまえて：ひいて}歩かせる」「子供の
　　　尻を押して馬にまたがらせる」
　②〈与える〉類（付着性：相手の身体部位に何かを付着させること
　　を表す動詞）
　　　例「薬を子供の口に入れて飲みこませる」「幼児に芋の切れは
　　　しを与えてなめさせる」
　③〈勧める〉類（推奨性：相手にとって好ましい動作の促しを表す
　　動詞）
　　　例「患者に勧めて散歩をさせる」「孫に意見してアルバイトを
　　　やめさせる」

　なお，これらと別に，どちらの使役文にも現れる動詞類もある。
「言う」「命じる」など動作要求を言葉で表す動詞，「（ドコヘ）よぶ」
「連れてくる」「連れていく」など他者を自分の元へ来させたり自分
とともに移動させたりすることを表す動詞，「おだてる」「そそのか
す」「しかりつける」など他者が動作を行う気になるような態度的な

関わりを表す動詞の場合にみられる。使役主体がこれらの働きか
けをして動作主体に行なわせる動作は,使役主体にとって都合のよ
いことであるものも動作主体にとって都合のよいことであるもの
もありうるからであろう。次の例の{ }内の左右に動作の引きおこ
しが表現されているが,左側がつかいだての使役,右側がみちびき
の使役である。

- 「子供たちに言って{台所の窓を拭かせる:長靴をはかせる}」
- 「部長が部下を自宅によんで{庭掃除をさせる:めずらしい酒を
  飲ませる}」
- 「子供をおだてて{食器を洗わせる:ピアノの練習をさせる}」

### 5.2.2　使役による結果的な状態と使役主体の次の動作の現れ

同じく複文構造の使役文であり,従属節で使役事態が述べられ,
主節で使役主体の動作が述べられる文があり(「XガYニ/フ(Zフ)
V₁-(サ)セテ,Xガ……V₂」),従属節の使役事態と主節の動作との関
係に2種の使役文の違いが現れることがある。

つかいだての使役文では,従属節中に,動作主体が物や空間(Z)に
対して行う動作が表され,主節では新たな状態になったその物や空
間を利用して使役主体が次の動作を行うことが表される(「XガYニ
ZヲV₁-(サ)セテ,Xガ(Zヲ/ニ/デ/カラ/ヘ)……V₂」)。

(17)電話口を離れると,彼は老婆に茶を運ばせて,それをゆっくり
　　と飲んだ。〔運バセタソノ茶ヲ飲む〕(井上靖『あすなろ物語』)

(18)「手紙を開封させて読む〔ソノ手紙ヲ読む〕」「紙を出させて用
　　件を書く〔ソノ紙ニ書く〕」「墨をすらせて宛名を書く〔ソノ墨
　　デ書く〕」「たくさんの帯を出させて選ぶ〔ソレラノ帯カラ選
　　ぶ〕」「戸を開けさせて出て行く〔ソノ戸カラ出て行く〕」「食卓
　　を出させて酒を運ぶ〔ソノ食卓ヘ運ぶ〕」「布団を敷かせて寝
　　る〔ソノ布団デ寝る〕」

一方,みちびきの使役文では,従属節に動作主体自身の状態が変化
して新たな状態が生じることが表され,主節では新たな状態になっ
た動作主体に対し,使役主体がさらに別の働きかけを行ったり,新
たな状態になった動作主体とともに移動したりすることが表され
る(「XガYニ/ヲ(Zヲ)V₁-(サ)セテ,Xガ(Yヲ/ニ/ノ)……V₂」)。

（19）伯母さんは私にも人なみに襷をかけ鉢巻をさせて表へつれだした。〔襷ヤ鉢巻ヲカケタ状態ニナッタ私ヲ表へつれだす〕（中勘助『銀の匙』）

（20）「夫を入院させて睡眠療法をさせる〔入院シタ夫ニ睡眠療法をさせる〕」「病人を入浴させて身体をふく〔入浴シタ病人ノ身体ヲふく〕」「犯罪者を矯正させて仕事を紹介する〔矯正シタ犯罪者に仕事を紹介する〕」

2種の使役文にみられるこういった違いは，つかいだての使役における他者利用性，みちびきの使役における他者誘導性の特徴が現れたものといえる。

### 5.2.3 使役主体が動作主体に動作を行わせる目的の現れ

主節に使役事態が述べられ，従属節に使役主体が動作主体にその動作を行わせる目的が表現される使役文（「～タメニ/ノニ/ヨウニ……V-（サ）セル」）がある。この従属節に表現されている内容にも，2種の使役文の違いがうかがえることがある。つかいだての使役文の従属節には使役主体が行いたい動作が表されており，その実現のために必要な動作を動作主体に行わせることが主節に表現されている。

（21）彼女は……伊勢海老の料理をつくるため，……息子のテアミにとっておきの石油ランプを持たせてえびをとりに行かせた。（畑中幸子『南太平洋の環礁にて』）

（22）医者は患者の治療をするのに，看護婦に命じてまず消毒液を塗らせていた。（井伏鱒二『黒い雨』を一部改変）

みちびきの使役文の従属節には動作主体にとって好ましい状態が表されており，その状態を生じさせるのに必要な動作を動作主体自身に行なわせることが主節に表現されている。

（23）言葉の遅れをとりもどすためには，……はだしで歩かせたり，指先をよく使って刺激するように，っていわれたそうです。（山田桂子『「待ち」の子育て』）

（24）私の乳がよく出るようにと，姑は毎朝味噌汁に餅を入れて食べさせてくれた。（宮尾登美子『女のこよみ』を一部改変）

以上この第5節では，つかいだての使役文とみちびきの使役文の内

部構造の特徴に違いがある現象をみてきた。第4節では原動詞の
語彙的な意味のタイプとしての違いが2種の使役文の文法的な意味
を支える土台となっていることをみたが,第5節でみた内部構造の
さまざまな特徴もまた,[つかいだて][みちびき]の意味を表す条件
として機能している。

## 6　意志動作の引きおこしを表す使役文と他の構造の文との関係

本節では,[つかいだて:みちびき]という捉え方は,意志動作の引
きおこしを表す使役文と他の構造の文(原動文・V–テモラウ文・
他動詞文)との関係を考察したり,意志動作の引きおこしを表す使
役文と無意志動作の引きおこしを表す使役文との関係を考察した
りするときにも手掛かりとなることを確認する。

### 6.1　使役文と原動文とが類似の事態を表現しうる現象

使役文のうちには,当該の文の中の使役動詞(V–(サ)セル)を原
動詞(V)にかえても(「作らせる→作る」)同じ事態を指せるものがあ
る。このような現象が生じるのはつかいだての使役文の一部であ
る。どのような条件が整っているときに生じるのかについての詳
細および種々の例文は割愛するが(早津 2016b),ここでは,第4節
でみたa類(対象変化志向の他動詞)の動詞からの使役文とb–1類
(授与・発信型のやりとり志向の他動詞)からの使役文を一つずつ
挙げる。

(25)名刺はこないだ仲町で拵えさせたのがあるが,それを添えた
　　だけでは物足らない。[≒拵えた](森鴎外『雁』)

(26)恐らくこの場合は,道長が噂を流させたのであろう。本人の
　　口からは責任ある言葉をはかず,周囲の者を使って噂を流さ
　　せ,それが世論となって熟するのを待つ。[≒流した,流し](渡
　　辺実『大鏡の人びと』)

つかいだての使役では,誰が動作を行うかということよりも,動作
主体の動作によって使役主体側の物や状況に変化が生じてそれを
使役主体が享受できることが重要である。上例のように,実際の動

作主体が没個性的であり，対象の変化のほうが重要である場合には，直接には動作を行わないいわば「関与者」（(25)の「私」，(26)の「道長」）を「使役主体」として使役文で述べることができるだけでなく，「関与者」を新たな事態を生じさせる「主宰者」としての主体とみなし，主宰者の行為として原動文で述べることができるのである。

なお，このような事態を実際に原動文で表現したものとして「秀吉が大阪城を<u>つくった</u>」がよく知られている。ここで「秀吉」は具体的な「つくる」動作の主体ではなく築城事業の主宰者であり，具体的な動作を行ったのは不特定の没個性的な人々である。

### 6.2 使役文とV-テモラウ文との関係

V-テモラウ文は基本的に，主語者が他者の動作によって恩恵を受けることを表す（「私は兄から将棋を教えてもらった」「僕は忙しいので弟に銀行へ行ってもらった」）。一方，使役文も主語者（使役主体）が恩恵を受ける事態を指せることがあり，それが生じるのは［つかいだて］の使役文である。次の(27)はa類（対象変化志向の他動詞）の動詞から，(28)はb-1類（授与・発信型のやりとり志向の他動詞）の動詞からの使役文である。

(27)床屋がそうするままに，鶴川は眉の上下を<u>剃らせる</u>らしかった。〔≒剃ってもらう〕（三島由紀夫『金閣寺』）

(28)（私は）学生に通知したいことは，いちいちセクレタリーをわずらわせて葉書を<u>出させる</u>必要があった。〔≒出してもらう〕（江藤淳『アメリカと私』）

このような類似が生じるのは，つかいだての使役の他者利用性すなわち，動作主体の動作を利用して使役主体がその結果を享受するという性質の現れである。①

---

① もちろん，つかいだての使役を表す文のすべてがV-テモラウ文に類似するわけではない。まず，動作主体が一人称者である使役文は，V-(サ)セルをV-テモラウにかえにくい（「父は<u>僕</u>に庭掃除を<u>させた</u>〔? 庭掃除をしてもらった〕」）。また，公的な文章や公的な立場からの発言として述べられた使役文はV-テモラウ文にかえにくい（「衛生局は多額の補助金を与えている国内製薬を督励し，キニーネ製造の研究を<u>急がせた</u>〔? 急いでもらった〕」）

一方，みちびきの使役の場合は，V-（サ）セルをV-テモラウにかえられない。もし言いかえると，動作主体の変化を使役主体が何らかの目論見で利用するなど使役主体側の事情でその動作を行わせるというニュアンスが生じ，それはつかいだての使役になる。①

（29）〔状況：「弟」が入院している病院の看護師から「弟」の姉に対してなされた発話〕「{弟さんの}喉頭結核がはじまれば食べられなくなるものねえ，今のうちにせっせと<u>食べさせて</u><u>お</u><u>く</u>んだよ。食べ納めだよ。」〔? 食べてもらっておく〕（『おとうと』）

### 6.3　自動詞使役文と二項他動詞文，他動詞使役文と三項他動詞文の類似性

日本語には，「生徒が家に<u>帰る</u>」と「生徒を家に<u>帰す</u>」のように，形態的かつ構文的な対応関係をなす自動詞と他動詞（二項他動詞）の対がある。②またこれに準ずるものとして，「子供が振袖を<u>着る</u>」と「親が子供に振袖を<u>着せる</u>」のように，二項他動詞と三項他動詞にも，形態的・構文的な対応をなすものがいくらかある。

（ア）自動詞と二項他動詞：「帰る：帰す」「乗る：乗せる」「通る：通す」「集まる：集める」など

（イ）二項他動詞と三項他動詞：「着る：着せる」「見る：見せる」などそしてこれらにおいては，次のように，ア類の自動詞からの使役動詞と二項他動詞との間に（「帰らせる：帰す」），イ類の二項他動詞からの使役動詞と三項他動詞との間に（「着させる：着せる」），それぞれ意味的・構文的な類似が見られることがある。さらに，「（ミルクを）<u>飲ませる</u>：<u>与える/やる</u>」「（衣服を）<u>身につけさせる</u>：<u>着せる</u>」や，「（係員を）<u>来させる</u>：<u>よぶ/招く</u>」のように，形態的な対応のない動詞

---

① 本稿では使役文とV-テモラウ文との関係だけを述べたが，使役文と授受文全体（V-テヤル/テクレル/テモラウ文）との関係については早津（2017，2019）で考察した。

② この自動詞「帰る」は人の意志動作を表すものだが，自動詞と他動詞がこういった自他対応をなす自動詞は，実は事物の変化を表すものが圧倒的である（「窓が<u>しまる</u>：子供が窓を<u>しめる</u>」「こわれる：こわす」「きまる：きめる」「始まる：始める」）。本稿は人の意志動作の引きおこしを表す使役文についての考察なので，ここでは人の意志動作を表す自動詞に限って動詞例をあげた。

の間であっても,表現される事態として使役動詞と他動詞とが類似するものがある。

(ア)類[自動詞のVi-(サ)セル:二項他動詞]

(30)「先生が生徒を家へ{帰らせる≒帰す}」「徹が恋人を助手席に{乗らせる≒乗せる}」

(31)鮎太はそこで留吉と幸夫を家へ帰らせた。夕食を食べていないんで腹が減ったと訴えたからである。〔≒帰した〕(井上靖『あすなろ物語』)

(32)徴用を逃がれさせるため,矢須子を広島へ来させたのは僕の浅智恵からしたことだ。〔≒よんだ/招いた〕(井伏鱒二『黒い雨』)

(イ)類[二項他動詞のVt-(サ)セル:三項他動詞]

(33)「親が娘に振袖を{着させる≒着せる}」「先生が学生に辞書を{見させる≒見せる}」

(34)普段着でさえも友禅を着させている花子を,〔≒着せている〕(宮尾登美子『鬼龍院花子の生涯』)

(35)ふるえていた二人を毛布につつんだり,葛湯を飲ませたりした。〔≒与えたり〕(田宮虎彦『異母兄弟』)

上のような関係になる(ア)類の自動詞と(イ)類の二項他動詞について第4節でみた4種5類のいずれに相当するかをみると,(ア)類の「帰る,乗る」などはd類(主体変化志向の自動詞),(イ)類の「着る」「見る」などはc類(主体変化志向の他動詞)であり,いずれもみちびきの使役になじむ動詞である。つまり,自動詞使役文と二項他動詞文,二項他動詞使役文と三項他動詞文とがそれぞれ似た事態を指せるのは[みちびき]の使役の場合である。それは,みちびきの使役が動作主体の動作によって動作主体自身に変化を生じさせる事態であることによる。他動詞の中には,他者に働きかけてその人の動作を引きおこすことを表せるいわば動作惹起の他動詞がある(上の「帰す」「招く」や「着せる」「与える」など)。そして,みちびきの使役では,動作主体の動作を引きおこすために使役主体から何らかの働きかけを行ったという間接性・媒介性よりも,それによって動作主体自身の動作が引きおこされたという点を述べることに通達上の

重きがある事態があり,そういった場合には,使役動詞の代わりに上のような動作惹起の他動詞で表すこともできるのである。

### 6.4　意志動作の引きおこしを表す使役文と無意志動作の引きおこしを表す使役文の連続性

つかいだての使役かみちびきの使役かを問うことができるのは,基本的には意志動作の引きおこしの場合である。[①]ただ,みちびきの使役の中には,使役主体が動作主体の身体に直接的に関与することによってその動作を引きおこすものがあり,その場合には動作主体の意志性が希薄になり,無意志動作の引きおこしを表す使役文に近づく。

例えば次の文において,従属節の＿＿部には使役主体から動作主体への直接的・物理的な関与が表現されており[②],主節で述べられている動作主体の動作(「(おっぱいを)ふくむ」「立つ」「仰向く」)は意志動作というよりも,使役主体による直接的・物理的な関与によって動作主体の意志を媒介せずに生じた無意志的な動きに近くなっている。

（36）ミホを抱いておっぱいをふくませている姿を,……(山田桂子『「待ち」の子育て』)

（37）彼の太い手が下りて来て,襟首をつかまえて,私を立たせた。(三島由紀夫『金閣寺』)

（38）鬼政が……いきなり松恵の頭に掌をかけて仰向かせたとき,松恵は……恐ろしさに慄え上り,……(宮尾登美子『鬼龍院花子の生涯』)

これら(36)～(38)のようなみちびきの使役は,使役主体が動作主体をいわば物扱いしているともいえ,無意志動作の引きおこしに近い。このようなことが生じるのは[みちびき]の使役の場合である。

---

① [強制:許可]も意志動作の引きおこしを表す使役文についての捉え方である。

② この従属節の動詞は,5.2.1節でみた〈抱く〉類すなわちみちびきの使役になじむ動詞である。

## 7　おわりに

　以上，使役文の文法的な意味として，よく知られている［強制：許可］という捉え方とは異なる観点からの［つかいだて：みちびき］という捉え方を紹介し，つかいだての使役文とみちびきの使役文は原動詞の語彙的な意味（カテゴリカルな意味）に支えられた2類であること，そして，使役文の内部構造の違いや他の構造の文との関係において二つの使役文の違いが現れることをみてきた。これらを簡単にまとめると表1のようになる。

表1　使役文の2類

| 特徴 | | | つかいだての使役文 | みちびきの使役文 |
|---|---|---|---|---|
| 原動詞の語彙的な意味（カテゴリカルな意味） | | | 対象変化志向 | 主体変化志向 |
| 内部構造 | 骨組構造 | 文中・文脈上での動作主体の明示 | 明示されていなくても通達上の問題はない | 特定者として明示される |
| | | 使役主体と動作主体の関係 | 「事態享受者」と「奉仕者・代行者」 | 「誘導者・育成者」と「被誘導者・被育成者」 |
| | | 使役主体・動作主体と動作対象との関係 | 動作対象は使役主体側のもの | 動作対象は動作主体側のもの |
| | 拡大成分 | 使役主体から動作主体への関与のしかたを表す動詞（「XガYニ/ヲ <u>V1-テ</u>……V2-（サ）セル」） | 利用・派遣・動員・依頼・媒介，そして発話・移動・態度を表す動詞 | 身体接触・身体付着・推奨，そして発話・移動・態度を表す動詞 |
| | | 主節に表現される使役主体の動作（「XガYニ/ヲ（Zヲ）V-（サ）セテ, <u>Xガ……</u>」） | 新たな状態になった物や空間を利用して使役主体が行う自身に関わる動作 | 新たな状態になった動作主体に使役主体がさらに関わっていく動作 |
| | | 使役主体の目的（「<u>～タメニ/ノニ/ヨウ</u><u>ニ</u>……V-（サ）セル」） | 使役主体の行いたい動作 | 動作主体にとって好ましい状態 |

続　表

| 特徴 | | つかいだての使役文 | みちびきの使役文 |
|---|---|---|---|
| 他の構造の文との関係 | 使役文と原動文 | 似寄りが生じることがある | — |
| | 使役文とV-テモラウ文 | 似寄りが生じることがある | — |
| | 使役文と他動詞文 | — | 似寄りが生じることがある |
| | 意志動作の引きおこしと無意志動作の引きおこし | — | 似寄りが生じることがある |

　　[つかいだて:みちびき]は,[強制:許可]とは異なる観点からの捉え方であり両者は矛盾せず両立するものである。そして,つかいだての使役文とみちびきの使役文には本稿で紹介したような特徴があることから,[つかいだて:みちびき]は,意志動作の引きおこしを表す使役文の文法的な意味の捉え方として有効なものだと考えられる。

## 参考文献

青木伶子,1977. 使役—自動詞・他動詞との関わりにおいて—[J]. 成蹊国文（10）:26-39.

井島正博,1988. 動詞の自他と使役との意味分析[J]. 防衛大学校紀要人文科学分冊（56）:105-135.

奥田靖雄,1985. ことばの研究・序説[M]. 東京:むぎ書房.

影山太郎,1996. 動詞意味論—言語と認知の接点—[M]. 東京:くろしお出版.

金田一春彦,1950. 国語動詞の一分類[J]. 言語研究（15）:48-63.

工藤真由美,1982. シテイル形式の意味記述[J]. 武蔵大学人文学会雑誌（4）:51-88.

言語学研究会,1983. 日本語文法・連語論（資料編）[M]. 東京:むぎ書房.

佐藤里美,1986. 使役構造の文—人間の人間にたいするはたらきかけを表現するばあい—[M]//言語学研究会. ことばの科学 1. 東京:むぎ書房:89-179.

柴谷方良,1978. 日本語の分析—生成文法の方法—[M]. 東京:大修館書店.

鈴木重幸,1972. 日本語文法・形態論[M]. 東京:むぎ書房.

中右実,西村義樹,1998. 構文と事象構造[M]. 東京:研究社.

早津恵美子,2008. 語彙と文法との関わり―カテゴリカルな意味―[J]. 政大日本研究(6):1-70.

早津恵美子,2013. 使役文における動作主体を表す「(人ヲ)V-テ」の後置詞性と動詞性―語彙的意味の希薄化と文法的機能の形式化―[M]//藤田保幸. 形式語研究論集. 大阪:和泉書院:233-262.

早津恵美子,2015. カテゴリカルな意味(上)―その性質と語彙指導・文法指導―[J]. 東京外国語大学論集(91):1-33.

早津恵美子,2016a. カテゴリカルな意味(下)―その性質と語彙指導・文法指導―[J]. 東京外国語大学論集(92):1-20.

早津恵美子,2016b. 現代日本語の使役文[M]. 東京:ひつじ書房.

早津恵美子,2017. 使役文にみられる恩恵授受性[J]. 表現研究(106):7-16.

早津恵美子,2019. 日本語の授受文の表す恩恵授受性―使役文の表しうる恩恵授受性との関係―[J]. ユーラシア諸言語の多様性と動態(21):1-19.

松下大三郎,1924. 標準日本文法[M]. 東京:紀元社.

松本曜,2000.「教える/教わる」などの他動詞/二重他動詞ペアの意味的性質[M]//山田進,菊地康人,籾山洋介. 日本語:意味と文法の風景―国広哲弥教授古稀記念論文集―. 東京:ひつじ書房:79-95.

山田孝雄,1908. 日本文法論[M]. 東京:寶文館.

鷲尾龍一,1997. 他動性とヴォイスの体系[M]//鷲尾龍一,三原健一. ヴォイスとアスペクト. 東京:研究社出版:1-106.

HOPPER P J, THOMPSON S A, 1980. Transitivity in grammar and discourse [J]. Language(56):251-299.

SHIBATANI M, 1973. Semantics of Japanese causativization[J]. Foundations of language(9):327-373.

# 中国語母語話者による第二言語習得

白井恭弘(Case Western Reserve University)

**要 旨** 本稿では,過去50年にわたる第二言語習得研究の成果を,中国語母語話者による第二言語習得に焦点をあてて概観し,それに基づいて,中国語学習者に対する外国語教育,特に日本語教育を行う上で注意すべき点を考察する。その際に,「学習者の誤用」と「母語の影響」をどう捉えるかという観点で検討する。

**キーワード** 中国語母語話者,第二言語習得,学習者の誤用,母語の影響

## 1 第二言語習得研究とは

「第二言語習得」と言われる学問分野は,比較的歴史が浅く,50年強と考えてよいであろう。第二言語習得という分野の始まりには諸説あるが,Corder(1967)がIRAL(International Review of Applied Linguistics)に出した論文,The significance of learner's errors(学習者の誤用の重要性)を第二言語習得という分野の始まりだとする説が有力である(Larsen-Freeman and Long 1990)。なぜこの論文がそれほど重要なのかというと,「学習者の習得データをみることによって第二言語習得のメカニズムがわかる」ということをはっきりと主張したからである。それまでの応用言語学の研究においては,学習者の実際の習得データをみていく,というよりも,その当時に有力であった関連分野,特に言語学と心理学の理論に基づいて,「外

国語学習のメカニズムはこのようなものだ，だから外国語はこのように教えるべきだ」という「理論的仮説」によるトップダウン方式で，第二言語習得・学習がとらえられていたのである。より具体的には，当時支配的であった構造主義言語学と行動主義心理学に基づいて，オーディオリンガル・アプローチという，暗記，文法の口頭練習，間違いの訂正などに重点を置いた教授法がアメリカで提案され，その影響は世界的に広がり，日本でもオーラル・アプローチと呼ばれてかなり普及したのである。①

　しかしながら，このような状況は長くは続かなかった。実際には，オーディオリンガル・アプローチで学習しても，外国語を使いこなせるようにはならず，またその理論的基盤となっていた構造主義言語学・行動主義心理学もチョムスキー（1957，1959）の変形生成文法の登場によって，正当性を失ってしまったのである。

## 2　誤用分析の重要性

　さらに，実際に学習者のデータを見てみると，どうもオーディオリンガル・アプローチの提唱者が言っていることは間違っていることがわかってきた。オーディオリンガル・アプローチの基盤となった仮説に「対照分析仮説（contrastive analysis hypothesis）」というものがあるが，これは，学習者の犯す誤りはほぼ母語の干渉によるものであり，母語と外国語の違いを対照して分析し，その違ったところをドリルすれば，第一言語の習慣（habit）を捨て，第二言語の習慣をみにつけることができる，という考え方である。しかしながら，学習者のデータをみると，母語の影響とされる誤りはそれほど多くないことがわかったのである。例えば，英語習得におけるcomed，goedといった誤りは，第二言語学習者のみならず，英語を母語として習得する子どもたちが，頻繁に犯す誤りである。母語話者が犯すような誤りであれば，それが第二言語習得で現れた場合に，母語の影響であると断定することは難しい（この点については後述する）。このように，学習者の誤用をみることによって，習得のメカ

---

① 詳細はShirai（1997），白井（2008，2011）を参照。

ニズムを考察していこうというのが，誤用分析（error analysis）であり，第二言語習得という学問分野の始まりに大きく貢献したのである。

## 3　誤用分析の限界

　　誤用分析は，ある意味，応用言語学におけるパラダイム・シフトであろう。上述したように，誤用分析はそれまで体系的に分析されることのなかった学習者言語を分析し，第二言語習得の心理言語学的プロセスを明らかにしようとしたからである。Richards（1975）による*Error Analysis*という論文集も出版され，誤用分析を使った研究が1960年代後半から1970年代にかけて，盛んに行われた。しかしながら，その多くは，「学習者の誤りを分類する」というものであった。例えば，「言語間の誤り（interlingual error）」と，「言語内の誤り（intralingual error）」は，母語の影響からくる誤りかどうかを分類する。また，コミュニケーションには差し障りのない「ローカル・エラー」と，違った意味になってしまう「グローバル・エラー」といった区別も提案された。また，学習者の誤った知識からくる「エラー」と，知識ではわかっているが言い間違えてしまう「ミステイク」といった分類もあった。ただ，これらの分類は，自信をもって分類できない場合も多々あり，また分類することによってメカニズムがどこまでわかるのか，という問題点もある。

　　そして，誤用分析の限界を決定的に明らかにしたのが，Schachter（1974）の論文，*An Error in Error Analysis*（『誤用分析の誤り』）である。この論文は，英語の関係節の習得に関するもので，ペルシャ語，アラビア語，日本語，中国語を母語とする英語学習者の作文で使われている関係節を分析したところ，ペルシャ語・アラビア語話者の方が，日本語・中国語話者より誤りの数ではずっと多く，誤りだけを分析していたら，後者のグループの方が，関係節の習得がすすんでいるという結論になる。しかし，関係節の使われた回数を見ると，ペルシャ語，アラビア語話者の方がずっと多かったのである。Schachter（1974）は，英語と同じく関係節が後置修飾（the cake <u>that John bought</u>）になるペルシャ語・アラビア語話者のほうが，英語と

は異なり前置修飾（<u>ジョンが買った</u>ケーキ）となる日本語・中国語話者よりも，積極的に関係節を使っていて，そのために誤りの数も多いのだと結論づけた。このことから言えるのは，誤用分析，つまり誤用だけみていたのでは，学習者がその項目を使うことを「回避（avoidance）」したときに，彼らの言語発達の様相がわからなくなってしまう，ということである。この誤用分析の決定的問題点が明らかになったことにより，誤用分析そのものは過去のものとなり，学習者言語の分析は，その後「中間言語分析（interlanguage analysis）」つまり，学習者の誤用も正用も含めて，学習者言語の全体像をみるという方向に進んでいったのである。

　誤用分析のもう一つの問題点は，Bley-Vroman（1983）が「比較の誤謬（comparative fallacy）」と呼んだ問題である。その時点までの中間言語分析の研究（例えば，Huebner 1979,1983）でわかってきたことは，学習者の言語というのは，習得の対象である目標言語の母語話者の持つ文法とは異なる，独自のシステムを持っているということで，それを明らかにすることがSLA研究の重要な目標となった。そしてその際に重要な分析の視点は，目標言語の母語話者のルールという観点から見るのではなく，学習者がいったい何をしているのかを，いわゆる「正しさ」とは関係なく，分析することである。つまり，学習者言語を対象言語の基準で比較してしまうと，学習者がなにをやっているか見えなくなるという誤謬を犯してしまう，というものである。

　以上のような理由で，第二言語習得の分野では，誤用分析は「発展的解消」（佐々木 2010）をしたと言ってもよく，前述のように学習者言語の分析は中間言語分析，すなわち学習者言語の全体像を明らかにするという方向に向かったのだが，誤用分析そのものは中間言語分析の一環として現在でも行われている。

## 4　臨界期仮説

　第二言語習得における重要な研究課題の一つに，「個人差（Individual Differences＝ID）」の問題がある。例えば，比較的スムーズに第二言語を学習する人もいれば，なかなか学習がすすまない人

　もいる。このような違いはどのように説明できるか,という問題である。どのような学習者が外国語習得に成功するのか,という問題の説明要因として研究が行われてきたのが,年齢,動機付け,適性,学習スタイル・ストラテジーなどの要因である。なかでも年齢要因は1970年代から多くの実証研究がなされてきた(Oyama 1976)。特に注目されてきたのが,「臨界期仮説(critical period hypothesis)」という考え方で,ある年齢をすぎると,ネイティブのような外国語能力の習得は不可能になる,という仮説である。このある年齢,というのが何歳なのか,その年齢をすぎると一気に学習能力が下がるのか,またそのような学習開始年齢の影響はどこから来るのか,という問題について,多数の研究が行われてきた。

　この分野でもっとも影響力のある研究の一つにJohnson and Newport(1989)がある。この研究は,アメリカ在住の英語を第二言語として習得した学習者に対して文法性判断テストを行ったものだが,学習開始年齢(いつアメリカに移り住んだか)によって,その後,最終的に到達した英語力のレベルが,15歳くらいまでに移住した学習者については,かなりの確率で予測できるが(若いほうが良い),それ以降に移住してきた学習者は,あまり予測できない(つまり英語が出来る人もいればできない人もいてまちまち)という結果が出ており,「臨界期仮説」を支持する結果となっている。この研究の対象となった学習者の母語は,中国語と韓国語である。

　この研究に対し,Jia et al.(2002)とJia and Aaronson(2003)は興味深いフォローアップを行っている。まず,Jia et al.(2002)の研究では,さまざまな言語を母語とする英語学習者を対象にJohnson and Newport(1989)が使ったものに近い文法性判断テストを行ったが,学習開始年齢とテストのスコアとの有意な相関がアジア言語(主に北京語,広東語,韓国語)の母語話者のみに現れ,ヨーロッパ言語(主にロシア語,スペイン語)話者では,現れなかった。また,Jia and Aaronson(2003)では,10人の中国出身の北京語話者の英語習得過程を3年間分析した結果,移住した年齢によって,子どもたちの行動や嗜好が大きく変わってくることを示した。例えば,アメリカに移住した年齢が12歳以上の場合は,自分の自由時間に中国語の本を読む

のに対し，移住年齢が9歳以下の子どもは，同年代のアメリカ人の子どもが見るようなTV番組を好んでみる，という傾向がはっきりと見られた。つまり，学習開始年齢がどのような学習をするかを決める部分が大きいので，生物学的な意味での「年齢」が学習「能力」を決めるというよりも，学習「行動」を決めていて，それが学習の達成度を決めているという可能性を示唆している。この二つの研究では，年齢の影響は強いものの，それは学習態度・学習行動という媒介要因を通して影響している可能性を示唆している。またJia et al.(2002)においても，ヨーロッパ言語の話者の方が，アジア言語の話者よりも有意に高い動機付けを示しており，人種が学習者の学習態度に影響を与える可能性を示唆している。このように，中国語母語話者に対する研究が，「臨界期仮説」について，重要な貢献をしていることは注目に値する。

## 5　言語転移か普遍的プロセスか

　ここからは，中国語話者を研究対象とした，「母語の影響」に関連する研究をいくつかみていくが，まず明らかにしておきたいのが，母語の影響を認定することは，それほど単純なことではない，ということである。日本語教師に限らず，外国語教師は，学習者の誤りをみて，「これは母語の影響だ」，と考えることがよくあるが，それは必ずしも正しいとは言えないのである。というのは，SLA研究の結果，「普遍的な習得プロセス」，というものがあることがわかってきたからで，母語の影響だと思っていた現象が，実は普遍的プロセスだったという可能性があるのだ。例えば，中国語を母語とする日本語学習者においてよく見られる現象に「の」の過剰使用というものがある。「赤いの本」という誤りだが，これは中国語の「的」の影響だと思われがちである。しかし，前述した英語のcomed, goed同様に，こういった「の」の過剰使用は，日本語を母語として習得する子どもたちも頻繁に犯す間違いである(Clancy 1985)。もちろん日本人の子供は中国語は知らないので，このような間違いがあったからといって，中国語の影響とは言えない。つまり，中国語話者による「の」の過剰使用は，上で述べた「言語内の誤り」かもしれない，とい

うことだ。

これを明らかにするには,中国語母語話者のデータだけをみるのではなく,他の言語の母語話者のデータをみて比較することが有効である。奥野(2003)は,中国語,韓国語,英語を母語とする学習者による「の」の過剰使用を文法性判断テストを使って比較し,(1)「の」の過剰使用はどの言語の話者にもみられるが,(2)中国語話者においては,頻度も高く,上級になってもなかなかなくならない,という結果を報告している。つまり,学習者言語の発達には普遍的な部分もあれば,母語の影響もある,ということで,これはSLAにおける文法習得に関する先行研究でも明らかになっていることである(Gass 1979,1984)。このように,学習者言語(とくに学習者の誤り)が彼らの母語と似通っている部分があったとしても,それだけで母語の影響と決めつけるのは早計である,ということを意識しておく必要がある。

## 6 学習された注意方略

ここ20年ほどの言語学,言語習得研究において盛んになってきた研究のアプローチに,使用依拠モデル(usage-based model)がある(Langacker 1988,Bybee 2010)。このアプローチは,チョムスキー派の生成文法アプローチに対する対案であり,チョムスキー派が言語習得の主要なメカニズムとして生得的な言語知識を重視するのに対し,使用依拠モデルはインプット処理による「学習」を重視し,言語項目に触れる頻度の影響が強いと主張するもので,第一言語習得(Tomasello 2003),第二言語習得(Ellis 2003)の両分野に多大な影響を与えてきた(Shirai 2019)。第二言語習得の分野で,この使用依拠モデルに基づく研究のリーダーとして分野を牽引してきたのがNick Ellisであるが,彼が提案している重要な概念にlearned attention(学習された注意方略)がある(Ellis 2006)。これは,「母語の影響」の現れ方に関する概念であるが,簡単にいうと,人は母語を習得することにより,その母語の処理にとって重要な特定の要素に注意を向けることを学習する,ということである。この考えは,Bates and MacWhinney(1982, 1989)の提案した「競合モデル(competition model)」にも共通する。競合モデルでは,多言語の処理実験によって,文の動作主(agent)を認定するのに重要な手掛かり(cue)が言語によって異なり,英語では語順が最も重要なのに対し,日本語では,主格「が」,目的格「を」などの格標識(case marker)が重要であり,その言語を母語として習得することにより,その言語において重要な手掛かりに注意を向けることを学習し,さらに,その注意力は第二言語を習得する際に影響を与えるということを明らかにした。

　Ellisの研究は中国語母語話者においては,中国語を習得することによって,文法形態素に注意を向けなくなり,そのせいで,第二言語習得において,文法習得が比較的難しくなるということを示唆している。例えば,Ellis and Sagarra(2013)では,中国語母語話者は,ラテン語の習得において,より複雑な文法形態素を持つ母語話者(ロシア語,スペイン語)に比べ,過去形の習得が遅く,それは,中国語は過去形がないので,過去を表すのは,副詞表現であることが多いため,中国語を母語として習得することにより,形態素よりも単語に注意を向けるようになるからである,という結果を得ている。

　このことは,中国語母語話者に外国語を教える際には,ぜひ留意しておくべきことである。文法形態素に注意を向けるよう,なんらかの形で工夫を施す必要があるであろう。例えば,「昨日,図書館に行った」という例文を教えるよりも,「今日図書館に行った」という例文を教えたほうが,よいかもしれない。前者は,「昨日」という過去の副詞がすでにあるので,過去形の動詞形態素「た」に注意を向ける必要がない。後者は,今日これから図書館に行く,という可能性も実際にはあるので,過去形の「た」の文法的意味を処理しないと,文の意味が正確にはわからない。よって後者の方が,文法処理能力の習得には有効である,ということである(Van Patten 1996)。実際にこれが有効かどうかをテストした研究は(おそらく)まだないので,検証してみる価値はありそうだ。

## 7　関係節

　1970年代より,関係節の習得は第二言語習得の理論構築に重要な役割を果たしてきた。上述のように,Schachter(1974)が関係節の習

得を対象に,誤用分析の限界を指摘したのに続いて,Gass(1979)は,英語の関係節の習得において,普遍的な要因と,母語の影響の要因の両方が関わってくることを明らかにした。具体的には言語類型論の研究に基づいてNoun Phrase Accessibility Hierarchy(NPAH)という現象が指摘されており(Keenan and Comrie 1977),Gassは第二言語としての英語の関係節の習得がこの階層にしたがってすすむことを示した。そして,その後の研究の結果,これは第二言語習得における普遍的な傾向であるという主張がなされた(例えばEllis 1985)。具体的には,主格の関係節(subject relative)が最も易しく(例:昨日来た人)次に目的格(object relative)の関係節(例:昨日買ったペン),次に斜格(oblique relative,例:彼が書いたペン)といったように,異なる統語的タイプの関係節の普遍的難易度が予測できるということである。

　しかしながら,1970年代から2000年ころまでに行われた研究のほとんどが,英語,スウェーデン語,フランス語,イタリア語など,ヨーロッパ言語の習得に関して行われており,それに基づいて,普遍性を主張するのは,やや問題がある。そこでShirai(2007)では,*Studies in Second Language Acquisition*の特集号で,日本語,広東語,韓国語などの東アジア言語の習得でも同様にNPAHが習得難易度を予測できるのかを検証した。その結果,必ずしもヨーロッパ言語と同様の結果が出るわけではないことがわかった。特に広東語の習得においては,主格の関係節よりも目的格の方が発達が早いという結果がでており(Yip and Matthews 2007),また日本語の習得においても,中国語,韓国語,英語母語話者の発話データ(KYコーパス,後述する)を使った分析により,主格,目的格,斜格のどれも同じような頻度で使われていることがわかった(Ozeki and Shirai 2007,大関 2008)。よって,ヨーロッパ言語のデータをもとに主張された関係節習得におけるNPAHの普遍性は,東アジア言語の習得データに関しては必ずしもあてはまらない,ということになる(Shirai and Ozeki 2007)。また,上述のNPAHを提案したComrie(2002)などは,関係節に関する言語類型論的一般化として提案されたNPAHは,多くのアジア言語にはあてはまらず,日本語,中国語,韓国語,タイ語,

クメール語などのアジア言語における名詞修飾節はattributive
clause（属性節）であり，その解釈は統語的な特性よりも，意味的，語
用論的なもので決まると主張している。このように，（中国語母語
話者による）第二言語としての日本語の習得データが，第二言語習
得の普遍性の理解に貢献していることは，注目に値する。心理（言
語）学の大きな問題点として，英語を始めとしたヨーロッパ言語の
研究に基づいて言語（習得）の普遍性が主張されることがよくある
が，それは時には間違った主張につながる危険性があり，非ヨー
ロッパ言語に関する研究によって検証されるべきである。この点
で，日本語に関する研究の果たしてきた役割は大きく，また今後も
期待されるところである。

## 8　テンス・アスペクト

　テンス・アスペクトの習得は，筆者が過去30年にわたって研究
を続けて来た分野であるが，この分野で多くの研究が行われてきた
のが「アスペクト仮説」という現象である。具体的には，テンス・ア
スペクトを表す文法形式の習得において，動詞の（時間的）意味特性
が多大な影響を与えるというものでVendler（1957）の提案したstate
（状態），activity（活動），accomplishment（達成），achievement（到達）と
いう動詞分類を使い，過去形（テンス）や進行形（アスペクト）の習得
が，どのタイプの動詞と相関するか，そしてそれはなぜなのか，とい
う問題を扱っている。1970年代に英語，イタリア語，フランス語な
どのヨーロッパ言語の第一言語習得で初めて指摘され，1990年代か
らは第二言語習得の分野でも盛んに研究が行われるようになった。
この研究において，第一・第二言語習得における普遍性が主張され
たが，それは「（完結相）過去形の習得は限界性動詞（telic verbs）と相
関し，非完結相過去形の習得は，非限界性動詞と相関し，進行形の習
得は活動動詞と相関する」というものである（Andersen and Shirai
1994など）が，ここでも当初の研究対象はスペイン語，英語，フラン
ス語などのヨーロッパ言語であったが，これを中国語母語話者によ
る日本語習得データで検証してみたところ，普遍的な習得パターン
は支持されたのである（Shirai 1995，Shirai and Kurono 1998）。その

後も,なぜそのような習得パターンがみられるのか(母語の影響か,インプット頻度か)に関して,日本語習得(Sugaya and Shirai 2007)のみならず,多言語において研究が続けられている。

## 9 学習者コーパス

この30年ほどの間に,コンピューターの進歩が,言語習得研究にも大きな影響を与えた。その最たるものが,コーパスを使った言語研究である。主として成人母語話者の言語使用を分析する「コーパス言語学」,CHILDES(Child Language Data Exchange System)を中心とした第一言語習得データベース,「学習者コーパス」と言われる第二言語習得データベースが,それぞれコンピューターを使って整備され,今では,手軽に研究のために使用できる時代になっている。第一言語習得の分野では1980年代からCHILDESとして(MacWhinney and Snow 1985)データの整備とそれを利用した研究がすすめられてきたが,第二言語データの方は,コーパスの量,質,またコーパスを使った研究もかなり遅れをとってきた。しかし,現在では多くの有益なコーパスが増えてきて,*International Journal of Learner Corpus Research*というジャーナルも2015年に創刊され,上述の使用依拠モデルの言語習得研究の隆盛と相まって,さらなる発展が期待されている。

現存する学習者コーパスの大多数は英語学習者のデータであるが,日本語においても,学習者コーパスの整備は進んでいる。もっとも重要なコーパスはKYコーパスであろう(鎌田 2006)。これは中国語,韓国語,英語母語話者の口頭インタビューテスト(Oral Proficiency Interview, OPI)を書き起こしたもので,学習者のレベルがACTFLの基準で決定されており,母語話者と習熟度レベルによる個々のグループの学習者数のバランスがとれている。これが非常に重要で,まず母語別になっていることで,母語の影響を調べることが可能になる。例えば,KYコーパスを使った前述のOzeki and Shirai(2007)では,韓国語話者,中国語話者,英語話者がそれぞれやや異なった習得パターンを見せることを明らかにしている。また,習熟度別に学習者言語を分析することにより,どのように関係節の

使用パターンが変わるかも調べられ,発達のプロセスを特定できる。実は第二言語学習者コーパスの多くは,習熟度に関するデータがなかったり,母語が一つしかなかったり,作文データしかなかったり,同じタスクを母語話者にやってもらったデータがなかったり,データとしてかなり限界があるものが多い。KYコーパスが,すでに多くのジャーナル論文で使われている(Geyer 2007,許 2000)のは,そういった欠点がないからである。(唯一の欠点は母語話者の比較データがないことだが,それは他の研究者が収集,開示している(上村 1997)ので,それを利用して母語話者との比較ができる。)

KYコーパスに加え,最近の新しいコーパスを二つ紹介する。C–JAS(縦断データ http://c–jas.ninjal.ac.jp/)と I–JAS(横断データ https://chunagon.ninjal.ac.jp/static/ijas/about.html)であり,どちらも国立国語研究所で整備されたもので,複数の言語の母語話者の日本語習得データを使っており,KYコーパス同様,母語の影響も,発達の様相も分析できる。I–JASは,自然習得と教室習得のデータがあり,さらに比較のための母語話者データがあり,学習者の習熟度レベルも特定されている。また,複数のタスクを使ってデータ収集がされており,タスクの影響もみることができる。その規模,データの質など,これまでに例を見ない優れた日本語学習者コーパスである。今後の研究に有効活用できるであろう。

## 10　おわりに:誤用に対する視点

最後に,誤用に対してどのような立場を取るべきか,三つの観点(第二言語習得研究,外国語教育,応用言語学)から,考察する。

まず,研究においては,「誤用だけをみるのをやめる」ことが重要である。学習者の誤用はいうまでもなく,学習者言語の現状を知る上で重要な情報源であるが,使い方を間違えないように注意する必要があるのは,言うまでもない。前述のSchachterの研究が明らかにしたように,誤用だけをみていたのでは,学習者が何をやっているのかわからない。特に,学習者が使用を「回避」できるような場合は,誤用が出てこなくなるので,習得したかどうかわからない。具体的な対策として,二つ考えられる。一つは,誤用だけでなく,学習

者言語の全体像をみることが重要である。使用には,正用と誤用が
ある。誤用に関しては,error of omission(必要なところで使えない)
ものと,error of commission(必要ないところで使ってしまう)もの
がある。これらは,誤用を見ているだけで,見えてくるが,前者は不
使用エラー,後者は過剰使用エラーとなる。正用も,使われている
ものがその言語形式の使用領域全体をカバーしているとは限らず,
使用可能域全体のごく一部かもしれない。例えば,過去形の習得に
おいて,前述の「アスペクト仮説」が正しいとすると,学習者は,過去
のことであろうがなかろうが,到達動詞が使われると過去形にして
しまう,という現象がおこる。その場合,到達動詞以外の過去の状
況はすべて不使用エラーになり,未来や現在の到達動詞は過剰使用
エラーになり,正用は,過去形を使うべきところに到達動詞が使わ
れた場合のみである。つまり,学習者は過去形を到達動詞
(achievement verb)とマークするためにだけ使っているということ
である。このような学習者の言語使用は,エラーだけを見ていたの
では決してわからない。学習者の言語使用の全体像をみて,誤用と
正用を全体的に分析することによってのみ,学習者が何をしている
かわかるのである。

　もう一つは,学習者の自然な言語使用(発話,作文など)だけをみ
るのではなく,「義務的文脈(obligatory context)」を含んだデータ収
集を行うことだ。そうすれば,学習者がある項目を使っているか
使っていないかだけでなく,実際に使えるかどうかを知ることがで
きる。以上を踏まえ,学習者言語の全体像を特定することが学習者
言語の現状を知る上で必要である(Shirai and Vercellotti 2013)。

　次に教育的には,誤用をどう扱えばよいであろうか。まず,上述
の「研究」との関連でいえば,学習者が何をやっているのか,できる
だけ理解することである。理解することにより,適切な教え方の
ヒントになる。ある学習者が到達動詞にしか過去形をつけていな
いことがわかれば,それにあわせ,より効果的なフィードバックが
できるであろう。例えば,到達動詞以外にも過去形がつくというこ
とを何らかの形で知らせる必要がある。もちろん,すぐに使えるよ
うになるかどうかは,また別の問題だが。

　　口頭訂正フィードバックの方法については，第二言語習得研究において，過去20年くらいの間に膨大な研究が積み重ねられてきて，様々なことがわかってきた（大関 2010）。重要な発見の一つに，「学習者は，誤りを訂正されても，何を訂正されたかわからないことが多い」というものがある。暗示的フィードバック（例えばリキャスト）をすることがコミュニカティブな教室では一般的であるが，学習者は形式の誤りを訂正されたとは気づかず，相手は，自分の言った内容に興味を持っているのだと勘違いする傾向があるという。例えば，以下のような（架空の）やりとりにおいて，学習者は，教師が過去形についてフィードバックをしているのに，そこはそのままで，別の部分を直しているわけである。

　　（学習者）昨日，コンビニに行きます。

　　（教師）あー，コンビニに行ったんですか。

　　（学習者）はい，セブンイレブンに行きます。

　　日本語についてはEgi（2007）が，どのようなフィードバックをすればより学習者が気付きやすいかについて，詳細な研究をしているので，参照されたい。そのような研究を踏まえ，教室でどのように訂正フィードバックをすべきか考えることが重要である。

　　また，作文に対する訂正フィードバックについても，Truscott（1996）が「作文に文法訂正をしても効果はない」との主張を発表したが，それに対して多数の研究が行われてきた（Chandler 2003，Polio 2012）。これらの研究から言えることは，文法訂正はあまり役立たないことも多いが，条件が整えば効果がある，ということだ。例えば，学習者は直してもらったものにあまり注意を向けない場合が多々あるし，学習者の発達レベルにあったフィードバックでなければ，あまり効果があるかどうかわからない，といった未知の部分が多い。こういったことを考えると，重要なのは，ただやみくもに「訂正すれば効果がある」，という考え方を捨て，どうやって学習者に注意を向けさせ，正しい形は何なのか，またできればなぜそれが正しい形なのかまでわからせるための様々な方策を教師が考え，それを達成するために，どう「誤りの訂正（error correction）」という教授過程を利用できるかを工夫する必要がある，ということであろう。

　最後に,「正しさ」という概念の捉え方についても,応用言語学の観点から考えておく必要がある。これは,主として英語教育の場面でよく言われることだが,ネイティブ・スピーカーの基準による「正しい英語」というものに,どれほどの価値があるのか,疑問を持つことが最近の応用言語学の世界では普通になってきている。これは,英語がすでにネイティブ・スピーカーだけのものでなく,事実上,「世界共通語としての英語(English as a lingua franca)」になっているという現状を鑑みても,理解できることである。では,日本語については,どうであろうか。

　日本語は,英語に比べれば,まだまだ第二言語として学習している人口は少ない。また,アメリカ英語,イギリス英語など多数の変種がある英語とは違い,標準とされる日本語は,ほぼ一つに限られる。そして,第二言語として学習された日本語は,発音においても,文法においても,語彙,用法においても,ネイティブ・スピーカーから見れば,基準から逸脱したものであろう。しかし,そのネイティブ・スピーカーとしての正しさがどれほどの価値があるのであろうか。標準日本語といっても,日本には様々な方言があふれ,多くの学習者は,たまたま明治時代に政府が標準として定めた東京の山の手の方言を「価値のあるもの」として学習しているにすぎない。標準語の持つ「価値」はたまたま与えられたものであり,そこから逸脱した言語変種が本質的に劣っているなどということはないのである(白井 2013)。それは日本語の方言についてもあてはまるし,第二言語学習者の使う「誤り」を多数含む学習者言語としての日本語についてもいえる。もちろん,学習のターゲットとして,ネイティブ・スピーカーの標準語モデルを使うことには,有効性もある。通じるだけでなく(communicative needs),説得力のある(expressive needs)第二言語を話したいというのが,言語発達に重要なのかもしれないからである(Ellis 1992)。ただ,学習者は,「言語学習者」であると同時に,「言語使用者」でもある。正しさの呪縛に縛られ,言語を積極的に使えない,ということは避けなくてはならない。そしてそのような言語学習・使用者の現実を踏まえ,日本語教師や日本語母語話者は,ネイティブ・スピーカーの標準からはずれた学習者の

変種を受け入れていく必要がある。アメリカで,英語になまりのある人々が差別される(Lippi-Green 2012)のと同様に,日本でも,標準的規範からはずれた日本語を話す外国人が差別されることは稀ではない。日本のスーパーでなまった日本語を話すより,英語で話した方が待遇がよくなるというのは日本在住の外国人からよく聞く話である。このことを踏まえ,日本語教師は,学習者の誤りに対しては,柔軟な立場をとる必要がある。標準語の規範を絶対的なものとせず,日本語をL2(第二言語)とする人々が必要に応じて「言語学習者」ではなく「言語使用者」の立場をとり,今ある言語能力で可能なかぎりコミュニケーションをとっていけるような日本語教育の実践が望まれる。「誤り」自体に否定的価値を与えるのではなく,単なる「歴史的偶然から標準と考えられている変種からはずれた表現」として,客観的に捉え,実践的に使っていくような学習者を育てる事が重要ではないであろうか。

## 参考文献

上村隆一,1997. データベースで調べる[J]. 日本語学,16(12):60-68.

大関浩美,2008. 第一・第二言語における日本語名詞修飾節の習得過程[M]. 東京:くろしお出版.

大関浩美,2010. 日本語を教えるための第二言語習得論入門[M]. 東京:くろしお出版.

奥野由紀子,2003. 上級日本語学習者における言語転移の可能性―「の」の過剰使用に関する文法性判断テストに基づいて―[J]. 日本語教育(116):79-88.

鎌田修,2006. KYコーパスと日本語教育研究[J]. 日本語教育(130):42-51.

許夏珮,2000. 自然発話における日本語学習者による「テイル」の習得研究―OPIデータの分析結果から―[J]. 日本語教育(104):20-29.

佐々木嘉則,2010. 今さら訊けない……―第二言語習得再入門―[M]. 東京:凡人社.

白井恭弘,2008. 外国語学習の科学―第二言語習得論とは何か―[M]. 東京:岩波書店.

白井恭弘,2011. SLA研究とは何か―第二言語教育との関係を中心に―[M]//佐野富士子,他. 第二言語習得―SLA研究と外国語教育―. 東京:大修館書店:3-26.

白井恭弘,2013. ことばの力学—応用言語学への招待—[M]. 東京:岩波書店.

ANDERSEN R W, SHIRAI Y, 1994. Discourse motivations for some cognitive acquisition principles[J]. Studies in second language acquisition(16):133-156.

BATES E A, MACWHINNEY B, 1982. Functionalist approaches to grammar[M]// WANNER E, GLEITMAN L R. Language acquisition:the state of the art. New York:Cambridge University Press:173-211.

BATES E, MACWHINNEY B, 1989. Functionalism and the competition model[M]// MACWHINNEY B, BATES E. The crosslinguistic study of sentence processing. Cambridge:Cambridge University Press:3-73.

BLEY-VROMAN R, 1983. The comparative fallacy in interlanguage studies:the case of systematicity[J]. Language learning(33):1-17.

BYBEE J, 2010. Language, usage and cognition[M]. Cambridge:Cambridge University Press.

CHANDLER J, 2003. The efficacy of various kinds of error feedback for improvement in the accuracy and fluency of L2 student writing[J]. Journal of second language writing(12):267-296.

CHOMSKY N, 1957. Syntactic structures[M]. The Hague:Mouton.

CHOMSKY N, 1959. A review of BF skinner's verbal behavior[J]. Language (35):26-58.

CLANCY P, 1985. The acquisition of Japanese[M]//SLOBIN D I. The crosslinguistic study of language acquisition. Vol. 1:The data. Hillsdale, NJ:Erlbaum:373-524.

COMRIE B, 2002. Typology and language acquisition:the case of relative clauses [M]//GIACAONE RAMAT A. Typology and second language acquisition. Berlin: Mouton de Gruyter:19-37.

COMRIE B, 2007. The acquisition of relative clauses in relation to language typology[J]. Studies in second language acquisition(29):301-309.

CORDER S P, 1967. The significance of learner's errors[J]. International review of applied linguistics in language teaching(5):161-170.

EGI T, 2007. Interpreting recasts as linguistic evidence:the roles of linguistic target, length, and degree of change[J]. Studies in second language acquisition (29):511-537.

ELLIS N C, 2003. Constructions, chunking, and connectionism:the emergence of second language structure[M]//DOUGHTY C J, LONG M H. The handbook of second language acquisition. Oxford:Blackwell:63-103.

ELLIS N C,2006. Selective attention and transfer phenomena in L2 acquisition: contingency, cue competition, salience, interference, overshadowing, blocking, and perceptual learning[J]. Applied linguistics(27):164-194.

ELLIS R, 1985. Understanding second language acquisition[M]. Oxford: Oxford University Press.

ELLIS R, 1992. Learning to communicate in the classroom [J]. Studies in second language acquisition(14):1-23.

GASS S, 1979. Language transfer and universal grammatical relations [J]. Language learning(29):327-344.

GASS S,1984. A review of interlanguage syntax:language transfer and language universals[J]. Language learning(34):115-132.

GEYER N, 2007. Self-qualification in L2 Japanese:an interface of pragmatic, grammatical,and discourse competences[J]. Language learning(57):337-367.

HUEBNER T,1979. Order-of-acquisition vs. dynamic paradigm:a comparison of method in interlanguage research[J]. TESOL quarterly(13):21-28.

HUEBNER T, 1983. A longitudinal analysis of the acquisition of English[M]. Ann Arbor,MI:Karoma.

JIA G, AARONSON D, 2003. A longitudinal study of Chinese children and adolescents learning English in the United States[J]. Applied psycholinguistics (23):131-161.

JIA G,AARONSON D,WU Y,2002. Long-term language attainment of bilingual immigrants:predictive variables and language group differences [J]. Applied psycholinguistics(24):599-621.

JOHNSON J S,NEWPORT E L,1989. Critical period effects in second language learning:the influence of maturational state on the acquisition of English as a second language[J]. Cognitive psychology(21):60-99.

KEENAN E L, COMRIE B, 1977. Noun phrase accessibility and universal grammar[J]. Linguistic inquiry(8):63-99.

LANGACKER R W,1988. A usage-based model[M]//RUDZKA-OSTYN B. Topics in cognitive linguistics. Amsterdam:John Benjamins:127-161.

LARSEN-FREEMAN D,LONG M H,1990. An introduction to second language acquisition research[M]. London:Longman.

LIPPI-GREEN R, 2012. English with an accent: language, ideology and discrimination in the United States[M]. 2nd Ed. New York:Routledge.

MACWHINNEY B,SNOW C,1985. The child language data exchange system[J]. Journal of child language(12):271-295.

OYAMA S, 1976. A sensitive period for the acquisition of a nonnative phonological system[J]. Journal of psycholinguistic research(5):261-283.

OZEKI H,SHIRAI Y,2007. Does the noun phrase accessibility hierarchy predict the difficulty order in the acquisition of Japanese relative clauses?[J]. Studies in second language acquisition(29):169-196.

POLIO C, 2012. The relevance of second language acquisition theory to the written error correction debate[J]. Journal of second language writing(4):375-389.

RICHARDS J C,1975. Error analysis[M]. London:Longman.

SCHACHTER J,1974. An error in error analysis[J]. Language learning(2):205-214.

SHIRAI Y, 1995. Tense-aspect marking by L2 learners of Japanese [M]// MACLAUGHLIN D, MCEWEN S. Proceedings of the 19th annual Boston university conference on language development, Vol. 2. Somerville, MA: Cascadilla Press:575-586.

SHIRAI Y, 1997. Linguistic theory and research: implications for second language teaching [M]//TUCKER G R, CORSON D. The encyclopedia of language and education, Vol. 4:Second language education. Dordrecht:Kluwer Academic:1-9.

SHIRAI Y, 2007. The acquisition of relative clauses and the noun phrase accessibility hierarchy: a universal in SLA? [M]. Special Issue, Studies in Second Language Acquisition. Cambridge:Cambridge University Press.

SHIRAI Y, 2019. Connectionism and second language acquisition [M]. New York:Routledge.

SHIRAI Y,KURONO A,1998. The acquisition of tense-aspect marking in Japanese as a second language[J]. Language learning(48):245-279.

SHIRAI Y,OZEKI H,2007. Introduction to the special issue "The acquisition of relative clauses and the noun phrase accessibility hierarchy:a universal in SLA?"[J]. Studies in second language acquisition(29):155-167.

SHIRAI Y,VERCELLOTTI M,2013. Language acquisition and language assessment [M]//KUNNAN A J. The companion to language assessment: Volume III, Evaluation,methodology,and interdisciplinary themes. Malden,UK:Wiley-Blackwell: 1477-1491.

SUGAYA N, SHIRAI Y, 2007. The acquisition of progressive and resultative meanings of the imperfective aspect marker by L2 learners of Japanese: universals, transfer, or multiple factors? [J]. Studies in second language acquisition(29):1-38.

TOMASELLO M, 2003. Constructing a language[M]. Cambridge, MA: Harvard University Press.

TRUSCOTT J, 1996. The case against grammar correction in L2 writing classes[J]. Language learning(46):327-369.

VANPATTEN B, 1996. Input processing and grammar instruction in second language acquisition[M]. Norwood, NJ: Ablex.

VENDLER Z, 1957. Verbs and times[J]. Philosophical review(66):143-160.

YIP V, MATTHEWS S, 2007. Relative clauses in Cantonese-English bilingual children: typological challenges and processing motivations [J]. Studies in second language acquisition(29):277-300.

# 主語マーカーの選択からみた構文的拘束力と日本語教育への応用
## —「が」と「は」の誤用を手掛かりに—

于康（関西学院大学）

**要　旨**　①有題文と無題文の定義と範囲にはわかりにくいところが残ってはいるものの，それぞれの構文は主語マーカーの選択への構文的拘束力を有することが否めない。無題文には，コロケーション用法と非コロケーション用法がある。日本語学習者の誤用例における「が」の不使用と「は」の誤用からも，無題文の主語のマーカーは「が」だけであって「は」ではないことがわかる。無題文における主語マーカーの選択は助詞の機能によるものよりは，構文的拘束力によるものだと捉えられる。②「[NP₁が＋V]NP₂」構文、「[NPが＋V]たら/ば/ならば＋V」構文、「NP₁は＋[NP₂が＋V/AP]」構文において，[　]内は句である。言外意味の付加を求めず，構文のデフォルト的な用法だけを基準とすれば，この3構文における句の主語のマーカーは「が」であって「は」ではない。これも，同じ構文における「は→が」の誤用からも裏付けられる。①と同様，句の主語を「が」でマークすることは，「が」そのものの意味や用法を理解し使うよりは，むしろ，構文的拘束力によるものとして理解し使うほうが，日本語学習者の「が」と「は」の誤用の減少に貢献できるのではないか

と考えられる。

**キーワード** 主語マーカーの選択,構文的拘束力,「が」と「は」の
誤用,有題文と無題文

## 1 問題提起と研究目的

主語①とはなにか,主題とはなにか,主語と主題とは異なるのかな
どのことについて,これまでにも統語論の立場,意味論の立場,認知
言語学の立場,談話文法の立場など様々な立場から種々の議論が
あった(三上 1953,1960;渡辺 1971;鈴木 1972;久野 1973,1983;柴
谷 1978,1985;北原 1981;柴谷・影山・田守 1982;言語学研究会
1983;阪倉 1988;益岡・田窪 1989;角田 1991;影山 1996;野田
1996;仁田 1997,2009;石綿 1999;尾上 2001;益岡 2000;岸本
2005;青柳 2006;長谷川 2007;二枝 2007;森山 2008;日本語記述文
法研究会 2009;山田 2010)。主語と主題自体が本研究のテーマで
はないので,それぞれの定義や認定の基準については触れないこと
とする。また,主語の典型的なマーカーとされる「が」②と,主語と主
題の両方のマーカーとして使われる「は」③それぞれの統語的機能の
如何や相違についても議論しないこととする。主語は,すべての言
語が有する現象なのか,それを主格と呼ぶべきか,外項と呼ぶべき
か,または,文において,述語全体に関わるものなのか,動詞述語の
「NPをV」,形容詞述語のAP,名詞述語の「NPだ」だけに関わるもの
のかについては,未解決の課題が残ってはいるものの,どの言語に
おいても,英語の主語に相当する文法的現象が存在することは否め

---

① 柴谷(1978)が主張する「与格主語」については本研究の研究対象としないが,「主格目
的語」は本研究の研究対象となる。
② 柴谷(1978)では,主語のマーカーとして,「が」「に」「の」の三つがあるとされている。
なお,「が」と「の」には,交替現象が見られると指摘されている。本研究はそれを支持
する立場をとる。
③ 「大主語」とされる説がある(尾上 2001)。統語論の立場からすれば,談話レベルの主
題よりは,整合性がとれた表現であると思われる。

ない事実であろう①。本研究は柴谷(1978)の主語の主張や主語の定
義や分類に従うこととする。

　英語における主語と中国語における主語は,語順によって決めら
れるものであって,前置詞や後置詞(日本語なら助詞)によって決め
られるものではない。一方,日本語における主語は,語順ではなく,
助詞によって決められるものである。助詞がゼロ表記の場合は②,
動詞との意味関係を踏まえた上で主語と見なすことがほとんどで
ある。例えば,

　(1) I run a small translating business.

　(2) 我经营过一个小超市。

　(3) 私が外科の病院を経営している。

　(4) 太郎走る。③

(1)~(3)において,英語では「I」が,中国語では「我」が,日本語では「私」
がいずれも主語とされる。(4)では助詞がなくても,「太郎」と「走る」と
の意味関係が動作主とその動作の関係であることが容易に理解でき
るので,「太郎」は主語となる。ただし,「太郎」は,主語であるとしても,
必ずしも「が」でマークしなければならないというわけではない。「は」
でマークする可能性も十分ある。(3)も同様である。「私」は「が」でマー
クされているが,「は」でマークされても,自然な日本語である。

　従って,主語は語順から読み取る中国語母語話者にとって,(3)の
「私」と(4)の「太郎」が主語であることは理解しやすいが,「が」か
「は」のどちらでマークすべきかが非常に難解の問題となる。例えば,

---

① 柴田の『格助詞―「が」・「を」・「に」―』(岸本秀樹,于康編:『日語語法研究Ⅰ』,外語教
　学与研究出版社(刊行予定))には次のような補足がある。「日本語の『主語』について
　は,三上章の一連の著述のように,その存在を認めない立場と,1970年代のアメリカ
　の学界で盛んになった,主語を含めた文法関係を普遍的文法範疇とみなす考えとの
　二つの両極端の立場がある。原著『日本語の分析』第4章においては,後者の立場をと
　り,日本語にも主語があり,その実態は統語特性によって明らかにできるとしてい
　る。この問題についての筆者の現在の考えは,主語の有無はより経験的な方法に
　よって確かめられる必要があるとの認識に立ち,まず,参照点としての英語の主語と
　はどういうものかを明らかにし,英語と同じ状況が見られるかどうかによって,主語
　の存否が決定されるとするものである。」
② ゼロ表記は2種類ある。一つは,省略されたもの,もう一つは,そもそも使用不要のもの。
③ 例文の出典が示されない場合は,いずれも本論文の著者の作例である。

(5)a. いわゆる土地でもうけた者だとか、あるいは株でもうけた者が、金の茶がまを買ったり、あるいは何百万円かぼくは知りませんが、高い絵を買ったり、わかりもしないのに飾っておくというような風潮で上がっておるわけなんですよ。(『衆議院第072回予算委員会』)

　　b. 私は金を買ったからといって別に悪いとは思っておらないわけです。(『参議院第96回予算委員会』)

(6)a. 私は岡本さんが好きだ。(林芙美子『新版放浪記』)

　　b. 「お前は誰が好き?」「僕は日本の白秋・北原は好きだ。」(牧野信一『或る五月の朝の話』)

(7)a. 時事川柳を楽しんでいる人は政治への関心が高い。(『毎日新聞』2009年)

　　b. 無党派は政治的関心は高いという。(『毎日新聞』1995年)

(8)a. お父さんですか、僕が新二郎です。(菊池寛『父帰る』)

　　b. そうです。僕は秋坂です。(岡本綺堂『水鬼』)

(5)は動詞述語文,(6)と(7)は形容詞述語文,(8)は名詞述語文である。下線で示したように,述語の形式が同じであっても,主語をマークする助詞が異なっている。「が」でも「は」でも使用可能なのである。「が」と「は」は,言外の意味の解釈が異なるが,その選択の条件の判断は日本語母語話者の内省に委ねる部分が大きいので,明確な選択条件はまだはっきり提示されていないのが現状であろう。統語論的にも「が」と「は」とではプロトタイプの用法が異なるし,「が」の統語的機能の一部は「は」でカーバーできることが「が」と「は」の選択をより一層難しくしている。従って,日本語母語話者でも「が」と「は」の使用に迷い,誤用がよく見られるのである。

(9)あとでいろいろ調べてみたら不動産買った、証券買った。全部引き揚げたらよろしい。(『衆議院第072回予算委員会』)

(10)国民の関心高いです。一々申し上げませんけれども、これは神奈川六区のペーパーです。(『参議院第171回予算委員会』)

(11)「もしもし、僕三田です。」(水上滝太郎『大阪の宿』)

特に,(9)～(11)のように,動詞述語文においても,形容詞述語文においても,名詞述語文においても,助詞の省略が可能なことがある。日

本語学習者にとって,助詞の明示が必要な場合,「が」と「は」のどちら
を使用すべきかが非常に難しい。次に,図1と図2[①]を見てみよう。

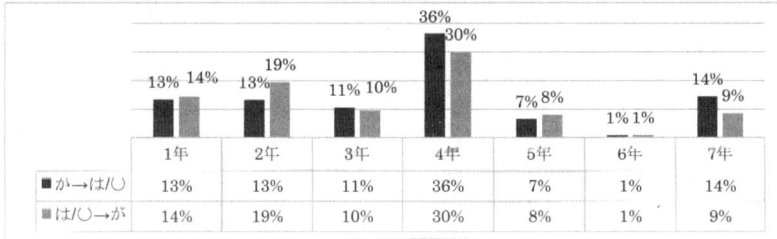

図1 「が→は/が→○」と「は→が/○→が」の分布図

注:「→」の左が誤用,右が正用。○は不使用。

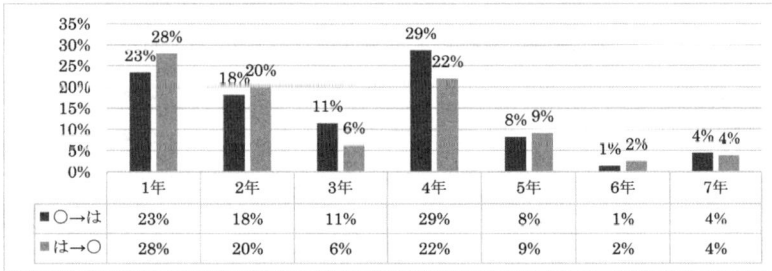

図2 「○→は」と「は→○」の分布図

注:「→」の左が誤用,右が正用。○は不使用。

---

① 于康(2019)『YUKタグ付き中国語母語話者日本語学習者作文コーパス』Ver.10。データの内訳は次の通りである(学習歴が7年まで)。

| 学習年数 | ファイル数 | 文字数 | タグ数 |
|---|---|---|---|
| 1年～34年の合計 | 4,273 | 6,014,329 | 106,867 |
| 学習歴1年 | 941 | 361,685 | 16,087 |
| 学習歴2年 | 722 | 572,272 | 19,313 |
| 学習歴3年 | 600 | 342,937 | 10,600 |
| 学習歴4年 | 568 | 2,043,469 | 37,180 |
| 学習歴5年 | 433 | 229,421 | 6,072 |
| 学習歴6年 | 79 | 50,329 | 804 |
| 学習歴7年 | 200 | 1,906,738 | 7,139 |

　タグ数は誤用の箇所を示すものであるので,学習歴が5年以降はデータの量が1年から4年までのものと比べれば,非常に少ないことがわかる。このように,各学習歴におけるデータ量が均衡的ではないため,図1と図2に現れる「が」と「は」の誤用減少は必ずしも学習者の現状を如実に表しているというわけではないことを断っておきたい。

　図1は,学習歴が1年から7年までの中国語母語話者日本語学習者の作文における,「が→は」「は→が」と「が→○」「○→が」の誤用分布を表したものである。学習歴が7年のデータは学習歴が1年のものに比べれば,量が少ないものの,誤用パーセンテージはほぼ同様である。図2にも図1と同じ現象が観察される。つまり,図1と図2は,データの量が多かったり少なかったりして不均衡とはいえ,学習歴が7年たっても,「が」と「は」の誤用が依然として残っていることから,「が」と「は」の習得が如何に難しいかがわかる。

　これまで「が」と「は」に関する研究は,ほとんど「が」と「は」それぞれの統語的機能や意味的機能にフォーカスして行われてきたものであった。言語学的にかなりの部分が究明されてきたとしても,「が」と「は」の機能に関する解釈は,「が」と「は」の問題解決すべてにはつながってはいないのも実情であるし,その解釈は多義的であり,曖昧な部分が多い。その結果,「が」と「は」に関する先行研究の成果を日本語教育に取り入れても,日本語学習者にとっては,やはりつかみにくいものであった。それが原因か,図1と図2のように,「が」と「は」の誤用はいつになってもなくならないのである。そこで,本研究の目的は二つである。一つは,中国語母語話者日本語学習者の作文における「が」と「は」の誤用に焦点をあて,動詞述語文を中心に,構文論という立場から,主語マーカーの選択における構文的拘束力のありかを明らかにすることにある。もう一つは,それを日本語の教育や日本語の学習に活かすことができれば,「が」と「は」の誤用の減少につながることを明らかにすることにある。

## 2 有題文と無題文における主語マーカーの選択への構文的拘束力

学習者の作文には，次のような誤用例が数多く見られる。[①]

(12)a. この女性は警察に電話してみたが、携帯を奪われた。その犯罪者は乱暴でこの女性に掴みかかっていた。それ〈◯→が〉原因で、この女性が非常に怖い顔をしていた。(M1/学習歴4年6ヶ月/滞日0)[②]

　　b. 下人は「悪」であること、それ〈は→が〉原因で盗人になった理由はただそれで済むことではない。(学部生4年生/学習歴3年半/滞日0)

(13)a. 民衆及びメディアからのストレスがますます増えたの〈◯→が〉原因かな、そのホテルが記者会見を開いた。

　　b. 町中の膨大な量のゴミをどのように処理したらいいのか、政府と民衆の意見が一致しないの〈は→が〉原因である。(学部2年生/学習歴1年半/滞日0)

(14)a. 新しい一年〈◯→が〉始まります。(学部1年生/学習歴半年/滞日0)

　　b. 時間が早く経ちました。今、新しい学期〈は→が〉始まりました。がんばろう!(学部1年生/学習歴1年/滞日0)

(15)a. 午後の授業〈◯→が〉終わって晩ご飯に行く時に、自転車がどうしても見つけられないことに困りました。(学部2年生/学習歴1年半/滞日0)

　　b. 去年、6か月間の大学生活〈は→が〉終わりました。私は家

---

① 誤用例は、いずれも于康(2019)『YUKタグ付き中国語母語話者日本語学習者作文コーパス』Ver.10からの引用である。データの内訳は次の通りである。
　a. 56校の大学(中国の大学は50校，日本の大学は6校)から集めてきた学部生，大学院生，日本語教員の作文(感想文，研究計画書，レポート，宿題，メール，翻訳，外交通訳の録音資料，卒業論文，修士学位論文，博士学位論文)と日本の大学や会社に在職中の教員と会社員の作文(数は少量)。
　b. 日本語学習歴(使用歴を含む)が3ヶ月から34年まで。
　c. 正用タグ付きと文法タグ付き。
　d. ファイル数が4,273，文字数が6,014,321，タグ数が延べ数213,742。
② Mは修士，滞日は日本滞在期間の意味である。全書は同様。

に帰りました。（学部1年生/学習歴1年/滞日0）

（16）a. 今朝上海でバスの爆発という大事故〈○→が〉起こりました。（大学日本語教員/学習歴12年/滞日5年8ヶ月）

b. 発話時まえに、「慣れる」という変化〈は→が〉起こり、「慣れている」という変化以後の状態は発話時において続いている。（学部4年生/学習歴3年半/滞日0）

（17）a. 昨日、日本の一年の留学生〈○→が〉38人蘇州に来ました。かれらは中国は初めてでした。（学部1年生/学習歴半年/滞日0）

b. ある時、両親〈は→が〉蘇州に来た。（学部3年生/学習歴2年半/滞日0）

（18）a. GWが今日で終わり、夕方から学生からの電話やら、メールやら〈○→が〉増えてきました。（大学日本語教員/学習歴11年/滞日5年8ヶ月）

b. 昔と違って、三十歳までに結婚しない人〈は→が〉増えてきています。（学部2年生/学習歴1年3ヶ月/滞日0）

（19）a. そんなことを考えたら、元気〈○→が〉出ました。（学部1年生/学習歴1年/滞日0）

b. 最近、経済の高度成長にしたがって、いろいろな公害問題〈は→が〉出てきた。（学部2年生/学習歴1年半/滞日0）

（12）a～（19）aは，助詞の不使用の誤用例であり，いずれも無題文である。用例は2種類に分けられる。（12）と（13）はコロケーションの用法の無題文であるのに対し，（14）～（19）は非コロケーション用法の無題文である。

　まず，（12）と（13）を見てみよう。（12）は「NP（　）原因で＋V」，（13）は「NP（　）原因である」という構文である。NPをマークできる助詞は，「が」だけであって，ゼロ表記でも「は」でもない①。この構文における「が」の選択は，「が」の統語的機能や意味的機能によるものであ

---

① 助詞の不使用は，必ずしも不自然ではない。話し言葉なら自然な文になる場合が多い。ここでいう不自然は，書き言葉として用いられる場合における文法的不自然のことである。

るというよりは,コロケーション用法という構文の強い拘束力が働いているからと考えたい。(12)の二つの「が」はいずれも「は」に置き換えることができない(または普通はしない)ものである。『YUKANG日本語コーパス』や国会会議録の最新のデータベースを調べても,「NPは原因で+V」という用法がなかなか見つからない。つまり,よほどの文脈がなければ,「NPは原因で+V」という構文ははば成り立たないことになる。「NP(　)原因である」も同様である。例えば,

(20)今私が提示をいたしました案件、まさにこれが理由で身柄を拘束する必要があるのかどうか。もちろん具体的な事情、さまざまございます。(『衆議院第132回予算委員会』)

(21)主犯大江一美二十三歳は、マルチまがい商法の寝具販売でつまずいたのが原因で、このような犯罪に走るようになったのであります。(『衆議院第104回本会議』)

(22)生産の悪化につきましては、これが原因ではなくして、実際は施設の荒廃が原因である。(『衆議院第002回本会議』)

要するに,「NP(　)原因で+V/原因である」という構文においては,「が」以外の選択肢を許さない。「が」が唯一の選択であることがわかれば,誤用の減少につながるのではないかと考えられる。

　次に,(14)~(19)を見てみよう。いずれも無題文である。NPのマーカーは,(12)(13)と同様,選択肢は「が」しかない。

　益岡(1991:124-138)では,叙述の類型を「属性叙述」(対象の性質や特徴を述べるもの)と「事象叙述」(特定の時空間に存在,生起する事象を述べるもの)に分けられている。有題文と無題文の構文類型については,益岡(1991:127)において仮説が提示され,「真偽判断文は有題文であり,非真偽判断文(真偽判断のモダリティを持たない文)は無題文である」と指摘されている。「属性叙述」は有題文を構成するものであるのに対し,「事象叙述」は,有題文と無題文の両方を構成することができるものである。文の類型については,益岡(1997:1-2)において「人物の内的世界の事態を表すものとしては,その事態を直接に表出する情意表出型の文と,知識・情報として表現・伝達する演述型の文が区別される」と2分類されている。「演述

型」の文を「知識を表現・伝達する動きを持つ」ものであると定義
し,「属性叙述文」と「事象叙述文」に分けられている。その内,「属性
叙述文」は有題文になり,「事象叙述文」においては,「事象の叙述と
は独立に判断の対象が存在する文」なら有題文,「ある時空間におい
て存在,生起が確定した事象を描くだけの文」なら無題文になる。
真偽判断のモダリティを持たない「情意表出型」の文と宣誓や約束
といった表現者が行為の主体となる発話行為を表現する文は無題
文になる。益岡(1991,1997)をまとめて表にすると,表1になる。

**表1　有題文と無題文になる構文**

| 有題文 | 無題文 |
|---|---|
| 属性叙述文<br>・太郎は音楽が好きだ。 | ― |
| 事象叙述文(事象の叙述とは独立に判断の対象が存在する文)<br>・花子はそのパーティーに出席した。<br>・太郎は娘が家出した。 | 事象叙述文(ある時空間において存在,生起が確定した事象を描くだけの文),単純事象叙述文<br>・花子が神戸に来た。<br>・雨が降っている。<br>・ベルが鳴った。 |
| ― | 「情意表出型」の文/宣誓や約束といった表現者が行為の主体となる発話行為を表現する文<br>・ビールが飲みたい。 |

　益岡(1991,1997)の研究は,本研究の主語マーカーの選択への構
文的拘束力のありかを論証するための根拠の一つにもなるし,「が」
と「は」の誤用の解明にも非常に役立つものである。そのため,事象
叙述文における「事象の叙述とは独立に判断の対象が存在する文」
と「ある時空間において存在,生起が確定した事象を描くだけの文」
との違いは学習者にとって難解なところがあるが,本研究はその仮
説を支持する立場をとる。
　さて,(14)aの「新しい一年(　)始まります」,(15)aの「午後の授業
(　)終わって」,(16)aの「上海でバスの爆発という大事故(　)起こ
りました」,(17)aの「日本の一年の留学生(　)38人蘇州に来まし

た」,(18)aの「メールやら(　)増えてきました」,(19)aの「元気(　)
出ました」は,いずれも「ある時空間において存在,生起が確定した
事象を描くだけ(益岡 1991:131)」の「単純事象叙述文」であり,「客
観的に捉えられる事象—とりわけ,無意志的事象—の存在と発生
(益岡 1991:132)」であり,しかも「客観的に観察できない他者の内
面的な事象」ではなく,「客観的に観察できる外面的事象(人の動き
や様子を描写している文)(益岡 1991:123)」である。(　)内に助詞
を付与するとすれば,「が」であり,「は」ではない。従って,無題文で
ある「単純事象叙述文」の(14)h〜(19)hのように,文中のNPに付与
した「は」はすべて「が」に修正されたのである。

　要するに,コロケーション構文と同様,ある時空間において存在,
生起が確定した事象を描くだけの「単純事象叙述文」や「情意表出
型」の文においても,主語のマーカーとして「が」だけを付与する非
常に強い排他的拘束力を有することがわかる。

## 3　句における主語マーカーの選択への構文的拘束力

### 3.1　「[NP₁が＋V/AP①]NP₂」構文について

　「[NP₁が＋V/AP]NP₂」構文とは,「NP₁が＋V/AP」がNP₂の名詞的修
飾成分(旧来の「連体修飾語に相当する」)であって,NP₁は名詞修飾
節の主語だということである。例えば,次の用例を見てみよう。

(23)[大学の同級生〈○→が〉来週結婚する]話を聞きました。(M2/
　　　学習歴5年6ケ月/滞日2年6ケ月)

(24)[今日、私たち〈○→が〉住む]世界は、常に自然災害を受ける。
　　　(M1/学習歴4年/滞日0)

(25)[私〈○→が〉よく食べた]お菓子は飴とビスケットだ。(学部
　　　生4年生/学習歴3年半/滞日0年)

(26)[彼女〈○→が〉一番行きたい]ところは南京です。(学部3年
　　　生/学習歴2年/滞日0)

---

① 句の述語はVだけではなく,APもよく用いられる。これについては他稿に譲る。

（27）昔、［私〈〇→が〉興味を持った］仕事は警察と弁護士だった。
（学部3年生/学習歴2年半/滞日0）

（28）［私〈〇→が〉企画した］活動はクラスショー、秋のピクニック、歴史知識大会などである。（学部3年生/学習歴3年/滞日0）

（23）の「話」，（24）の「世界」，（25）の「お菓子」，（26）の「ところ」，（27）の「仕事」，（28）の「活動」は被修飾成分であり，それぞれ［　］内の成分に修飾され，内容が限定される。それぞれの文には述語が二つあるが，述語の機能が異なる。（23）では，「聞く」という述語は文の述語であるのに対し，「結婚する」という述語は，文の述語ではなく，名詞修飾節つまり句の述語である。「大学の同級生」は句の主語であるが，文の主語ではない。文の主語は，被修飾成分の「話」である。（24）～（29）も同様である。（24）の「私たち」，（25）の「私」，（26）の「彼女」，（27）の「私」，（28）の「私」はいずれも句の主語であるが，文の主語ではない。句の主語なので，その射程は句の述語だけにとどまり，文の述語までは及ばないことになる。従って，助詞を付与しなければならない場合は，その構文的拘束力により，「が」しか付与することができない。次の「は→が」の誤用例もこの考えを支持する例となる。

（29）Wechatで、今日［両親と弟〈は→が〉泰山に登った］写真を見た。（M1/学習歴4年6ヶ月/滞日0）

（30）将来のある日、［自分〈は→が〉書いた］日記を見ると、その日の情景が心の中に浮かびます。（学部3年生/学習歴2年半/滞日0）

（31）［若者〈は→が〉席を譲る］ことは中国ではよくあるからだ。（大学4年生/学習歴3年/滞日0）

（32）［子供〈は→が〉将来両親に親孝行する］責任があるなら、今子供を教育するのは両親の責任ではないか。（M1/学習歴5年/滞日0）

（29）の「両親と弟（　）泰山に登った」，（30）の「自分（　）書いた」，（31）の「若者（　）席を譲る」，（32）の「子供（　）将来両親に親孝行する」は句であり，後続の被修飾成分の名詞的修飾成分である。被修

飾語が文の主語となり，文の主語の射程は，文の述語であるが，句の
述語ではない。その（　）内に助詞を付与するとすれば，(23)～(28)
のように，構文的拘束力により，「が」しか付与することができない
ことになる。従って，(29)～(32)のように，「は」でマークすること
ができないのである。

　要するに，句の主語なら，対比などのような，言外の意味を付加し
ないかぎり，「が」でマークするのがデフォルト的用法となる。言い
換えれば，「は」でマークすることができる場合があるとしても，そ
れはデフォルト的な用法ではなく，言外の意味が付加される用法で
ある。

### 3.2　「[NPが＋V]たら/ば/ならば＋(NPは＋)V」構文について

次の用例を見てみよう。

(33)[両親〈〇→が〉年寄りになっ]たら、私は必ず彼たちと一緒に
　　生活する。(学部3年生/学習歴2年半/滞日0)

(34)[留学〈〇→が〉おわっ]たら国に帰る。(学部3年生/学習歴2
　　年半/滞日0)

(35)面接の途中で、[誰か〈〇→が〉注意に来]たら、困るので、図書
　　館の研究室は使わないほうがいいと思います。(M2/学習歴7
　　年/滞日2年)

(33)～(35)の「～Vたら」は条件節であり，句である。文において，文
の主語と条件節の主語とが異なるものになる。(33)は，句の主語は
「両親」であるが，文の主語は「両親」ではなく，「私」である。(34)では
文の主語は現れていないが，句の主語の「留学」とは異なることが文
脈から読み取れる。(35)も文の主語は現れていないが，句の主語の
「誰か」とは異なる。デフォルト的な用法として，句の主語が「が」で
マークされることは，次の誤用例からも裏付けられる。

(36)次の学期、[新入生〈は→が〉その活動に参加し]たら、私は見
　　に行くつもりです。(学部1年生/学習歴1年/滞日0)

(37)[人〈は→が〉みんな同じ個性を持っ]たら、世界はつまらなく
　　なるだろう。(M1/学習歴4年/滞日0)

(38)[政府、企業と国民〈は→が〉一緒に努力をすれ]ば、この地球

はもっときれいになると思う。（学部3年生/学習歴2年半/滞
日0）

（39）［東京〈は→が〉大地震で壊滅し］たら、日本はどうなるのか。
（M1/学習歴4年/滞日0）

（36）の「新入生」、（37）の「人」、（38）の「政府、企業と国民」、（39）の「東
京」は，条件節つまり句の主語であり，文の主語とは異なるものであ
る。従って，助詞を付与する場合は，選択肢もこれまで論じてきた
句の主語と同様，「が」しかなく，「は」は使えない。

### 3.3 「NP₁は＋［NP₂が＋V/AP］」構文について

この構文は「象は鼻が長い」①に相当する用法である。この構文に
おいて，NP₁は主題（大主語とも）であるのに対し，NP₂は主語（小主語
とも）であり，最も特徴的なのは，NP₁がNP₂の属格になりうるという
ことである。つまり，「NP₁のNP₂が＋V/AP」に還元できる。用例を見
てみよう。

（40）身の回りの親友は［大部分の人〈〇→が〉結婚している］。（学
部生3年/学習歴2年半/滞日0年）

（41）経済の発展につれて、中国人は［ショッピンの考え方〈〇→
が〉変わった］。（学部3年生/学習歴2年半/滞日0）

（42）岸本捨吉は依然として［苦悩ばかり〈〇→が〉増す］のである。
（M3/学習歴6年/滞日0）

（43）授業の準備は少し［手間〈〇→が〉かかります］が、大変いい勉
強となります。（日本語教員/学習歴14年/滞日13.5年）

（44）実際に、そのドラマは2か月間前にもう［放送〈〇→が〉終わっ
た］が、かなり高く評価されたので、みんなは「歓楽頌」への興
味はまだなくなっていない。（M1/学習歴5年/滞日0）

（45）発展途上国は［資源〈〇→が〉豊かである］。（M1/学習歴4年/滞
日0）

（46）言語は生活の中から生まれたものであり、その独特の文化や
自然環境と［関係〈〇→が〉深い］。（M3/学習歴6年/滞日0）

---

① 森田（2002:88-96）は「部分属性形容詞」述語として捉えている。

(47)表4を見ると、「**ABAB型**」の擬態語の訳し方は豊富で［数〈○ →が〉多い］。(学部4年生/学習歴3年半/滞日0)

述語の動詞は,他動詞や非対格自動詞がほとんどであるが,形容詞述語も多用される。述語の類型が異なっても,構文への影響がほとんどないので,ここでは一応述語の類型の違いは不問とする。

さて,(40)を「身の回りの親友の大部分の人が結婚している」,(41)を「中国人のショッピンの考え方が変わった」,(42)を「岸本措吉の苦悩ばかりが増す」,(43)を「授業の準備の手間がかかります」,(44)を「そのドラマの放送が終わった」,(45)を「発展途上国の資源が豊かである」,(46)を「言語の関係が深い」,(47)を「『ABAB型』の擬態語の訳し方の数が多い」のように,属格に転換させて表現が変わっても,文法的にも成り立つし,表現意図はすこし変わるが,意味的にもそれほど大きな差は見られない。

この構文において,(40)の「大部分の人〈○→が〉結婚している」,(41)の「ショッピンの考え方〈○→が〉変わった」,(42)の「苦悩ばかり〈○→が〉増す」,(43)の「手間〈○→が〉かかります」,(44)の「放送〈○→が〉終わった」,(45)の「資源〈○→が〉豊かである」,(46)の「関係〈○→が〉深い」,(47)の「数〈○→が〉多い」は,属格の昇格(主題になること)によって,文ではなく,句になる。この句を用い,「NP₁は」の詳細について述べている。句における主語は,「は」でマークされることが全くないわけではないが,その際には文脈のニーズや対比などの言外意味の付加が求められるので,デフォルト的用法としてはやはり「が」しか付与されないということになる。従って,助詞の表記が必要なら,デフォルト的な選択肢として一つしかなく,「が」である。次の「は→が」の誤用例からも「が」がデフォルト的な唯一の選択肢であることがわかる。

(48)私はおなか〈は→が〉いっぱいになりました。(学部1年生/学習歴1年/滞日0)

(49)私の休みの日はいつも忙しいです。大学は行事〈は→が〉とても多いですよ。(学部1年生/学習歴1年/滞日0)

(50)日本人は仕事の時間〈は→が〉非常に長い。だいたい12時間以上である。(学部3年生/学習歴2年半/滞日0)

（51）故郷の小川は母親のようにあそこの子子孫孫を育てている
　　　と思った。そう考えると、<u>私は</u>新鮮な空気を胸いっぱいに吸
　　　い込んで、<u>気持ち〈は→が〉落ちつく</u>ように感じた。(学部3年
　　　生/学習歴2年半/滞日0)

（52）面白いことにビールを買うならまずコップをかわなければ
　　　ならない。この点は中国とかなり違っている。<u>ビールは高</u>
　　　くはないが<u>コップ〈は→が〉高い</u>ので折角の出会いであって
　　　も飲まなかった。(日本語教員/学習歴34年/滞日1年)

（40）～（47）と同様，（48）～（52）も属格が昇格した「NP₁は＋[NP₂が＋
V/AP]」構文である。文において[　]で括った成分は，いずれも句で
あり，NPの詳細について述べるものである。「は」でマークされた句
の主語が誤用であるため，「が」に修正されたことからもわかるよう
に，この句における主語のマーカーとしては「が」しか付与できない
ことがわかる。

　属格昇格の構文の他に「ギョーザは、私と母〈は→が〉作りました。
(学部1年生/学習歴半年/滞日0)」のように，目的語が主題となり，動
作主が主語となるものもあり，また「授業は8時に始まります。11
時40分に午前の授業〈は→が〉終わります。(学部1年生/学習歴半年/
滞日0)」のように，主題が前文にあり，その文脈上，後続の文が句と
して扱われることもできるものもある。それについては，紙幅の関
係でここでは掘り下げず，他稿に譲ることとする。

## 4　まとめ

　「が」と「は」は，それぞれプロトタイプ的な意味と用法を有する
が，統語的には同じ文法成分をマークすることができる。「が」と
「は」それぞれのプロトタイプ的な意味・用法と周辺的な意味・用
法はかなり明らかにされたのも事実である。しかし，意味的にも用
法的にも両者が交替できる以上，どのような条件なら「が」だけ，ど
のような条件なら「は」だけ，どのような条件なら「が」でも「は」でも
用いることができるのか，発話の意図がどのように異なるかという
ことを明らかにしないかぎり，日本語学習者の「が」と「は」の誤用
は，結局改善されずに，繰り返され，化石化の道を歩むことになる。

　　益岡（1991，1997）では，構文による助詞の選択という現象が存在することを強く示唆している。以上の検討からもわかるように，「が」と「は」は，その意味や機能から，構文的拘束力によって，一つしか選択できない現象が存在するのは事実である。つまり，日本語学習者が構文的拘束力による助詞選択の条件をしっかりと理解し，覚え，使いこなせば，「が」と「は」の誤用の減少につながるに違いない。例えば，森田（2002:88-96）が指摘しているように，「氷は冷たい」「地球は丸い」のような「全体属性形容詞」述語文，「僕は眠たい」「私は切ない」のような「無対象感覚感情形容詞」述語文なら，主語をマークすることができるのは「は」だけであって，「が」ではないのに対し，「彼女は髪が黒い」「象は鼻が長い」のような「部分属性形容詞」述語文，「背中が痒い」「傷口が痛い」のような「要対象感覚感情形容詞」述語文なら，主語をマークすることができるのが「が」だけであって，「は」ではないという構文条件を理解し，覚え，使いこなせば，形容詞述語文における「が」と「は」の誤用は，少なくとも「が」と「は」のそれぞれの個別の意味や用法を理解し，使うよりは減少されるであろう。

　　これまで検討してきたことをまとめてみると，次のようになる。

　　①有題文と無題文の定義と範囲にはわかりにくいところが残ってはいるものの，それぞれの構文は主語マーカーの選択への構文的拘束力を有することが否めない。無題文には，コロケーション用法と非コロケーション用法がある。日本語学習者の誤用例における「が」の不使用と「は」の誤用からも，無題文の主語のマーカーは「が」だけであって「は」ではないことがわかる。無題文における主語マーカーの選択は助詞の機能によるものよりは，構文的拘束力によるものだと捉えられる。

　　②「［NP₁が＋V］NP₂」構文，「［NPが＋V］たら/ば/ならば＋V」構文、「NP₁は＋［NP₂が＋V/AP］」構文において，［　］内は句である。言外意味の付加を求めず，構文のデフォルト的な用法だけを基準とすれば，この3構文における句の主語のマーカーは「が」であって「は」ではない。これも，同じ構文における「は→が」の誤用からも裏付けられる。①と同様，句の主語を「が」でマークすることは，「が」そのも

のの意味や用法を理解し使うよりは,むしろ,構文的拘束力による
ものとして理解し使うほうが,日本語学習者の「が」と「は」の誤用の
減少に貢献できるのではないかと考えられる。

**参考文献**

青柳宏,2006. 日本語の助詞と機能範疇[M]. 東京:ひつじ書房.

石綿敏雄,1999. 現代言語理論と格[M]. 東京:ひつじ書房.

尾上圭介,2001. 文法と意味Ⅰ[M]. 東京:くろしお出版.

影山太郎,1996. 動詞意味論―言語と認知の接点―[M]. 東京:くろしお出版.

岸本秀樹,2005. 統語構造と文法関係[M]東京:くろしお出版.

北原保雄,1981. 日本語の文法[M]. 東京:中央公論社.

久野暲,1973. 日本語文法研究[M]. 東京:大修館書店.

久野暲,1983. 新日本文法研究[M]. 東京:大修館書店.

言語学研究会,1983. 日本語文法・連語論(資料編)[M]. 東京:むぎ書房.

阪倉篤義,1988. 改稿 日本文法の話[M]. 2版. 東京:教育出版.

柴谷方良,1978. 日本語の分析―生成文法の方法―[M]. 東京:大修館書店.

柴谷方良,影山太郎,田守育啓,1982. 言語の構造 意味・統語篇―理論と分析―[M]. 東京:くろしお出版.

柴谷方良,1985. 主語的なる現象[J]. 日本語学(10):17-29.

鈴木重幸,1972. 日本語文法・形態論[M]. 東京:むぎ書房.

角田太作,1991. 世界の言語と日本語[M]. 東京:くろしお出版.

仁田義雄,1997. 日本語文法研究序説―日本語の記述文法を目指して―[M]. 東京:くろしお出版.

仁田義雄,2009. 日本語の文法カテゴリをめぐって[M]. 東京:ひつじ書房.

日本語記述文法研究会,2009. 現代日本語文法2 第3部 格と構文 第4部 ヴォイス[M]. 東京:くろしお出版.

丹羽哲也,1988a. 有題文と無題文,現象(描写)文,助詞「が」の問題(上)[J]. 国語国文(6):41-58.

丹羽哲也,1988b. 有題文と無題文,現象(描写)文,助詞「が」の問題(下)[J]. 国語国文(7):29-49.

野田尚史,1996. 「は」と「が」[M]. 東京:くろしお出版.

長谷川信子,2007. 日本語の主文現象 統語構造とモダリティ[M]. 東京:ひつじ書房.

二枝美津子,2007. 主語と動詞の諸相 認知文法・類型論的視点から[M]. 東

京：ひつじ書房．

益岡隆志，1991．モダリティの文法［M］．東京：くろしお出版．

益岡隆志，1997．表現の主観性［M］//田窪行則．視点と言語行動．東京：くろし
　お出版．

益岡隆志，2000．日本語文法の諸相［M］．東京：くろしお出版．

益岡隆志，田窪行則，1989．基礎日本語文法［M］．東京：くろしお出版．

三上章，1953．現代語法序説―主語必要か―［M］．新訂版．東京：刀江書院．

三上章，1960．象は鼻が長い―日本文法入門―［M］．東京：くろしお出版．

三上章，1972．続・現代語法序説―主語廃止論―［M］．東京：くろしお出版．

森田良行，2002．日本語文法の発想［M］．東京：ひつじ書房．

森山新，2008．認知言語学から見た日本語格助詞の意味構造と習得　日本語教
　育に生かすために［M］．東京：ひつじ書房．

山田昌裕，2010．格助詞「ガ」の通時的研究［M］．東京：ひつじ書房．

渡辺実，1971．国語構文論［M］．東京：塙書房．

研究论文

# 「NPが→NPを」と「NPを→NPが」の誤用から見る学習者の「目的語」と「主語」の捉え方

李坤（関西学院大学大学院）

**要　旨**　本稿では主に学習者の「NPが→NPを」と「NPを →NPが」の誤用を手掛かりとして，対象の格マーカーにおける「が」と「を」の選択条件および学習者の誤用のメカニズムについて検討した。その結果，以下の3点が明らかになった。①「が」と「を」の両方で対象をマークできる動詞は，Ⅰ型動詞とⅡ型動詞に2分類できる。②Ⅰ型動詞の場合，外的要因によって対象に働きかける動作・行為に焦点を当てるなら，対象は「を」でマークされ，結果・状態に焦点を当てるなら，対象は「が」でマークされる。Ⅱ型動詞の場合，対象を前景化し，NPに焦点を当てるなら，「NPがV」を，対象を背景化し，動作・行為に焦点を当てるなら，「NPをV」を選択することになる。③Ⅰ型動詞の場合，教科書には自他両用動詞であると記載されているが，学習者はそれを自動詞あるいは他動詞として理解してしまうか，または自他両用動詞として認識し，自動詞用法と他動詞用法との区別を理解していないため，誤用を引き起こしたのである。Ⅱ型動詞の場合，教科書には自動詞であると記載されているが，学習者は「NPがV」と「NPをV」の違いを理解していないため，誤用を起こしたのである。

**キーワード** 誤用，Ⅰ型動詞，Ⅱ型動詞，主語，目的語

# 1　はじめに

『YUKタグ付き中国語母語話者日本語学習者作文コーパス』Ver.10[①]から抽出した「NPを」の6,171例の誤用例には，「NPが→NPを」[②]の誤用が1,027例あり，「NPを→NPが」の誤用が983例ある。この現象から，中国語母語話者日本語学習者（以下は学習者と称す）に「NPを」と「NPが」の使用選択に関する明確な基準がなく，混乱していると考えられる。具体的には，次のような誤用例が見られる。

(1) さらに、数日前の面接試験中に、教室に入る前、<u>ドア〈が→を〉閉じた</u>後、座る前、面接を終わったあと、すべての過程でお辞儀をすることが必要である。（学部3年/学習歴2年半/滞在歴0年）

(2) 次に、大好きな車を買いに行きます。残りの金は少なくなりますが、自分の<u>ケーキ店〈が→を〉開きたい</u>です。（学部1年/学習歴1年/滞在歴0年）

(3) どうにかしてこんな<u>事件〈を→が〉二度と発生しない</u>よう、これは通販サイトにとって、今から考えなければいけない問題だと思う。（M1/学習歴5年/滞日1年）

(4) 商品の場合、相手は大学や、プロの先生なので、ある質問にまったく回答できず、大学や、プロの先生の<u>不信感〈を→が〉生じる</u>。（会社員/学習歴26年/滞日5年）

(1)と(2)は「NPが→NPを」の誤用例であり，(3)と(4)は「NPを→NPが」の誤用例である。(1)と(2)は意味レベルで対象[③]を表す「ドア」と

---

[①] 関西学院大学の于康氏によって開発され，中国語を母語とする日本語学習者の作文を中心とした誤用コーパスである。データの規模は，2019年6月の時点で，ファイル数は4,273，文字数は6,014,321，タグ数は213,742である。

[②] 〈X→Y〉は，Xが誤用，Yが正用であることを示す。例えば，〈を→が〉の場合では，本来「が」を用いるべきであるのに「を」を用いたことによる誤用であるということになる。つまり，〈X→Y〉は，本来Yを用いなければならないところにXを用いたことによる誤用である。

[③] ここで言う対象は影山（1996:21）が非対格自動詞を定義する際取り上げられた「対象物（theme）」のこと，つまり，「状態や位置が変化するもの」を指す。

「店」が「が」でマークされたため,誤用と判断され,「を」に直された例である。(3)と(4)は対象を表す「事件」と「不信感」が「を」でマークされたため,誤用と判断され,「が」に直された例である。しかし,『中納言 KOTONOHA「現代日本語書き言葉均衡コーパス」』(BCCWJ–NT)で検索してみると,「閉じる」「開く」と共起する対象は「を」だけではなく,「が」でマークされる場合もあるが,「発生する」「生じる」と共起する対象は「が」だけではなく,「を」でマークされる場合もあることが分かる。以下のような例が挙げられる。

(5) a. 背後で門扉を閉じると、鉄製品特有の感触と掛け金の立てる音のせいか、以前、同じこの場所で急にお互いを許し合えるような仕合わせな気持ちでだき合ったことが思い出されてきた。(クーパー・ポウイス著,鈴木聡訳『ウルフ・ソレント』)

b. 自動式の扉が閉じると同時に、振動する物体を胸元から取り出し、ちひろは瞬きした。(三田誠『烙印よ、虚ろを満たせ。』)

(6) a. 俺はゆっくりとドアを開いて、中をのぞき込んだ。(景山民夫『俺とボビー・マギー』)

b. 不安なまま、一時間ばかり待たされていると、待合室のドアが開いて、白衣を着た三十五、六歳の医師が入ってきた。(大森実『わが闘争わが闘病』)

(7) a. それから法を改正いたしましても、法は大体将來に向つて効果を発生すべきもので、その点は公債などに関する價値連続の原理というような一つの鉄則に基いて價値が連続しなければならぬという原理から、あと拂いの利子を将來に向つてはよろしゆうございますけれども、過去六ヶ月にさかのぼる結果になりますので、このことは法的の措置として少し無理があるのではないか。(『参議院第002回予算委員会』)

b. 条約を批准して効果が発生したそのとたんにいろいろな問題が変るものじやない。(永井雄一『尾崎伝説』)

(8) a. 従来、経営分析について解説した本には、このような視点が欠けていることで、分析結果の解釈に多くの誤解が生じる

　　　　場合があります。（『参議院第012回予算委員会』）

　　b. 多少長いですが、はしょるとちょっと<u>誤解を生じます</u>ので、この商取ニュースに言われていることをそのまま紹介させていただきます。（『衆議院第140回予算委員会』）

（5）～（8）に示したように、「閉じる」「開く」「発生する」「生じる」という四つの動詞と共起する対象を「が」でマークすることもあれば、「を」でマークすることも可能である。このような意味役割が同一の成分を「が」でも「を」でもマークすることが可能な動詞をここでは自他両用動詞と呼ぶ。つまり、ここでいう自他両用動詞は他動詞の用法と自動詞の用法を兼ねている動詞のことである。他動詞として使われる場合は、共起する対象が「を」でマークされ、目的語[①]とされるものであるのに対し、自動詞として使われる場合は、共起する対象が「が」でマークされ、主語[②]とされるものである。学習者が（1）～（4）のように「が」と「を」を混用しているということから、その対象を主語として捉えるべきか、目的語として捉えるべきかについて理解されていないと言えよう。そこで、本稿では主に学習者の「が」と「を」の誤用を手掛かりに、対象の格マーカーについて、「が」と「を」の使用選択の条件及び学習者の誤用のメカニズムを中心に検討し、それらを明らかにすることを目的とする。

## 2　Ⅰ型動詞とⅡ型動詞

　　対象を「が」と「を」の両方でマークできる自他両用動詞は、次のように2種類に分けられる。

　　（9）a. 彼は、今日がはじめての訪問ではないらしく、わき眼もふらず、真直ぐに、二木検事の調室に歩いて行って、特長のある

---

① 主語とは何かということに関して、さまざまな立場から種々の議論が行われてきた。本稿は主に自他両用動詞を研究対象としているため、影山（1996,2001）の「外項・内項」で主語であるかの判断基準とする。つまり、外項、非対格自動詞の場合では内項が主語である。

② 目的語とは何かということに関して、さまざまな議論が行われてきたが、定着となる定義がないままである。本稿は主に自他両用動詞を研究対象としているため、影山（1996,2001）の「外項・内項」で目的語であるかの判断基準とする。つまり、動詞の内項は目的語である。もちろん非対格自動詞の内項を除外する。

ドアの叩き方をした。<u>書記が</u><u>ドアを開いた</u>。(佐左木俊郎『殺人迷路』)

 b. 間もなく、今まで暗かった庭の芝生の一角に、応接室からの洩れ灯以外の別の光りが射し、一本立っている樅の太い幹が浮き出ていた。そして、襖を開けたてする音につづいて間もなく<u>ドアが開いた</u>。(横光利一『旅愁』)

(10)a. 二年生のときは、<u>洞熊先生が</u>点数の<u>勘定</u>を<u>間違った</u>ために、なめくぢが一番になり蜘蛛と狸とは歯ぎしりしてくやしがった。(宮沢賢治『洞熊学校を卒業した二人』)

 b. 綺麗に禿げ上がった広い額が眼について離れなかった。黒板へ書いている<u>数式が間違っ</u>たりすると学生が靴底でしゃりしゃりと床をこするので教場内に不思議な雑音が湧き上がる。(寺田寅彦『ベルリン大学』)

(11)a. 青函隧道などもそういう計画も立てておるわけでございますから、これはどうしても再建政策をやらなきゃいかんのだということでございまして、この運賃の値上げというものは最低限に押えながら、あとはやはり<u>国が負担を増していく</u>ということでひとつこの計画はどうしても完成をさせなきゃならない、こういう考え方を前提にいたしております。(『参議院第071回予算委員会』)

 b. 昨年末以来、全国各地で大雪による被害が発生し、除雪や復旧対策に係る<u>自治体の負担が増して</u>おります。(『参議院第177回本会議』)

(12)a. 土地神話は確かにあることはあるんですが、私はむしろ、金融機関とかあるいは生保などを含めて、例えば駅前の一等地を再開発する、新しいビルを建てる、ばあんと土地が上がるんですよね。<u>大体は銀行や何かが支店を開店する</u>。(『参議院第136回予算委員会』)

 b. 通産省の資料でも、五十三年の二百四十三店に対して改正後九カ月で四百六十一店が開店しているんです。進出しているんですね、これはゆゆしい事態だと思うんです。(『参議院第091回予算委員会』)

 （13）a. 露西亜の恐るるところはむしろ<u>我が国が</u>再び<u>戦争を開始</u>
    <u>する</u>ことである。（大隈重信『世界平和の趨勢』）

   b. では、日本にいたフランスの大使館及びパリに行った日
    本の外交官は、ドゴールがパリに入ると同時に、外交の仕
    事を停止して引き揚げましたか。これは<u>戦争が開始すれ</u>
    <u>ば</u>必ずそうしなければならないというような問題じゃご
    ざいません。（『参議院第033回予算委員会』）

 （14）a. 私は、日本経済に未来がないかのような悲観論には決して
    くみしません。かつて、<u>我が国が貿易と投資を自由化し</u>、
    国際競争の荒波に船出したころ、私たちの先人は一丸と
    なって努力し、自動車、電子・電気、機械など、国際競争力
    を持つ産業を育てました。（『衆議院第142回本会議』）

   b. 私どもとしては、いろいろな点で、例えば規制緩和して日
    本の市場に入りやすいように、例えばこの間電話機が<u>自</u>
    <u>由化しましたね</u>、携帯電話。自由化して規制を外したら、
    たくさんの会社が参入できるようになってきたと いうこ
    とで、今二十社ぐらいが売るようになって、電話機そのも
    のも安くなっております。（『衆議院第129回予算委員会』）

（9）～（14）における「開く」「間違う」「増す」「開店する」「開始する」
「自由化する」は，その対象となる成分を，（9）a～（14）aのように「を」
でマークすることもあれば，（9）b～（14）bのように「が」でマークす
ることもある。対象を「を」でマークする場合の動詞は，他動詞であ
るのに対し，対象を「が」でマークする場合の動詞は，非対格自動詞
である。ただし，統語的には，和語動詞とサ変動詞（「～化する」も含
む）とは異なる性格を有する。和語動詞は自動詞として使われる場
合，和語動詞は受身形になりにくいのに対し，サ変動詞は受身形に
なりやすい。ただし，この点については，本稿の課題ではないので，
議論しないこととする。

 （9）～（14）における「開く」「間違う」「増す」「開店する」「開始する」
「自由化する」の最大の特徴は，他動詞として使われる場合，動作主

主語①の項が必要となり，自動詞として使われる場合，動作主主語の項が不要となるということである。つまり，項の増減が見られる動詞であるということになる。

　一方，項の増減なしに「を」と「が」の交替が可能な動詞もある。例えば，次のような用例が取り上げられる。

（15）a. 総理は、私どもの言っていることをわかっていてそういう答弁をされているのじゃないかと思うのですね。(『参議院第084回予算委員会』)

　　　b. これは増田さん、あなた、理屈がわかっていて、それで閣僚の中に入ったらてんで違うことを言い始めた。(『衆議院第169回予算委員会』)

（16）a. 政党は、その理念、哲学、主義、主張というものを実現していくために、その支持を広げたいと思いますとともに、政治家もまた、みずからの理想を求めて政党を変わることはあります。(『参議院第141回本会議』)

　　　b. 願わくは私もそう思うのでありますが、山花提出者答弁のように、これは選挙運動大革命であります。政治家自身、政党が変わることも大事、同時に国民の皆様にも、なぜかように厳しいものであるかということについて、また、不公正な選挙はやらないのだ、やってはならぬのだということに理解をいただきますためには時間が必要であることにかんがみまして、まず、国会議員みずからの責任で、国政選挙から行うべきではないのかと思っております。(『衆議院第131回本会議』)

（17）a. 終りに臨みまして、わが国が講和発効により独立を回復した直後に、しかも首都において、かかる不祥事態の発生を見、多数の人的及び物的の損害を生じ、あまつさえ地方の静謐を害しましたことについては、重ねて遺憾の意を表したいと思います。(『衆議院第013回本会議』)

　　　b. そういう良識に反した行動によって、政府などもこれを

---

① ここでいう「動作主」はメタファー，メトニミーから拡張されたものなども含む。

とめるような指示をし、指導をしたにもかかわらず、行っ
ておるというような事実が明らかになりますというと、
そういう実際の<u>損害が生じ</u>、死亡等のことがありまして
も、相手国を納得せしめて、実際の損害を取るというよう
なことは、非常に困難になると私は言わざるを得ないと
思います。（『参議院第026回予算委員会』）

（18）a. 核防条約につきましては、すでに<u>署名を終わっておりま
す</u>。（『衆議院第072回予算委員会』）

　　b. 私、今日、カナダ・オタワに参りまして、この条約に署名
することとなりました。しかし、<u>署名が終わった</u>からす
べてが終わるというものではありません。（『参議院第141
回本会議』）①

（15）～（18）における「わかる」「変わる」「生じる」「終わる」は，（9）～
（14）と異なり，元々は非対格自動詞であったが，そのうち，他動詞の
用法が生じてきたものである。つまり，他動詞の用法はこの類型の
動詞が本来もつ統語的ルールに基づくものではないため，違和感を
覚えたり，不自然と感じたりすることもある。統語的にも意味的に
も「わかる」「変わる」と「生じる」「終わる」とは幾分異なるところが
あるが，項の増減がほとんど見られないのはこの類型の動詞の特徴
であろう②。ここでは，詳細の論証を他稿に譲り，これらの動詞を同
じ類型の動詞と見なすこととする。

　要するに，「を」と「が」の交替が見られる自他両用動詞は，Ⅰ型動

---

① 「しかるに、法律成立以前の今日、その審議が本日本院で始まったばかりの今日、すで
に法律定員二千九百四十名中<u>二千六百人が移駐を終わり</u>、F104J二十五機のうち二
十一機が配備され、本年一月からはすでに米空軍から防空警戒体制アラートの任務
の完全に肩がわりを行ない、さらにレーダーサイト、ナイキ部隊の引き継ぎも完了を
しているのであります。（『参議院第071回本会議』）」と「農村工業導入促進法に基づく
ものは、現在、実施計画を策定しておりますが、これを、府県では二十六、市町村では
<u>百十二が</u>ようやく<u>計画の策定が終わった</u>ということでございますので、四十七年度
はこの実施計画に基づきまして企業立地を推進しようということでございます。
（『参議院第068回予算委員会』）」のように主語を伴う用例もあるので、非常に示唆的
な内容であるが、紙幅のためここでは深入りはしないこととする。
② 『日本語基本動詞用例辞典』に収録された728項の動詞を調べた結果、「を」でマークで
きる非対格自動詞とされる動詞には「わかる」「終わる」「変わる」なども見られる。

詞とⅡ型動詞に分けられる。

①Ⅰ型動詞とは,「閉じる」「ひらく」のように,「を」と「が」の交替によって,項の増減を伴う自他交替の動詞のことである。Ⅰ型動詞は,他動詞として使われる場合は,「NP₁がNP₂をV」[①]という構造をとり,非対格自動詞として使われる場合は,「NP₂がV」という構造を用いる。つまり,他動詞として用いられる場合は,動作主主語と対象目的語の共起が求められるのに対し,非対格自動詞として使われる場合は,動作主主語が不要となり,対象主語のみの共起が求められるのである。

②Ⅱ型動詞とは,「分かる」「変わる」のように,「を」と「が」の交替に項の増減を伴わず,元々非対格自動詞であったが,そのうち非対格自動詞から他動詞の用法が生じてきた動詞のことである。

## 3 「NPがV」と「NPをV」の選択条件

### 3.1 Ⅰ型動詞における「NPがV」と「NPをV」の選択条件

まずは次の(19)と(20)を見てみよう。

(19)a. 俺はゆっくりとドアを開いて、中をのぞき込んだ。(景山民夫『俺とボビー・マギー』)

 b. 不安なまま、一時間ばかり待たされていると、待合室のドアが開いて、白衣を着た三十五、六歳の医師が入ってきた。(大森実『わが闘争わが闘病』)

(20)a. このほかにもオートキャンプ場を経営する、自宅で塾を開く、パン屋を開店するなど、田舎で始められる商売はたくさんある。(山本一典『失敗しない田舎暮らし入門』)

 b. お魚って言えば、最近、"松寿司"って小ぎれいな寿司屋が開店したじゃない。(船瀬俊介『ほのぼの奥さんかしこい暮らし』)

(19)aの「開く」と(20)aの「開店する」は他動詞の用法であり、(19)b

---

① 「NPがV」「NPをV」における「V」は動詞と組み合わさる拘束形態素のことも含む。例えば、「ご飯を食べてしまった」における「食べてしまった」は「V」で表記する。

の「開く」と（20）bの「開店する」は非対格自動詞の用法である。他動詞として使うか非対格自動詞として使うかは，表現意図にかかわる。外的要因によってその動作・行為が対象に働きかけるということを表現するなら，他動詞として使い，文にはその動作・行為をもたらす外因を表す主語が必要である。その主語になり得る成分は，おおよそ2種類ある。一つは，動作主，もう一つは，誘因である。（21）aは，主語にたつものが誘因を表すものである。

  （21）a. <u>風</u>はセイルの周りで激しく<u>渦を巻いた</u>。（篠崎砂美『魔封の
    大地アンクローゼ』）
    b. やがて瀬戸に<u>大渦が巻く</u>。（山田風太郎『外道忍法帖』）

動作主主語であれ，誘因主語であれ，対象に働きかけることに何ら変化がないため，動詞は他動詞として扱うことになる。それに対し，外的要因によって動作・行為が対象に働きかけることを表現するのではなく，結果・状態に焦点を当てるなら，動作主主語は不要となり，動詞を非対格自動詞として扱い，文には，動作主主語や誘因主語の共起が求められず，対象は主語として求められることになる。（19）b，（20）b，（21）bはその用法である。（19）b，（20）b，（21）bにおいて，最大の関心事は誰かまたは何かが何を行うかまたは行ったかではなく，どのような結果・状態（過去，現在，未来の結果・状態を含む）になるかということである。

  要するに，Ⅰ型動詞における「NPがV」と「NPをV」の選択条件は，次のように考えられる。

  ①外的要因によって動作・行為が対象に働きかけることを表現
   するなら，動作主主語あるいは誘因主語の共起及び動作・行為
   が働きかける対象目的語の共起を求めなければならないこと
   により，「NPをV」が選択されることになる。

  ②外的要因によって動作・行為が対象に働きかけることを表現
   するのではなく，ただ結果・状態に焦点を当て表現するなら，
   動作主主語あるいは誘因主語の共起と動作・行為が働きかけ
   る対象目的語の共起が不要となり，結果・状態の対象が主語と
   なるため，「NPがV」を選択することになる。

### 3.2 Ⅱ型動詞における「NPがV」と「NPをV」の選択条件

　次にⅡ型動詞における「NPがV」と「NPをV」の選択条件を見ていきたい。Ⅱ型動詞における「NPがV」と「NPをV」の選択条件に関する先行研究は木村（1996），坂田（2004），于（2017，2018）などが挙げられる。

　木村（1996：547）は「分かる」という動詞を取り上げ，「NPが分かる」と「NPを分かる」について，「『字が間違っている』という場合には、認識の主体がだれであるかを問題にしないが、『分かる』という場合には、明示するかしないかは別として、認識主体が意識されるのが普通である。つまり、『～が分かる』も『～を分かる』も意味は同じであり、しかも対象を示すのに『が』を用いることが多い。『～を分かる』という用法は国定読本などに現れないところから見ると、本来自動詞であった言葉が、外国語との対応で他動詞であるかのように認識されはじめ、『を』が使われるようになったものである。」と述べられている。しかし，『YUKタグ付き中国語母語話者日本語学習者作文コーパス』Ver.10には（22）と（23）のような誤用例が見られる。

（22）実は、最初日本語にあんまり興味がありませんでした。でも、最近は自分の専攻の重要性〈を→が〉分かって、日本語への興味が育っています。（学部1年/学習歴1年/滞日0年）

（23）それで、今アニメが分かるようなったし、日本語を勉強する人の気持ち〈が→を〉よく分かります。（学部1年/学習歴1年/滞日0年）

（22）において，「重要性」が「を」でマークされたため，誤用と判断され，「が」に直されたのに対し，（23）では，「気持ち」が「が」でマークされたところ，誤用と判断され，「を」に直された例である。つまり，（22）において，「重要性」を「を」ではなく，「が」でマークするほうが自然とされ，（23）において，「気持ち」を「が」ではなく，「を」でマークするほうが自然とされたということである。上述のように，「NPが分かる」と「NPを分かる」の使用選択にあたり，使い分けがあると考えられる。坂田（2004）では，「NPを分かる」は意志的な意味を表す表現であると指摘されている。具体的には次のように説明されている。

①「分かる」という動詞は「かなり意志的」な場合がある。その場合の意志とは、「分かる」状態にたどり着こうと何かを試みようとする意志である。

②「を」という助詞は話し手の多感な心の動きを伝える役目をはたしていて「分かる」が意志的な意味を含む場合、その意志を表すのに、「を」は「を分かる」という形で「分かる」に結びつきやすい。

③「を」と「分かる」が結びつく場合、「私のことを分かってちょうだい」のように「が分かる」より自然な日本語として結びつくものと、「こどもの心を分かる」のように、話し手の強い意志を表すために、あえて持ち出された「を」がある。①

つまり，話し手が積極的に何かを試みようとする意志を表現するには「NPを分かる」が使用されやすく，特に，話し手の強い意志を表すために，あえて「NPを分かる」を使用するようになるとされている。しかし，「結びつきやすい」「あえて持ち出された」という表現から分かるように，「NPを分かる」は意志表現に使われやすいという一面があるものの，意志を表すために存在したものとは考えにくい。更に，「NPを分かる」という構造をとり，結果を表す用例もある。例えば，(24)と(25)のような例が挙げられる。

（24）しかし一歩外へ出れば、英語と違ってスペイン語をわかる人はきわめて少ない。（加藤周一『このくにの行方』）

（25）警察や検察は強制執行妨害の本質をわかっていない。（今西憲之『現代』）

(24)(25)において「わかる」と共起する対象「スペイン語」「本質」を「を」でマークしているが，「スペイン語をわかる」と「本質をわかる」は「人」や「検察」の意志性や意図性を表現するものとは考えにくい。つまり，意志を表すか否かという判断基準は「NPが分かる」と「NPを分かる」の使用選択に有効ではない。また，木村（1996）と坂田（2004）では「分かる」という一つの動詞を対象として，「NPが分かる」と「NPを分かる」の違いについて述べられているものの，Ⅱ型動詞のすべてに適用するのかについては述べられていない。一方，于

---

① 坂田（2004：132–133）による。

(2017,2018)においては主に「分かる」「終わる」などの動詞を中心として，「NPがV」と「NPをV」の選択条件について検討し，次のように指摘されている。

①「NPを非対格自動詞」という用法が現れてきたのは，意志表現のためではなく，視点つまり被写体の主役の位置を主語である「NPが」から外すためである。NPは「を」でマークすることによって，前景から背景に移し，行為が焦点となるのである。(于2017:26)

②非対格自動詞が目的語の共起を求める最大な動機は被動作主を動詞にくっついて，内項になるようにさせ，外項を構文により現れやすくさせるためである。(于 2018:35)

以上のように，「NPがV」という構造について，「が」は総記①の機能をはたして，「ほかではなく，NPが」Vという解釈ができる。一方，「NPをV」という構造において，総記の解釈が緩和され，対象を「を」でマークすることにより，前景化された対象が背景化されるようになる。また，内項（対象）が「を」でマークされると，外項は主語として現れてくるようになる。Ⅱ型動詞は項の増減が不要となるため，その外項は元々存在するか，または「NPをV」に含意されているかになっている。例えば，次の用例を見てみよう。

(26)a. 社員たちも私の気持ちがわかっているだけに、この話は当然、沙汰やみになった。いや、沙汰やみになったはずだった。(堀場雅夫『仕事ができる人できない人』)

  b. 親の扶養をめぐって揉めることはありえないという子の自信も、子供全員は自分の気持ちを分かってくれるはずという親の自信も時とともに揺らいできます。(渡辺康麿『自分を見つける心理分析』)

(27)a. 戦争が終わると、日本に代わって、南と北から、それぞれアメリカ軍とソ連軍が進駐し、北緯三十八度線を境に、南北

---

① 総記について、日本語文法学会（2014:359）では「『が』が、他の人や物ではなく、X（のみ）が……であるという意味を表す場合を『総記』(exhaustive listing)と言う」と述べられている。

　　　　　で別個の占領政策が進めた。（池田大作『新・人間革命』）
　　　b. 不幸にして日米が戦う場合に、早くこの<u>戦争を終わる</u>自
　　　　　信があるか。（黒羽清隆『日米開戦・破局への道』）
（26）において，対象である「気持ち」は「が」でマークされる（26）aで
あれ，「を」でマークされる（26）bであれ，外項が存在している。（26）a
の「気持ちがわかる」において，「気持ち」が前景化され，「ほかでもな
く，わたしの気持ち」であるという総記の解釈になりやすく，「気持
ち」に焦点が置かれていると考えられる。一方，（26）bの「気持ちを
分かる」において，「気持ち」は「を」でマークされることにより背景
化され，総記の解釈も緩和され，「分かる」という行為に焦点を当て
るようになる。（27）も同様に，「戦争が終わる」は戦争が終了したと
いう結果・状態に焦点を当てるということを意味し，「戦争」が「が」
でマークされることによって，前景化されるようになり，ほかでは
なく，戦争が終了したという総記の解釈ができる。「戦争を終わる」
は「戦争」が背景化され，総記の解釈も緩和される。また，「を」で
マークすることにより，対象が目的語となり，「終わる」という動作
を実施する動作主を含意する。
　　要するに，Ⅱ型動詞における「NPがV」と「NPをV」の選択条件は，
次のように考えられる。
　　①対象を前景化し，NPに焦点を当てるという総記表現が求めら
　　　れるなら，「NPがV」を選択することになる。
　　②対象を背景化し，動作・行為に焦点を当てるなら，「NPをV」を
　　　選択することになる。[①]

## 4　学習者の「NPが→NPを」と「NPを→NPが」の誤用のメカニズム

　　本節では，学習者の「NPが→NPを」と「NPを→NPが」の誤用のメカ
ニズムについて，Ⅰ型動詞とⅡ型動詞の捉え方を踏まえた上で考察

---

① 「に」と「を」の交替現象は確かにあった（高山　2016，2017，2018など）。今は「を」と
　「が」の交替現象は数が少ないであるが，将来的に増える可能性は十分考えられる。
　従って，より一般化できるようになると考えられる。

する。『YUKタグ付き中国語母語話者日本語学習者作文コーパス』Ver.10から抽出した「NPを」の6,171例の誤用例のうち，Ⅰ型動詞とⅡ型動詞に関する「NPが→NPを」と「NPを→NPが」の誤用は109例あり，それらは主に「ひらく」「間違う」「閉じる」「集中する」「増す」「発生する」「生じる」「実現する」「終わる」「分かる」といった動詞の誤用である。これらの動詞をⅠ型動詞とⅡ型動詞に分けるとすれば，次のようになる。

Ⅰ型動詞：ひらく，間違う，閉じる，集中する，増す，発生する，実現する

Ⅱ型動詞：生じる，終わる，分かる

続いては，Ⅰ型動詞とⅡ型動詞を分け，学習者の「NPが→NPを」と「NPを→NPが」の誤用のメカニズムについてみていくこととする。

## 4.1　Ⅰ型動詞の誤用のメカニズムについて

Ⅰ型動詞に関しては，次のような誤用例が観察された。

（28）次に、大好きな車を買いに行きます。残りの金は少なくなりますが、自分のケーキ店〈が→を〉開きたいです。（学部1年/学習歴1年/滞日0年）

（29）まだ大人にならない中、結婚して、子供を産むのは、まるで春の時点で秋の事をやることだと言えるだろう。時〈が→を〉間違っていい成果を収められないことに違いはないだろう。（学部3年/学習歴2年半/滞日0年）

（30）申し込みはできましたが、専攻〈が→を〉間違ってしまいました。ネットで既に提出済みなので、修正することもできなかったのです。（M3/学習歴7年/滞日2年）

（31）さらに、数日前の面接試験中に、教室に入る前、ドア〈が→を〉閉じた後、座る前、面接を終わったあと、すべての過程でお辞儀をすることが必要である。（学部3年/学習歴2.5年/滞日0年）

（32）首都圏には人、物、情報、資金などの資源〈を→が〉集中し、一旦大災害が起これば、その影響はすぐに全国に広がります。（M1/学習歴4年/滞日0年）

（33）それに、言語表現の難しさや複雑性〈を→が〉増すため、日本語を学ぶ外国人や日本人自身も迷惑を与える。（学部4年/学習歴3年半/滞日0年）

（34）どうにかしてこんな事件〈を→が〉二度と発生しないよう、これは通販サイトにとって今から考えなければいけない問題だと思う。（M1/学習歴5年/滞日1年）

（35）だから、いじめ問題について、いじめを防止する防止し、いじめの原因を分析し、いじめ〈を→が〉発生したあとの対策はいずれも大事な事である。（学部生4年/学習歴3年半/滞日0年）

（36）ですから、以上のこと〈を→が〉発生したとき、皆の感覚は幸せではなくて、ただ楽しさですよね。（学部2年/学習歴2年/滞日0年）

（37）女子学生に対する教育を変更し、「家庭科の女子のみ必修は廃止し、男女共修に切り替える」という教育平等〈を→が〉実現した。（学部4年/学習歴3.5年/滞日1年）

（38）それで私は教師という職業に憧れている。本当に教師になれると自分の夢〈を→が〉実現するのである。（大学日本語専攻生八級能力試験）

（39）以上の人生設計〈を→が〉実現すると、私は公務員になった時、必ず自分を公僕として、民衆を「主人」として対応する。（大学日本語専攻生八級能力試験）

（40）もし100万元が当たったら、私はたくさんの夢〈が→を〉実現することができます。（学部1年/学習歴1年/滞日0年）

（41）実現するまでに、いろいろな努力を払うことは必要です。そして、ある重要なものを失ってまで夢〈が→を〉実現しようとするかもしれません。（学部2年/学習歴1年3ヶ月/滞日0年）

（28）～（41）の誤用例は3パターンに分けられる。

まずは（28）～（31）の誤用例である。（28）～（31）の「ひらく」「間違う」「閉じる」の誤用は何れも「NPが→NPを」の誤用である。実際，「ひらく」「間違う」「閉じる」という三つの動詞に関して，『YUKタグ付き中国語母語話者日本語学習者作文コーパス』Ver.10からは「NPが→NPを」の誤用しか観察されず，「NPを→NPが」の誤用は見られな

かった。つまり、第1パターンは「ひらく」「間違う」「閉じる」のように「NPが→NPを」の誤用のみ見られるものである。

続いては、(32)～(36)の誤用例である。(32)～(36)の「集中する」「増す」「発生する」の誤用は何れも「NPを→NPが」の誤用である。「集中する」「増す」「発生する」に関して、『YUKタグ付き中国語母語話者日本語学習者作文コーパス』Ver.10からは「NPを→NPが」の誤用しか観察されず、「NPが→NPを」の誤用は観察されなかった。つまり、第2パターンは「集中する」「増す」「発生する」のように「NPを→NPが」の誤用のみ見られるものである。

最後に(37)～(41)の誤用例である。(37)～(41)は「実現する」の誤用例である。そのうち、(37)～(39)は「NPを→NPが」の誤用であり、(40)と(41)は「NPが→NPを」の誤用である。つまり、第3パターンは「実現する」のように「NPが→NPを」「NPを→NPが」の両方の誤用が見られるものである。

第1パターンの「ひらく」「間違う」「閉じる」の場合、「NPが→NPを」という誤用のみが確認されたということは「ひらく」「間違う」「閉じる」を他動詞として捉えるべきところを、学習者が非対格自動詞として捉える傾向があるということであろう。第2パターンの「集中する」「増す」「発生する」の場合、「NPを→NPが」という誤用のみが確認されたということは、「集中する」「増す」「発生する」を非対格自動詞として捉えるべきところを、学習者が間違って他動詞として捉える傾向があるということであろう。さらに、第3パターンの「実現する」の場合、「NPが→NPを」「NPを→NPが」との両方の誤用が確認されたということは、学習者が「実現する」を他動詞として使うべきか、非対格自動詞として使うべきかについて混乱していることを物語っている。それらの誤用メカニズムを探るために、中国の大学の日本語学科で使用される教科書を調べた結果、学習者はこの七つのⅠ型動詞のほとんどを自他両用動詞として学んでいることが分かった。詳細は次の表1になる。

表1　教材における学習者が誤用するⅠ型動詞の類型

| 動詞 | 『新大学日本語』 | 『新編日語』 | 『総合日語教程』 |
|---|---|---|---|
| ひらく | 自他 | 自他 | 他 |
| 間違う | 自他 | 自他 | ― |
| 閉じる | ― | ― | ― |
| 集中する | ― | 自他 | 自他 |
| 増す | ― | 自他 | 自他 |
| 発生する | 自他 | ― | 自 |
| 実現する | 自他 | 自他 | 自 |

　表1で示したように，自動詞か他動詞か自他兼用動詞のどれに分類すべきかに関しては，教科書においては，統一した見解が存在しないことが分かる。とはいえ，『総合日語教程』以外に，『新大学日本語』と『新編日語』に収録されたものは何れも自他両用動詞とされている。学習者が教科書通りに勉強するとすれば，これらのⅠ型動詞が自動詞用法と他動詞用法との両方を持っていることを理解しているはずである。しかし，実際には，学習者はⅠ型動詞を教科書通りに理解する可能性があるが，そうでない場合もあると考えられる。以上の誤用例と教科書の説明を踏まえ，学習者が「NPが→NPを」「NPを→NPが」の誤用を引き起こした原因について，以下の二つがあると考えられる。

　一つは，学習者はⅠ型動詞を自他両用動詞ではなく，自動詞あるいは他動詞であると理解したからである。教科書の多くは対象を「が」でマークするか，「を」でマークするかを自動詞か他動詞かに区別するための基準にしている。教科書のこの説明に従って，学習者がⅠ型動詞を自動詞として捉える場合，他動詞用法を用いるべきところでも，対象を「が」でマークしてしまい，「NPが→NPを」の誤用を引き起こすということになる。それに対して，学習者がⅠ型動詞を他動詞として捉える場合，自動詞用法を用いるべきところでも，対象を「を」でマークしてしまい，「NPを→NPが」の誤用を引き起こす

ということになる。

　もう一つは,学習者はⅠ型動詞を自他両用動詞として理解していたが,教科書に自動詞用法と他動詞用法の区別の基準が記載されていないため,どのような条件なら自動詞として使うか,どのような条件なら他動詞として使うかについて明確な基準を理解していないからである。つまり,学習者はⅠ型動詞を自動詞として使う条件と他動詞として使う条件を理解していないため,「NPが→NPを」「NPを→NPが」のような誤用を引き起こしたのである。

(42)さらに、数日前の面接試験中に、教室に入る前、ドア〈が→を〉閉じた後、座る前、すべての過程でお辞儀をすることが必要である。(学部3年/学習歴2.5年/滞日0年)((31)の再掲)

(43)まだ大人にならない中、結婚して、子供を産むのは、まるで春の時点で秋の事をやることだと言えるだろう。時〈が→を〉間違っていい成果を収められないことに違いはないだろう。
(学部3年/学習歴2年半/滞日0年)((29)の再掲)

(42)と(43)の「閉じる」と「間違う」について,『YUKタグ付き中国語母語話者日本語学習者作文コーパス』Ver.10に「NPが→NPを」のみの誤用が確認されたということは,学習者が「閉じる」「間違う」を自他両用動詞ではなく,自動詞であると理解されたからではないかと考えられる。「ドアが閉じた」はドアが閉まった状態になったという結果・状態に焦点を当てる表現であるが,「ドアを閉じる」は外的要因によって動作・行為がドアに働きかけ,ドアが閉まった状態になったという表現である。(42)において,面接者はドアを閉め,お辞儀をするという動作主の動作を表現するため,「閉じる」を他動詞として捉え,「ドアを閉じる」を用いるほうが自然であろう。しかし,学習者は「閉じる」を自動詞として理解してしまい,「が」で対象をマークしてしまったため,誤用と判断されたのである。(43)も同様である。(43)は結果・状態ではなく,その結果・状態をもたらす外的要因に焦点を当てるべく,「間違う」を他動詞として捉えなければならないが,学習者はそれを自動詞として理解してしまい,対象を「が」でマークしてしまったため,誤用になったのである。

(44)首都圏には人、物、情報、資金などの資源〈を→が〉集中し、一

旦大災害が起これば、その影響はすぐに全国に広がります。（M1/学習歴4年/滞日0年）（（32）の再掲）

（45）どうにかしてこんな事件〈を→が〉二度と発生しないよう、これは通販サイトにとって今から考えなければいけない問題だと思う。（M1/学習歴5年/滞日1年）（（34）の再掲）

（44）と（45）の「集中する」と「発生する」について、『YUKタグ付き中国語母語話者日本語学習者作文コーパス』Ver.10に「NPを→NPが」のみの誤用が確認されたということは、学習者が「集中する」「発生する」を自他両用動詞ではなく、他動詞として理解したからではないかと考えられる。しかし、「集中する」は「資源が集中する」と「資源を集中する」のように自動詞でもあり、他動詞でもあるにもかかわらず、（44）の場合は、「資源が集中する」の方が自然なのは、動作主の動作・行為に焦点を当てるよりは、事柄の結果・状態に焦点を当てることになっているためである。（45）も同様である。事件を引き起こした動作主に焦点が当てられているのではなく、その事件という事柄に焦点が当てられているため、「事件を発生した」より、「事件が発生した」の方が自然な表現となる。従って、（44）と（45）は何れも非対格自動詞として捉えなければならないということになる。しかし、学習者はそれを理解せず、「集中する」「発生する」を他動詞として理解してしまい、対象を「を」でマークしてしまったため、誤用になったのである。

（46）a. そして、ある重要なものを失ってまで夢〈が→を〉実現しようとするかもしれません。（学部2年/学習歴1年3ヶ月/滞日0年）（（41）の再掲）

b. 女子学生に対する教育を変更し、「家庭科の女子のみ必修は廃止し、男女共修に切り替える」という教育平等〈を→が〉実現した。（学部4年/学習歴3.5年/滞日1年）（（37）の再掲）

「実現する」という動詞に関して、「NPが→NPを」と「NPを→NPが」の両方とも確認されたため、学習者は教科書の通り「実現する」を自他両用動詞として理解していると考えられる。対象に働きかける動作・行為に焦点を当てるなら、動詞を他動詞として捉え、対象は

「を」でマークしなければならないのに対し，動作・行為ではなく，対象に焦点を当てるなら，動詞を自動詞として捉え，対象は「が」でマークしなければならない。学習者は，こういった自動詞用法と他動詞用法との区別を理解できていないため，誤用を引き起こしたと考えられる。

　要するに，学習者のⅠ型動詞における誤用は二つのパターンに分けられる。一つは，学習者はⅠ型動詞を自他両用動詞ではなく，自動詞あるいは他動詞として理解してしまい，他動詞用法または自動詞用法の理解が欠けているために，誤用を起こした，というパターンである。もう一つは，学習者は教科書に記載されている通りⅠ型動詞を自他両用動詞として理解していたが，どのような条件なら他動詞として捉えるべきか，どのような条件なら自動詞として捉えるべきかを理解できていないため，誤用を起こした，というパターンである。

## 4.2　Ⅱ型動詞の誤用のメカニズムについて

　Ⅱ型動詞の誤用に関しては，次のような誤用例が観察された。

（47）中学校の時、わかってもわからなくても、この歌を聴きながら川の向こうを眺めて、無性にノスタルジア〈が→を〉生じて、「私もいつかここを出るね……」って、すこし寂しくなった。(M1/学習歴5年/滞日1年)

（48）商品の場合、相手は大学や、プロの先生なので、ある質問にまったく回答できず、大学や、プロの先生の不信感〈を→が〉生じる。(会社員/学習歴26年/滞日5年)

（49）だから、この選別の受容及び本土文化との結合こそ相違点〈を→が〉生じる原因だと言えよう。(M3/学習歴6年か6年以上/滞日0年)

（50）仏教とか、神とか信じていないからだ。でも、せっかくなので、全部見た。一つの疑問〈を→が〉生じた。(M1/学習歴5年/滞日0年)

（51）きっと美しい思い出ですが、心の中は些細な悲しさがあります。大学生活〈が→を〉このまま終わりたくなくて、みんなと

の物語をずっと続けていきたいです。（学部4年/学習歴4年/滞日0年）

（52）<u>文化大革命〈を→が〉終わった後</u>、鄧さんは中国の人民を率いて思想を解放した。（学部生3年/学習歴3年/滞日0年）

（53）小さい頃、毎日、<u>授業〈を→が〉終わったら</u>、家に帰る途中、水がきれいな小川で遊んだ思い出は今の子どもたちは、無理なことです。（学部2年/学習歴1年/滞日0年）

（54）はずかしいことに、もうはたちすぎで、そろそろ<u>大学生活〈を→が〉終わろうとする</u>四年生になってはじめて、自分の人生設計を本気で考えはじめた。（大学日本語専攻生八級能力試験）

（55）もしあの時、私がもっと勇気を出していたなら、結末は違っただろうか、もしあの時私の<u>気持ち〈が→を〉分かってくれて</u>いたなら、思い出はちがっただろうか。（学部2年/学習歴1.5年/滞日0年）

（56）すなわち、日本人は何も言わずに、目くばせだけして、相手が自分の<u>意思〈が→を〉分かってくれる</u>のが最もよいと思っている。（学部4年/学習歴3年半/滞日0年）

（57）それで、今アニメが分かるようになったし、日本語を勉強する人の<u>気持ち〈が→を〉よく分かります</u>。（学部1年/学習歴1年/滞日0年）

（58）実は、最初日本語にあんまり興味がありませんでした。でも、最近は自分の専攻の<u>重要性〈を→が〉わかって</u>、日本語への興味が育っています。（学部2年/学習歴1.5年/滞日歴0年）

（59）しかし、先生は転職されるということになる<u>こと〈を→が〉分かった</u>。（M1/学習歴4年/滞日0年）

（60）これも現場の通訳者に多くの迷惑をかけてきた。実際、在席の日本人さえもそのいろいろな<u>外来語〈を→が〉分からなかった</u>。（M1/学習歴4年/滞日0年）

（47）～（50）は「生じる」の誤用例であり、（51）～（54）は「終わる」の誤用例であり、（55）～（60）は「分かる」の誤用例である。（47）～（60）の用例から分かるように、「生じる」「終わる」「分かる」は「NPが→NP

を」と「NPを→NPが」の何れのパターンにおいても誤用が見られる。しかし，中国の大学の日本語学科で使用される教科書を調べた結果，学習者はこの三つのⅡ型動詞のほとんどを自動詞として学んでいることが分かった。詳細は次の表2になる。

表2　教材における学習者が誤用するⅡ型動詞の類型

| 動詞 | 『新大学日本語』 | 『新編日語』 | 『総合日語教程』 |
|---|---|---|---|
| 生じる | 自 | 自 | 自他 |
| 終わる | 自 | 自 | 自 |
| 分かる | 自 | 自 | 自 |

　Ⅰ型動詞と異なり，学習者はⅡ型動詞を自動詞として学んできたということは，Ⅰ型動詞における「が」と「を」の誤用はⅡ型動詞における「が」と「を」の誤用とは根本的に異なることになる。上述のように，Ⅰ型動詞は自他両用動詞として学んできて，自動詞用法と他動詞用法を兼ねているということについての認識不足，または自動詞用法と他動詞用法との区別の理解不足であるのに対し，Ⅱ型動詞は自動詞として学んできたため，自動詞用法と他動詞用法を兼ねていることの認識不足や自動詞と他動詞の用法が区別できず，それが原因で誤用を起こしたとは考えにくい。従って，学習者が教科書に記載される通りⅡ型動詞を自動詞であると理解したとすれば，「NPを→NPが」の誤用が起こらないはずである。しかし，『YUKタグ付き中国語母語話者日本語学習者作文コーパス』Ver.10からは，「NPを→NPが」の誤用が観察されただけではなく，「NPが→NPを」の誤用と比べると，「NPを→NPが」の誤用のほうが多く観察された。以上の誤用例と教科書の説明を踏まえ，学習者がⅡ型動詞における「が」と「を」の誤用を起こした原因は以下の二つが考えられる。一つは，学習者は「生じる」「終わる」「分かる」という三つのⅡ型動詞が自動詞であるという教科書に記載される情報ではなく，恣意的に動詞の類型を解釈してしまうことに起因するものである。もう一つは，学習者はⅡ型動詞と共起する対象を「が」と「を」の両方でマークできることはどこかで学習したが，「NPがV」と「NPをV」の違いは理解でき

ていないことに起因するものである。この二つの原因から見ると，Ⅱ型動詞の場合，学習者が「が」と「を」の誤用を引き起したのは，「NPがV」と「NPをV」の違いを理解されていないからであるといえよう。

    (61)a. 中学校の時、わかってもわからなくても、この歌を聴きながら川の向こうを眺めて、無性にノスタルジア〈が→を〉生じて、「私もいつかここを出るね……」って、すこし寂しくなった。(M1/学習歴5年/滞日1年)((47)の再掲)

       b. 仏教とか、神とか信じていないからだ。でも、せっかくなので、全部見た。一つの疑問〈を→が〉生じた。(M1/学習歴5年/滞日0年)((50)の再掲)

    (62)a. もしあの時、私がもっと勇気を出していたなら、結末は違っただろうか、もしあの時私の気持ち〈が→を〉わかってくれていたなら、思い出はちがっただろうか……(学部2年/学習歴1.5年/滞日0年)((55)の再掲)

       b. 実は、最初日本語にあんまり興味がありませんでした。でも、最近は自分の専攻の重要性〈を→が〉わかって、日本語への興味が育っています。(学部2年/学習歴1.5年/滞日歴0年)((58)の再掲)

(61)aにおいて、「ノスタルジアを生じて」のほうが自然なのは，対象を背景化し，動作・行為に焦点を当てるためである。(61)bにおいて，「疑問を生じた」のほうが自然なのは，動作・行為ではなく，対象を前景化し，それに焦点を当てるためである。(62)も同様である。つまり，対象を前景化し，NPに焦点を当てるなら，対象を「が」でマークしなければならないのに対し，対象を背景化し，動作・行為に焦点を当てるなら，対象を「を」でマークしなければならないということである。

    要するに，Ⅱ型動詞の場合，教科書には自動詞であると記載されてはいるが，学習者はⅡ型動詞と共起する対象を，「が」と「を」で恣意的にマークしているか，または「が」でも「を」でもマークすることができるということを認識しているようである。

## 5 おわりに

　本稿では主に学習者の「が」と「を」の誤用を手掛かりとして,対象の格マーカーにおける「が」と「を」の選択条件および学習者の誤用のメカニズムについて検討してきた。その結果,以下の3点が明らかになった。

　①「が」と「を」の両方で対象をマークできる動詞は,Ⅰ型動詞とⅡ型動詞に2分類できる。

　②Ⅰ型動詞の場合,外的要因によって対象に働きかける動作・行為に焦点を当てるなら,他動詞として捉え,対象を「を」でマークしなければならないが,結果・状態に焦点を当てるなら,自動詞として捉え,対象を「が」でマークしなければならない。Ⅱ型動詞の場合,対象を前景化し,NPに焦点を当てるなら,「NPがV」を選択し,対象を背景化し,動作・行為に焦点を当てるなら,「NPをV」を選択することになる。

　③Ⅰ型動詞の場合,教科書には自他両用動詞であると記載されているが,学習者はそれを自動詞あるいは他動詞として理解してしまい,または自他両用動詞として認識しているが,自動詞用法と他動詞用法との区別を理解できていないため,誤用を引き起こしたと考えられる。Ⅱ型動詞の場合、教科書には自動詞であると記載されているが、学習者はⅡ型動詞と共起する対象を「が」と「を」で恣意的にマークしているか、または「が」でも「を」でもマークすることができると認識していると考えられる。

　自他両用動詞を他動詞として捉える場合,対象は「を」でマークされ,「目的語」とされるが,非対格自動詞として捉える場合,対象は「が」でマークされ,「主語」とされる。Ⅰ型動詞は,自他の交替をするものであり,Ⅱ型動詞は,必須項の数は同じであるが,対象を表す名詞を「を」と「が」の両方でマークすることができるものである。自他両用動詞や能格動詞について,その定義や分類,判断の基準,統語的振る舞いは研究者によって見解が分かれている。しかし,以上の研究からも分かるように,この問題はこれからの研究において非常に重要な内容であると考えられ,丁寧に掘り下げる必要がある。

これを今後の課題としたい。

## 参考文献

大连外国语学院日本语学院,2007. 新大学日本语(第1—4册)[M]. 2版. 大连: 大连理工大学出版社.

彭广陆,守屋三千代,郭胜华,等,2004. 综合日语(第1—4册)[M]. 北京:北京大 学出版社.

于康,2018. 不及物动词的作格化与及物化[J]. 东北亚外语研究(2):32-38.

张佩霞,2017.「そろそろ大学生活を終わろうとする四年生になってはじめて, 自分の人生設計を本気で考えはじめた。」错在哪里?[M]//于一乐,苞山武义, 徐卫,等. 日语格助词的偏误研究(上). 杭州:浙江工商大学出版社:50-52.

周平,陈小芬,2008. 新编日语(第1—4册)[M]. 上海:上海外语教育出版社.

于康,2012.「NPを実現する」と「NPが実現する」から見る動作主の意志性の関 与[J]. 北研学刊(8):52-60.

于康,2017. 自動詞の能格化現象と視点の移動[J]. 北研学刊(13):18-28.

王亜新,2007. 対象を表す「が」と「を」の意味役割と機能[J]. 東洋大学人間科学 総合研究所紀要(7):195-208.

影山太郎,1996. 動詞意味論—言語と認知の接点—[M]. 東京:くろしお出版.

影山太郎,2001. 日英対照 動詞の意味と構文[M]. 東京:大修館書店.

木村睦子,1996. 自他両用動詞の実態[M]//山口明穂教授還暦記念会. 国語学論 集:山口秋穂教授還暦記念. 東京:明治書院:540-562.

小泉保,船城道雄,仁田義雄,他,1989. 日本語基本動詞用法辞典[M]. 東京:大 修館書店.

坂田晶子,2004.「私のことをわかって」か「私のことがわかって」か—自動詞・ 無意志動詞「わかる」についての用例による一考察—[J]. 東京経営短期大学 紀要(12):125-135.

高山弘子,2016.〈対象〉を表す「に」「を」交替の傾向性とパターン[J]. 言語コ ミュニケーション文化(13):49-63.

高山弘子,2017. 使役性を持たない心理動詞における「に」「を」交替[J]. 言語コ ミュニケーション文化(14):79-96.

高山弘子,2018.〈勝敗の対象〉を表す「に」「を」交替の条件とメカニズム[J]. 言 語コミュニケーション文化(15):47-62.

日本語文法学会,2014. 日本語文法事典[M]. 東京:大修館書店.

## 从「NPが→NPを」和「NPを→NPが」的偏误看学习者对
## "宾语"和"主语"的理解方式

李坤(关西学院大学大学院)

**摘　要**　该文以学习者「NPが→NPを」和「NPを→NPが」的偏误为线索,考察了对象与格助词「を」和「が」的共起条件及学习者的误用机制。结果表明:①对象能用格助词「を」和「が」来标记的动词可以分为Ⅰ型动词和Ⅱ型动词两类。②Ⅰ型动词,当对象受外部主要因素作用,焦点在动作·行为上时,对象用「を」来标记;当焦点在结果·状态上时,对象用「が」来标记。Ⅱ型动词,当对象前景化、焦点在NP上时,选用「NPがV」;当对象背景化、焦点在动作·行为上时,选用「NPをV」。③教材中Ⅰ型动词是自他两用动词,由于学习者没有认识到Ⅰ型动词是自他两用动词,或者不理解Ⅰ型动词作为他动词和自动词使用时的区别,因而出现了误用。教材中Ⅱ型动词是自动词,由于学习者在实际使用过程中不清楚「NPがV」和「NPをV」的差异,因此产生了误用。

**关键词**　偏误,Ⅰ型动词,Ⅱ型动词,主语,宾语

# 「NP₁は[NP₂は＋NP₃が＋X]とV」における 「は」と「が」の誤用に関する一考察

肥田栞奈(関西学院大学大学院)

要　旨　本研究では,「NP₁は[NP₂は＋NP₃が＋X]とV」の構文を対象に,次の3点を明らかにすることを目的として考察を行ってきた。まず,引用節内「NP₂は＋NP₃が＋X」について,誤用パターンとそれぞれのパターンにおける誤用出現率を明らかにする。次に,「NP₁は[NP₂は＋NP₃が＋X]とV」構文における「NP₁」と「NP₂」の関係性を明らかにする。最後に,「NP₁は[NP₂は＋NP₃が＋X]とV」構文における「は」と「が」の誤用メカニズムについて考察を行う。その結果,次のようなことが明らかになった。

①a.「NP₂は＋NP₃が＋X」の誤用パターン:「象は鼻が長い型」「2主語型」「受身型」。

　b. 誤用の出現率は「2主語型」「受身型」「象は鼻が長い型」の順に減っていく。

②「NP₁は[NP₂は＋NP₃が＋X]とV」構文における「NP₁」と「NP₂」は別の構文における主語(あるいは主題)であるため,次元が異なる。

③a.「2主語型」:最初に学習した「～は～が……」構文の束縛性から解放されず過剰般化を起こした結果,文の主語を「が」でマークしてしまうということになった。

  b. 「象は鼻が長い型」:「NP₂は＋NP₃が＋X」を「象は鼻が長い」型構文として捉える意識が薄く,2主語構文と同様に,NP₁の「は」に引きずられてNP₂のマーカーとして「が」が優先的に選択されてしまうという「〜は〜が……」構文の過剰般化に束縛され,「が」を選択したことにより誤用となった。

  c. 「受身型」:誤用メカニズムとしては二つの可能性が考えられる。前文脈における「NPは」の影響で「が」が選択された可能性と,受身文の「NがVれる/られる」の制約に基づき,「が」が選択された可能性である。ただし,これについてはあくまで推測の範囲に留まり,さらなる研究が必要である。

キーワード 引用節,「は」,「が」,誤用,構文

# 1　問題提起と研究目的

 「は」と「が」に関しては主語や主題,叙述文や判断文,談話における制約性などといった様々な観点から,これまで多くの研究が行われてきた(三上 1953,1960;久野 1973;柴谷 1978;野田 1996;仁田 1997;尾上 2001;森田 2002;など)。それらの研究の多くは,「は」のみ,あるいは「が」のみに焦点を当てた研究であり,「は」と「が」の両方が含まれる文についてはまだまだ少ないが,全くないわけではない。例えば,三上(1960)をはじめに,「は」と「が」の両方が含まれる文の研究も行われている。森田(1971)では,現象文と判断文という観点から「〜ハ〜ガP文型」としてその成立条件や7種類の文型について説明が詳細に述べられている。また,野田(1996)においても,「『〜は〜が……』構文」の成立条件について詳しく述べられており,さらに下位分類として全6種類の文型が挙げられ,説明がなされている。このように,文型,あるいは構文という観点から,「は」と「が」の問題に対してアプローチした研究は存在していることがわかる。

 しかしながら,日本語教育の現場において用いられているテキス

ト①では，「は」や「が」単独の意味や用法に関しては説明が行われているものの，構文的な観点からの説明は，形容詞述語文における「NPはNPがAP」構文だけに留まっている。つまり，教育現場において，少なくとも教科書では単独の「は」や「が」の教育は行われているものの，構文的な観点からの教育はあまり行われていないのが現状であろう。単独の「は」や「が」の説明のみで，学習者が「は」と「が」の用法について完全に理解することが可能であるならば，教育内容としては十分であるということになるが，現実はそうではないようである。例えば，『YUKタグ付き中国語母語話者日本語学習者作文コーパス』②Ver.10において次のような誤用が散見される。

(1)夏〈○→は〉気温が高くて、暑いです。（学部1年生/学習歴1年）

(2)生活〈が→は〉勉強〈は→が〉主なやることです。（学部1年生/学習歴1年）

(3)本稿は日本人〈は→が〉多く曖昧表現を使う原因を分析し、その原因を明らかにしたい。（日本語教員/学習歴20年）

(1)は形容詞述語文（AP），(2)は名詞述語文（NPだ），(3)は動詞述語文（VP)における「～は～が……」構文の誤用である。本研究で対象となったデータにおいて，APが191例，「NPだ」が202例，VPが490例見られた。このように「～は～が……」構文の誤用は『YUKタグ付き中国語母語話者日本語学習者作文コーパス』Ver.10のみでも全833例抽出され，「は」と「が」の誤用が散見されると同時に，構文的な誤用がかなり多く見られるといえよう。以上で述べてきたように，学習者の誤用が多く見られるということは，言い換えれば，学習者の理解が得られていないということである。

なぜ「は」と「が」の構文的指導が教科書において取り入れられていないのか。ここで考えられる原因としては，研究成果が教育現場に活かされていないということが挙げられる。改めてこれまでの研究を振り返ってみると，次のようなことがわかる。そもそも一つ

① スリーエーネットワーク『みんなの日本語』参照。
②『YUKタグ付き中国語母語話者日本語学習者作文コーパス』とは，関西学院大学の于康氏が作成した中国語母語話者に限定する日本語学習者の誤用コーパスである。

の構文に焦点を当て，単独の事象における条件を示したものが多い。また，森田（1971）や野田（1996）などのように，「は」と「が」の選択条件は提示されているものの，見解が必ずしも一致しない。つまり，「は」と「が」の説明について，研究者の間でも揺れているのである。従って，教育現場に採用できるような一般化のできる研究はまだ少ないというのが現状であろう。そこで，教育現場に直結する形での研究を行うためには，どのような観点からの研究が必要なのかについて考えると，学習者の誤用という観点が見出される。

誤用の観点からの「は」と「が」の研究としては，于（2013）がある。于（2013）では，格助詞の不使用に関して，特に誤用率の高かった「が」を中心に，構文の制約性を明らかにした上で，構文的アプローチによって誤用の原因が検討されている。于（2013）では五つの構文パターンが提示されてはいるものの，それぞれの誤用パターンの詳細については述べられておらず，なおかつ誤用パターンはそれだけなのかという疑問も残る。

例えば，次の例（4）のように，「$NP_1$は［$NP_2$は＋$NP_3$が＋X］とV」という構文パターンは，よく見られる誤用パターンの一つであるが，于（2013）には含まれていない。

（4）私$_1$は［彼$_2$は背$_3$が高い］と思います。[1]

そこで，本研究は，この「$NP_1$は［$NP_2$は＋$NP_3$が＋X］とV」における$NP_1$と引用節内の「$NP_2$は＋$NP_3$が＋X」における$NP_2$との関係に着目して，誤用メカニズムについて考察したい。従って，本研究において扱うデータは，「$NP_1$」と「$NP_2$」の関係性に起因すると考えられる「$NP_2$〈が→は〉」の誤用を対象とするものである。なお，本研究で対象となったデータのうち，最も多く見られた誤用は，動詞述語文における誤用であるため，本研究は，動詞述語文に焦点を当てて考察を行い，形容詞述語文や名詞述語文についての考察は他稿に譲ることとする。

---

[1] 例（4）は筆者の作例。

## 2 研究対象と誤用の統計

　本研究において使用するデータは,『YUKタグ付き中国語母語話者日本語学習者作文コーパス』Ver.10から集めてきたものである。具体的なデータの内訳は以下の通りである。

表1　データの内訳

| 学習歴 | ファイル数 | 文字数 | タグ数 |
|---|---|---|---|
| すべて | 4,273 | 6,014,329 | 213,734 |
| 1年未満 | 941 | 362,148 | 32,122 |
| 2年未満 | 617 | 408,053 | 29,276 |
| 3年未満 | 520 | 308,411 | 19,142 |
| 4年未満 | 448 | 1,481,003 | 56,930 |
| 5年未満 | 347 | 176,519 | 9,052 |
| 6年未満 | 44 | 31,562 | 1,052 |
| 7年未満 | 124 | 1,827,423 | 11,388 |
| 8年未満 | 28 | 17,248 | 1,484 |
| 21年未満 | 4 | 8,484 | 102 |
| 26年未満 | 4 | 35,199 | 678 |
| 27年未満 | 5 | 35,461 | 682 |
| その他 | 1,191 | 1,322,818 | 51,826 |

　本研究では,コーパス内の学習歴1年未満から学習歴27年未満[1]の学習者の作文データのうち,主に「$NP_1$は［$NP_2$は＋$NP_3$が＋X］とV」構文において,「$NP_2$〈が→は〉」の誤用が現れている全14例を対象とする。なお,$NP_1$および$NP_2$に付く助詞が「には/では/にとっては」などといった「は」以外の要素が含まれるものは除外している。

---

[1] ここでは,本研究において対象となったデータのうち,誤用が見られた学習歴データの内訳のみ詳細を示している。

『YUKタグ付き中国語母語話者日本語学習者作文コーパス』Ver.10
において「NP₁は[NP₂は＋NP₃が＋X]とV」の誤用出現率を学習歴別
にまとめてみると,図1のようになる。

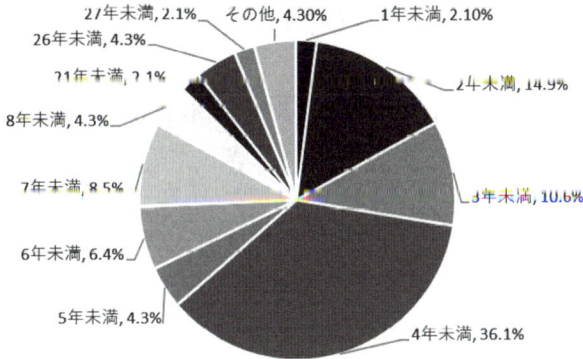

**図1　学習歴別誤用出現率**

　つまり,学習初期段階の学習者だけでなく,学習歴が長い学習者
であっても,この構文において「は」と「が」の誤用が見られるという
ことである。学習難易度や化石化という観点からみるとすれば,そ
のデータの数は少なかったとはいえ,長期的に学習を重ねてきた学
習者であっても,習得がされていないという点においては,かなり
示唆的でなおかつ十分に研究対象となり得るものと考えられる。
そこで,本研究は次の3点を明らかにすることを目的とする。まず,
引用節内の「NP₂は＋NP₃が＋X」構文にはどのような構文パターンが
存在するのかについて先行説に基づいてパターン化を図り,それぞ
れのパターンにおける誤用出現率を明らかにする。次に,主に「NP₁
は[NP₂は＋NP₃が＋X]とV」構文におけるNP₁とNP₂との関係につい
て明らかにし,それと同時に,その周辺事例の「[NP₂は＋NP₃が＋X]
とVれる/られる」構文も検討する。最後に,「NP₁は[NP₂は＋NP₃が＋
X]とV」における「は」と「が」の誤用メカニズムについて考察を行う
こととする。

## 3　「NP₂は＋NP₃が＋X」構文における構文の制約

本節では,本研究で対象とした「NP₁は[NP₂は＋NP₃が＋X]とV」の

うち，引用節内の「NP₂は＋NP₃が＋X」構文のパターン化を図り，誤用の出現率を明らかにする。

### 3.1　誤用パターンと出現率

「NP₂は＋NP₃が＋X」の誤用は，具体的には次のような誤用例が観察される。

（5）私₁は日本語を勉強して3年間、いつも<u>日本人₂〈が→は〉マナー₃がよくて</u>、とても礼儀正しいと感じていました。（学部3年生/学習歴3年）

（6）私₁も今中国人学習者の誤用問題や母語干渉について非常に関心を持っております。<u>志望した三人の先生方₂〈が→は〉自分の分野に関連するところ₃がたくさんあると思い</u>、志望しました。（M1/学習歴5年）

（7）挨拶する時でさえ、「いい天気ですね」とか「今日は涼しいですね」と言って、<u>日常生活₂は自然との関係₃〈は→が〉緊密だとわかった</u>。（学部2年生/学習歴1年半）

（8）<u>その業界₂〈が→は〉とても未来性₃がある</u>と思う。（大学日本語専攻生八級能力試験）

（9）Jについて、張紹麒（2004:34）によると、カラスは古代に太陽のシンボルというような吉祥な鳥で、<u>その鳴声₂〈が→は〉良い事₃が来る知らせ</u>と見なされた。（M3/学習歴6年）

（10）日本人の観念の中で、<u>大言壮語する人₂〈が→は〉教養₃が高くないと思われる</u>ため、次第に口数が少ない習慣をつけるようになる。（学部4年生/学習歴3年半）

（5）は，NP₂がNP₃の修飾成分であり，その修飾成分が主題化されたものである。これはつまり，三上（1960）の「象は鼻が長い」に相当するパターンである。森田（1971）では，「象は鼻が長い」のほかに，「彼は父親が医者だ」を挙げ，そのちがいについてNP₁とNP₂の関係にあると指摘されている。具体的には，「象は鼻が長い」のNP₂はNP₁に所属するものであるが，「彼は父親が医者だ」のNP₁とNP₂は，身体的にまたは構成要素として関係のない事物を表現者の主観で仮にNP₁をNP₂の所有物として捉えた表現であるとされている。このように

「象は鼻が長い」と「彼は父親が医者だ」とは違いはあるものの,基本的にはこの二つの構文は同一の種類であるとされている。そこで本研究は,この森田(1971)を支持し,「彼は父親が医者だ」のパターンも「象は鼻が長い」の一種として同じパターンに含むこととする。つまり,「NP₂は＋NP₃が＋X」が,「NP₂のNP₃が＋X」に置き換えられるものはすべてこのパターンに含まれるということである。

次に,(6)と(7)は「主題は＋(主語が述語)」という構文であり,于(2013)においても「[NPは]＋[NPがV]」型として提示されていた誤用パターンで,NP₂とNP₃は,「一つは文の主語または主題であり,もうひとつは句の主語である」(p.66)。つまり,「NP₂は〜だ」という文の中に「NP₃がX」という句が埋め込まれているのである。従って,NP₂は文の主題,NP₃は句の主語であり,Xは句の述語であると解される。次の(8)も同様に,「その業界は未来性がある」の「その業界は〜だ」という文の中に「未来性がある」という句が埋め込まれており,NP₂は文の主題,NP₃は句の主語であり,Xは句の述語である。(6)〜(8)における主題のことを文の主語,主語のことを句の主語として捉えるとすれば,(6)〜(8)は2主語パターンとして見なすことができるであろう。

本研究の課題とは少し性格が異なるが,(9)と(10)のように,「[NP₂はNP₃がX]とVれる/られる」という,NP₁が不在の誤用パターンも見られる。この誤用は本研究にも非常に関係性の高い問題であるため,ここであわせて考察の対象とする。

以上を基に,本研究において抽出されたデータにおいて見られた誤用パターンをまとめると,主に次の3パターンになる。

①(NP₁は)[(NP₂は)NP₃がX]とV型(以下,「象は鼻が長い型」とする)

②(NP₁は)[NP₂は(NP₃がX)]とV型(以下,「2主語型」とする)

③[NP₂は(NP₃がX)]とVれる/られる型(以下,「受身型」とする)

## 3.2　誤用出現率

本節では,3.1で明らかになった3パターンについて,それぞれの誤用の出現率を明らかにする。まず,それぞれのパターンの誤用出

現率は，図2の通りである。

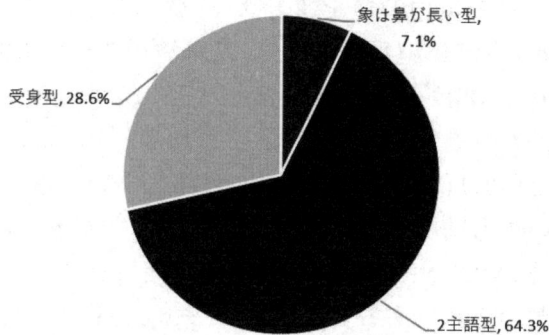

図2　各構文の誤用出現率（n＝14）

　図2のように，「2主語型」が最も多く，次に「受身型」，そして「象は鼻が長い型」は非常に少ないことが読み取れる。この誤用出現率は，おそらくこの3パターンの構文の習得難易度とも関係していると考えられる。詳細については他稿に譲る。

　しかしながら，本研究において対象となった構文は，「NP₁は[NP₂は＋NP₃が＋X]とV」であり，「[NP₂は＋NP₃が＋X]」内だけの問題ではない。そこで次節では，「NP₁は[NP₂は＋NP₃が＋X]とV」全体から誤用メカニズムの考察を行うこととする。

## 4　「NP₁は[NP₂は＋NP₃が＋X]とV」構文における誤用メカニズムの考察

　「NP₁は[NP₂は＋NP₃が＋X]とV」構文において，そもそもNP₁とNP₂とは次元が異なる成分である。それは自明のことであるにもかかわらず，NP₂のマーカーの選択には誤用が目立つ。その原因についてはいろいろな立場やアプローチの研究があるが，本節ではNP₁とNP₂の関係性を踏まえた上で，「NP₁は[NP₂は＋NP₃が＋X]とV」におけるNP₂のマーカー選択の誤用メカニズムを考えてみたい。

### 4.1　NP₁とNP₂の関係性

　NP₁とNP₂とは次元が異なることについて上述ですこし触れたが，

本当に次元が異なるのかについては検証が必要である。そこで,本節では,「NP₁は[NP₂は＋NP₃が＋X]とV」構文におけるNP₁とNP₂の関係性を明らかにする。

「NP₁は[NP₂は＋NP₃が＋X]とV」の誤用とは,「(NP₁は)〜と感じる」「(NP₁は)〜とわかる」「(NP₁は)〜と言う」などの文の中に,「NP₂は＋NP₃が＋X」が挿入されている形の文におけるNP₂のマーカー選択の誤用のことである。「NP₁は[NP₂は＋NP₃が＋X]とV」は,奥津(1969:104)においても「引用構造文」と呼ばれている文で,このような文は「引用文とそれがはめこまれる他の文とで構成されている」と述べられている。言い換えると,「NP₁は[NP₂は＋NP₃が＋X]とV」は,「(NP₁は)〜とV」構文と「NP₂は＋NP₃が＋X」構文の二つの構文から成り立っているということである。例えば,

(11)ところで,私₁は今回の予算₂は、たいへん困難な問題₃があると思います。(『衆議院第58回本会議』)

(12)私₁は、その原因₂は、大よそ二つあげること₃ができると思います。(『参議院第43回本会議』)

これらの文のうち,本研究で対象としているのは「私は」以下の部分である。つまり「NP₁は〜とV」と「NP₂は＋NP₃が＋X」との関係は次のように解釈できよう。

(13)私は[今回の予算は、たいへん困難な問題がある]と思います。((11)の再掲)

(14)私は、[その原因は、大よそ二つあげることができる]と思います。((12)の再掲)

「NP₁は〜とV」構文におけるNP₁は次のように「と」の後ろに移動することができるのに対し,「NP₂は＋NP₃が＋X」構文におけるNP₂は「と」の後ろには移動できない。

(15)a. [今回の予算は、たいへん困難な問題がある]と私は思います。

b. ×私は[たいへん困難な問題がある]と今回の予算は思います。

(16)a. [その原因は大よそ二つあげることができる]と私は思います。

      b. ×私は［大よそ二つあげることができる］とその原因は思
        います。

このように，(15)aと(16)aは文として成立し，さらに元の(13)と
(14)と同様の意味になるのに対し，(15)bと(16)bは成立しない。こ
の事実から，$NP_1$が移動したことによる「$NP_2$は＋$NP_3$が＋X」の部分へ
の影響はないが，$NP_2$が移動したことによる「$NP_2$は＋$NP_3$が＋X」の部
分への影響は大きいということがわかる。つまり，「$NP_1$は～とV」構
文と「$NP_2$は＋$NP_3$が＋X」構文とは異なり，$NP_1$と$NP_2$を同一構文の成
分として見なすことができず，別のものとして扱う必要があるとい
えよう。次に，(17)と(18)を見てみたい。

  (17)でも、予防接種を機に、<u>住民が「健康づくりは自分自身がやる</u>
      <u>もんだ」と思い始め</u>、健康な人が検診のために診療所へ足を
      向けるようになった。(『毎日新聞』2009年)

  (18)カーテンはかわいらしい花柄だけれど、これは気にしないで
      ね。<u>私が「カーテンは花柄がいいや」と思って</u>選んだわけ
      じゃなくて、もともとついていたのです。(村上春樹『ねじま
      き鳥クロニクル』)

(17)と(18)は，本研究で研究対象となる該当部を文型にすると次の
ようになる。

  (19)$NP_1$が［$NP_2$は＋$NP_3$が＋NPだ］と思い始め……

  (20)$NP_1$が［$NP_2$は＋$NP_3$が＋AP］と思って……

(19)と(20)はこれまで述べてきたように「～と思う」構文の中に
「$NP_2$は＋$NP_3$が＋X」構文が挿入されている文であるが，$NP_1$のマー
カーが異なる。これまで述べてきた構文は「$NP_1$は［$NP_2$は＋$NP_3$が＋
X］とV」であったが，(19)と(20)においては「$NP_1$が［$NP_2$は＋$NP_3$が＋
X］とV」となっている。つまり，「$NP_1$は～とV」構文の$NP_1$の助詞が
「が」になっている。また，(20)と(21)のように(17)と(18)の$NP_1$を
「は」でマークしても，「と」の後に移動しても，引用節内の「$NP_2$は＋
$NP_3$が＋X」構文に何ら影響を与えない。

  (21)a. <u>住民は</u>「健康づくりは自分自身がやるもんだ」と思い始め……
      b. 「健康づくりは自分自身がやるもんだ」と<u>住民が</u>思い始め……

  (22)a. <u>私は</u>「カーテンは花柄がいいや」と思って……

　　　b.「カーテンは花柄がいいや」と私が思って……

以上を踏まえると,NP₁は「NP₁は〜とV」構文におけるVの主語(ある
いは主題)に当たり,NP₂は「NP₂は＋NP₃が＋X」構文におけるXの主
語(あるいは主題)に当たるということになる。従って,上述したよ
うに,「NP₁は〜とV」構文と「NP₂は＋NP₃が＋X」構文におけるNP₁と
NP₂は次元が異なるということになる。

### 4.2　「NP₁は［NP₂は＋NP₃が＋X］とV」における「は」と「が」の誤用メカニズムの考察

4.1を踏まえ,本節では上述してきた誤用パターンごとに誤用メ
カニズムの考察を行うこととする。

#### 4.2.1　2主語型

まず,2主語型の誤用例を改めて確認すると,(23)と(24)のような
例が挙げられる。

(23)私₁も今中国人学習者の誤用問題や母語干渉について非常に
　　　関心を持っております。志望した三人の先生方₂〈が→は〉自
　　　分の分野に関連するところ₃がたくさんあると思い、志望し
　　　ました。((6)の再掲)

(24)挨拶する時でさえ、「いい天気ですね」とか「今日は涼しいで
　　　すね」と言って、日常生活₂は自然との関係₃〈は→が〉緊密だ
　　　とわかった。((7)の再掲)

「NPₐ(　)＋NPᵦ(　)＋V」という構文については,NPₐは主題として,
NPᵦは主語として解釈される場合,学習者が最初に学ぶのは「〜は〜
が……」構文である。つまり,NPₐが「は」でマークされるならば,NPᵦ
は「が」でマークしなければならないということである。その規則
を文づくりに過剰に適用させてしまうと,過剰般化になる。この過
剰般化が原因で,学習者の誤用には,NPₐが「は」でマークされる文に
おいて,次のNPᵦが「が」でマークされる誤用例が数多く見られる。

　また,上述のように「NP₁は［NP₂は＋NP₃が＋X］とV」におけるNP₁
とNP₂は次元が異なり,役割分担も異なるにもかかわらず,NP₂が
「が」でマークされる誤用例が多く見られるのは,NP₁とNP₂との次元
が異なることを理解せずに作文したことに起因するのではないかと

思われる。要するに，「～は～が……」構文の過剰般化によって，最初のNPが「は」でマークされるなら，自然に次のNPを「が」でマークするということである。次の例（25）はそれを物語る好例であろう。

（25）<u>一部分の語彙₃は中国人₄〈が→は〉中国語だと思って使っている</u>。（M3/学習歴6年）

（25）における「一部分の語彙」は，動詞「思う」の主語ではなく，名詞述語「NPだ」の対象主語である（「使う」の対象とも解釈可能）。「思う」の主語は「中国人」であるにもかかわらず，それを「が」でマークしている。それは，最初のNP「一部分の語彙」が「は」でマークされていることから，次のNP「中国人」は，文のどの動詞の主語になるかということを判断する前に「～は～が……」構文の過剰般化によって「が」が選択されてしまったことに起因すると考えられる。

　要するに，「と思う」「とわかる」「と言う」などといった動詞述語文において，二つの構文が存在する。一つは，「NP₁は～とV」という構文であり，もう一つは「NP₁は～とV」の「～」にはめこまれる地の文［NP₂は＋NP₃が＋X］という構文である。NP₁のマーカーの選択は，表現意図によって「は」も「が」も可能であるのに対し，［NP₂は＋NP₃が＋X］におけるNP₂ははめこみ文の主語（あるいは主題）になるので，普通なら「は」でマークされる。

　（23）のNP₂「志望した三人の先生方」とNP₃「自分の分野に関連するところ」の関係，（24）のNP₂「日常生活」とNP₃「自然との関係」の関係は，「象は鼻が長い」構文におけるNP₂とNP₃のようにNP₃がNP₂の所有物や構成要素を表すものではない。つまり，「NP₂のNP₃」という関係ではなく，「［NP₂は］＋［NP₃がV］」という関係である。NP₂は文の主語であり，NP₃は句の主語である。NP₂は文の主語であるにもかかわらず，「が」でマークしてしまうのは，学習者が，最初に習った「～は～が……」構文の束縛性から解放されずその過剰般化があまりにも強く影響しているということに起因すると解されても過言ではなかろう。

### 4.2.2 「象は鼻が長い型」

次に，「象は鼻が長い型」について見てみたい。

（26）<u>私₁</u>は日本語を勉強して3年間、いつも<u>日本人₂</u>〈が→は〉マ

ナー₃がよくて、とても礼儀正しいと感じていました。((5)の
再掲)

（27）来日の時間から見ると、二つのアルバイトをしている者の大
多数が2013年以前に来日し、日本での生活は二年ぐらいであ
る。(私₁は)そのような留学生₂〈が→は〉日本語の会話₃が上手
で、日本での生活と学習にも適応したのではないだろうかと
考えている。(学部4年生/学習歴3年半)

（26）のNP₂「日本人」とNP₃「マナー」、(27)のNP₂「そのような留学生」
とNP₃「日本語の会話」は「日本人のマナー」「そのような留学生の日
本語の会話」のように言い換えることができる。(26)のNP₂「日本人」
と(27)のNP₂「そのような留学生」を、「が」ではなく「は」でマークし
なければならないのは、「象は鼻が長い」という構文の制約に基づく
ためである。

なぜ(26)のNP₂「日本人」、(27)のNP₂「そのような留学生」のマー
カーは「は」ではなく「が」が選択されたのかは、「NP₂は＋NP₃が＋X」
を「象は鼻が長い型」として捉える意識が薄く、やはり4.2.1で検討し
た「2主語型」と同じく、NP₁の「は」に引きずられてNP₂のマーカーと
して「が」が優先的に選択されてしまうという「～は～が……」構文
の過剰般化に束縛されたからであろう。

### 4.2.3　受身型

「2主語型」と「象は鼻が長い型」におけるNP₂のマーカーの誤用が、
「～は～が……」構文の過剰般化に起因するものだとすれば、受身型
は性格が異なる。これは、「2主語型」と「象は鼻が長い型」と違い、
NP₁が不要だからである。NP₁が不要である以上、NP₂が「が」でマー
クされる誤用は、「～は～が……」の過剰般化に起因するものとして
は解釈ではきないかもしれない。まず、誤用例を見てみよう。

（28）よく日本は災害多発の国で、日本人₂〈が→は〉危機感₃が強い
と言われている。(M1/学習歴4年)

（29）省略はどの言語にも存在している言語現象であるが、英語や
中国語などと比べると、日本語₂〈が→は〉省略表現₃が多いと
いわれる。(学部4年生/学習歴3年半)

「［NP₂は］＋［NP₃がV］」だけを対象とするならば、(28)～(29)はいず

れも「象は鼻が長い型」である。しかし,同じく「象は鼻が長い型」で
あるが,(28)〜(29)と(26)〜(27)とは異なる。(26)〜(27)ではVが能
動文であるため,$NP_1$が共起できるのに対し,(28)〜(29)ではVが受
身形であるため,$NP_1$の共起が求められない。$NP_1$の共起が求められ
ない受身文においては,引用文であっても本来なら$NP_2$のマーカー
の選択は,存在しない$NP_1$のマーカーの影響を受けることはないた
め,これまでとは異なる選択条件になる可能性が考えられそうで
ある。

　「[象が鼻が長い]とVれる/られる」のように,$NP_2$のマーカーを
「が」に変更して検索した結果,そのような用例はなかなか見つから
なかったことから,日本語母語話者の内省でもその文は不自然だと
いうことを踏まえても,$NP_2$を「が」でマークするのは難しいと言え
よう。

　以上を踏まえ,受身型における$NP_2$のマーカー「が」の誤用につい
て,二つの可能性が考えられる。一つは,(28)と(29)の前文脈に使
われている「NPは」((28)は「日本は」,(29)は「省略は」)の影響で
「が」が選択された可能性と,もう一つは,述語の形式が受身の「と言
われる」「と思われる」「とされる」であるとしても,「$NP_2$は＋$NP_3$がX」
は引用される内容であり,はめこまれるにもかかわらず,受身文の
「〜がVれる/られる」という制約に基づき,「が」を選択した可能性で
ある。しかし,この二つの可能性はいずれも推測の域にとどまった
ものであり,必ずしも強い根拠の上で成り立つものではない。これ
については,「〜が〜が……」構文,「〜が〜は……」構文の統語的
ルールや誤用の実情を踏まえ,丁寧に検討しなければならない課題
であるため,ここでは現象の指摘と推測だけに踏み止まり,詳細は
他稿に譲ることとする。

## 5　まとめと今後の課題

　本研究では,「$NP_1$は[$NP_2$は＋$NP_3$が＋X]とV」の構文を対象に,次
の3点を明らかにすることを目的として考察を行ってきた。まず,
引用節内の「$NP_2$は＋$NP_3$が＋X」について,誤用パターンとそれぞれ
のパターンにおける誤用出現率を明らかにした。そして,「$NP_1$は

「NP₂は＋NP₃が＋X」とV」構文における「NP₁」と「NP₂」の関係性を明らかにし，最後に，「NP₁は[NP₂は＋NP₃が＋X]とV」構文における「は」と「が」の誤用メカニズムについて考察を行った。

その結果，次のようなことが明らかになった。

① a. 引用節内「NP₂は＋NP₃が＋X」の誤用パターンは，「象は鼻が長い型」，「2主語型」，「受身型」の三つに分けられる。

　 b. 三つの誤用パターンのうち，誤用の出現率は「2主語型」が最も多く，次に「受身型」，そして「象は鼻が長い型」は非常に少ないことがわかった。

②「NP₁は[NP₂は＋NP₃が＋X]とV」構文における「NP₁」と「NP₂」の関係性について考察を行った結果，「NP₁」は「NP₁は〜とV」構文における主語（あるいは主題）にあたり，「NP₂」は「NP₂は＋NP₃が＋X」構文の主語（あるいは主題）にあたることがわかった。つまり，「NP₁」と「NP₂」は別の構文の主語（あるいは主題）であるため，次元が異なるということが明らかになった。

③「NP₁は[NP₂は＋NP₃が＋X]とV」構文における「は」と「が」の誤用メカニズムについて，誤用パターンごとに考察を行ったところ，次のようなことが考察された。

　 a.「2主語型」：この構文は，NP₁が「は」でマークされたことから，次のNP₂は文のどの動詞の主語になるかということを判断する前に，「〜は〜が……」構文の過剰般化によって「が」を選択してしまったと考えられる。つまり，学習者は，文の最初に現われるNPを「は」でマークした場合，文型の束縛性によって，自然に次のNPを「が」でマークするという規則に則って文を作成したということである。言い換えれば，最初に学習した「〜は〜が……」構文の束縛性から解放されず過剰般化を起こした結果，文の主語を「が」でマークしてしまうということになったと解されよう。

　 b.「象は鼻が長い型」：「NP₂」を「が」ではなく「は」でマークしなければならないのは，「象は鼻が長い」という構文の制約に基づくが，「NP₂は＋NP₃が＋X」を「象は鼻が長い型」として捉える意識が薄く，「2主語型」と同様に，NP₁の「は」に引きずら

れてNP₂のマーカーとして「が」が優先的に選択されてしまうという「～は～が……」構文の過剰般化に束縛され,「が」を選択したことにより誤用となったと考えられる。

c.「受身型」:この誤用パターンは「NP₁」が不在のパターンであり,「2主語型」と「象は鼻が長い型」とは性質が異なり,誤用の原因としては二つの可能性が考えられる。一つは,前文脈における「NPは」の影響で「が」が選択された可能性,もう一つは,述語が受身形であったとしても「NP₂は＋NP₃が＋X」は引用節に当たり,はめこまれるにもかかわらず,受身文の「～がVれる/られる」という制約に基づき,「が」を選択した可能性である。ただし,これについてはあくまで推測の範囲に留まり,さらなる研究が必要である。

　本稿で明らかになった結論以外にも,誤用の要因やメカニズムがある可能性はある。ただし,構文的な観点から言うとすれば,構文の拘束力を受ける可能性は非常に高いと考えられる。従って,上述してきた条件をクリアすることができれば,誤用が減っていくということになり,一部ではあるものの本稿で見出された結論は教育現場への貢献に繋がるのではないかと考えられる。

　しかし,以上で明らかになった3点は,まだ教育現場に直結する形であるとは言えず,また誤用メカニズムについてもすべてがこの限りではない。そこで本研究においてみてきた構文について,さらに詳細に分析を行い,より有効性が高い一般化を求める必要があると考えられる。また,他の構文パターンにおける「は」と「が」の選択に関する構文的制約性についても考察し,構文の制約と「は」と「が」の選択メカニズムを明らかにする必要があると考えられる。

## 参考文献

于康,2013. 中国語母語話者の日本語学習者の「格助詞」不使用について:格助詞「が」の不使用を中心に[J]. 言語と文化(16):59-75.

奥津敬一郎,1969. 日本語における引用構造と間接化転形[J]. 言語研究(55):104-106.

尾上圭介,2001. 文法と意味Ⅰ[M]. 東京:くろしお出版.

小野尚之,2005. 日英語対照研究シリーズ9 生成語彙意味論[M]. 東京:くろし
お出版.

久野暲,1973. 日本語文法研究[M]. 東京:大修館書店.

柴谷方良,1978. 日本語の分析 —生成文法の方法—[M]. 東京:大修館書店.

仁田義雄,1997. 日本語文法研究序説—日本語の記述文法を目指して—[M].
東京:くろしお出版.

野田尚史,1996.「は」と「が」[M]. 東京:くろしお出版.

三上章,1953. 現代語法序説—主語必要か—[M]. 新訂版. 東京:刀江書院.

三上章,1960. 象は鼻が長い—日本文法入門—[M]. 東京:くろしお出版.

森田良行,1971. 文型と助詞—「は」「が」の用法を中心に—[J]. 講座日本語教育
（8）:24-52.

森田良行,2002. 日本語文法の発想[M]. 東京:ひつじ書房.

姚新宇,菅谷奈津恵,2017. 中国人日本語学習者による動詞コロケーションの
習得—明示的帰納法と暗示的帰納法の比較を中心に [J]. 国際文化研究
（23）:1-14.

### 「NP1は[NP2は+NP3が+X]とV」句式中「は」和「が」的偏误研究

摘　要　本研究以「NP1は[NP2は＋NP3が＋X]とV」句式为研究对象,对以下3点进行了考察。首先是对引用句节中「NP2は＋NP3が＋X」的误用进行了分类,并统计了各个类型的误用率。其次是阐明了「NP1は[NP2は＋NP3が＋X]とV」句式中NP1和NP2的关系。最后是对「NP1は[NP2は＋NP3が＋X]とV」句式中「は」和「が」的误用产生机制进行了探讨。考察结果如下。

①a.「NP2は＋NP3が＋X」的误用类型可分为:「象は鼻が長い型」「2主語型」「被动型」。

　b. 误用率以「2主語型」「被動型」「象は鼻が長い型」的顺序依次递减。

②「NP1は[NP2は＋NP3が＋X]とV」句式中,NP1和NP2是不同句式层次中的主语（或主题）,分别处于不同的次元。

③a. 关于「2主語型」的误用产生机制:学习者首先接触和

学习的是「～は～が……」句式。学习者将该句式过度泛化,把句子的主语都用「が」来标记,由此产生了误用。

b. 关于「象は鼻が長い型」的误用产生机制:学习者没有意识到「NP2は＋NP3が＋X」本质上就是「象は鼻が長い」句式,导致与「2主語型」句式一样,受到「NP1は」的影响,优先选择「が」来标记NP2,将「～は～が……」句式过度泛化而产生了误用。

c. 关于"被动型"的误用产生机制:其误用机制有两种可能。其一是受到前文「NPは」的影响而误选了「が」,其二是基于被动句「NPが＋Vれる/られる」的制约而选择了「が」。这两种可能性还有待进一步论证。

**关键词** 引用句节,「は」,「が」,误用,句式

# 中国語を母語とする日本語学習者における「添加型」の混用に関する一考察
## —「そして」「それから」「それに」を中心に—

唐彬（北京航空航天大学）

**要　旨**　本稿は,『YUKタグ付き中国語母語話者日本語学習者作文コーパス』Ver.8から抽したデータをもとに,「添加型」の「そして」と「それから」,「それに」における混用に焦点を当て,それらが生じる規則性について考察した。その結果として,中国語母語話者日本語学習者の混用例には一定の誤用の規則性が見いだせた。一つの論理関係のうち,二つの文の間の区切り性を示す場合,学習者は「そして」を使用する。二つの文の間の連続性(時間的関係と因果関係)を示す場合,学習者は「それから」を使用する。文の表す出来事が重なる関係を表す場合,学習者は「それに」を使用する。

**キーワード**　中国語母語話者日本語学習者,添加型,混用,コーパス,規則性

## 1　はじめに

本稿は,『YUKタグ付き中国語母語話者日本語学習者作文コーパ

ス』Ver.8[①]から抽出した「添加型」[②]の中の混用に関する誤用例を分析したうえで，誤用形態[③]と誤用傾向[④]を明らかにし，その誤用が生じる規則性を考察するものである。

　「添加型」の誤用例文として，『YUKタグ付き中国語母語話者日本語学習者作文コーパス』Ver.8には「そして」「それから」「それに」を含んだ例文に混用が見いだせる。

（1）日本政府の政策では、就職支援の需要政策の面でまだ不十分だということが分かる。〈*そして→また〉、日本は大学生の総合的な素質と就職能力の教育を重視するが、大学生の就職観の教育はまだ不十分である。

（2）どこかであると思います。これらの問題は地球温暖化が要因でしょう。いろいろな環境問題はこれが要因です。〈*それから→それで〉、たくさんの地方が、「灯を閉て」に参かします。

（3）本文はまず、中国で現行の医療制度と日本のを説明する。次に、両国の医療保険制度の利害を分析する。〈*それに→そして〉、日本医療制度からのヒントを指摘して、今後の改革に有用な意見を出す。最後に、本稿の内容をまとめる。

上記は，（1）では「添加型」の「また」，（2）では「順接型」の「それで」，（3）では「添加型」の「そして」を使用するほうが適切にもかかわらず，学習者[⑤]が「添加型」の「そして」「それから」「それに」を使用したことで生じた誤用である。『YUKタグ付き中国語母語話者日本語学習者作文

---

① 本コーパスは,関西学院大学の于康研究室により開発された「大型」誤用コーパスである。このコーパスの対象は,中国語を母語とする日本語学習者に限定されている。于（2011a,2012,2017）によると,本コーパスの内容は,中国の40校以上の大学で日本語を第一外国語として履修する学部生及び院生の日本語の作文データ（日本語教育に携わる日本語母語話者により,添削,正誤タグ及び研究タグ付与済み）である。本コーパスに収録された作文データの文章ジャンルは,感想文,卒業論文,修士論文など多種多様であり,そのテーマは言語学から文学,文化,経済などにまで及んでいる。

② 市川（1978:89-93）によると,「添加型」は「前文の内容に付け加わる内容を後文に述べる型」というものである。

③ 唐（2019a:79）によると,誤用形態とは不使用,過剰使用,混用という「三種類の誤用類型内に出現する接続詞の誤用の様相」である。

④ 唐（2019a:79）によると,誤用傾向とは「日本語学習者が接続詞を誤って使用する特定の傾向」である。

⑤ ここでいう「学習者」は「誤用を生じさせた学習者」を指す。以下も同様。

コーパス』Ver.8には「添加型」の誤用数が491例あるが,その中に混用の誤用数は280例（全体の57.0%）あり,第1位の誤用類型①となる。②

これまでの研究は,個別の「添加型」の用法や使い分けに焦点をあてたものを主としており,学習者による「添加型」の誤用例を対象としたものはわずかしかない。前者の代表的な研究としては,楊・馬場（2004）と森山（2016）がある。楊・馬場（2004）は,中国語訳との意味を比較し,「そして」「それから」及び「それに」「そのうえ」の意味の異同について考察している。森山（2016）は,「そして」「また」の使い分けに焦点をあて,言語の習熟について論じている。後者の研究としては守屋（2000）があり,日本語教育への応用および誤用の回避という観点から,「そして」と「それから」の意味上の違いを論じている。しかしながら,これらの研究は「添加型」の混用という誤用類型について,どのような誤用分布が見られるのか,そして,その誤用が生じる要因が何であるのかといった点は検討していない。

本稿は,『YUKタグ付き中国語母語話者日本語学習者作文コーパス』Ver.8から抽出した「添加型」の混用の誤用例を分析し,「添加型」の「そして,それから,それに」を中心として,「添加型」の混用の傾向と要因を明らかにすることを目的とする。「そして」「それから」「それに」を研究対象とする理由は,第2節の分析結果に示すように,それらが混用の誤用形態の中で出現頻度の上位三位を占める接続詞であるからである。

以下,第2節では「添加型」の混用実態と傾向を整理する。第3節では,混用傾向の要因を考察する。そして,第4節では本稿で明らかになったことをまとめる。

## 2 「添加型」における混用の実態と傾向

まず図1は,「添加型」の混用例の誤用分布を示したものである。図1が示すように,『YUKタグ付き中国語母語話者日本語学習者作文

---

① 唐（2019a：78）によると,不使用,過剰使用,混用という三種類の誤用のパターンを「誤用類型」と呼ぶ。
② 「添加型」の誤用全体像は,唐（2019b）を参照されたい。

コーパス』Ver.8に現れる「添加型」の混用280例は「そして」「それから」「それに」「また」「そのうえ」「しかも」「つぎに」のいずれかである。

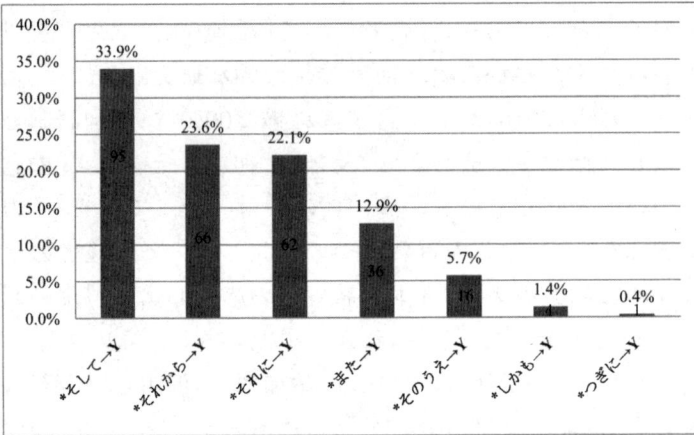

**図1　「添加型」の混用の誤用形態（n＝280）**

　図1をみると，「＊そして→Y」の混用が95例（33.9％）で最も多く，「＊それから→Y」が66例（23.6％），「＊それに→Y」が62例（22.1％）と続く。「＊そして→Y」，「＊それから→Y」，「＊それに→Y」の混用は他に比べて誤用数が多いものであり，その要因は解明されなければならない。

　次に添削者によって「添加型」に修正された「＊X→添加型」200例の状況を整理しておく。

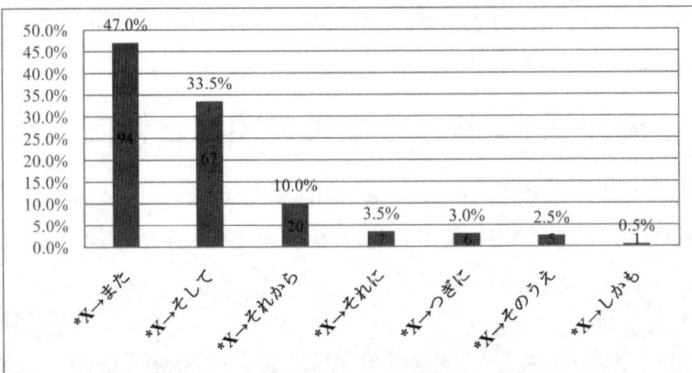

**図2　「添加型」に修正された混用の誤用形態（n＝200）**

　図2をみると，「*X→また」の混用は94例（47.0%）であり，最も多い。続いて「*X→そして」「*X→それから」「*X→それに」の順になっている。図1と図2を合わせて考えると，「*そして→Y」と「*それから→Y」と「*それに→Y」は図1にそれぞれ第一位，第二位，第三位の誤用として出現しているが，それと対の関係にある「*X→そして」「*X→それから」「*X→それに」は図2に第二位，第三位，第四位の誤用として出現している。この現象は，学習者が「そして」「それから」「それに」の間で頻繁に混用を生じさせていることを意味している。また，「添加型」の不使用と過剰使用の分析では，「そして」「また」の不使用と過剰使用の間に表裏の対関係が認められた[①]。そのため，「そして」「それから」「それに」の混用においても表裏の対関係が見られるのか否かを検討する必要がある。

　次節では，「そして」「それから」「それに」の誤用が互いに対の関係にあるのか否かといった点について分析を進めていく。

## 3　「添加型」における混用の要因

　前節では，「添加型」の混用の誤用形態やその傾向，誤用順位を示した。「添加型」間で誤用が生じるのはなぜであろうか。この点について，3.1節では「*そして→それから」と「*それから→そして」，3.2節では「*そして→それに」と「*それに→そして」，3.3節では「*それから→それに」と「*それに→それから」の混用状況を考察する。そして，3.4節では本節で明らかになったことをまとめる。

### 3.1　「*そして→それから」と「*それから→そして」

#### 3.1.1　母語話者における「そして」と「それから」の捉え方

　栗原（1968）は，「それから」の前文と後文は独立した二つの存在であり，論理的かつ必然的な関係はないと説明している。ひけ（1985）は，「そして」と「それから」の文中での働きを分析し，「並列的な関係の文」で対象を複数の部分に分けられたそれぞれの文の場合，「そして」を用いることで連結し全体像を作り出すことができ，「それか

---

① 具体的には唐（2019b）を参照されたい。

ら」は前文の内容とは関係性がない文を単につけだす機能であると述べている。比毛（1989）は，動作の継起的関係を表す場合の「そして」と「それから」を基本的な用法として取り上げている。「そして」は主に同一主体のひとまとまりの継起的動作について述べる場合に使用され，「それから」は時間的な順序で関係づけられた動作について述べる場合に用いられると述べている。浜田（1995）は，「そして」「それで」「それから」を後文の表現類型に注目して比較している。そのなかで，浜田（1995）は「そして」「それで」「それから」はいずれも演述型の文が後文にきても問題はないが，「そして」の後ろに疑問型や情意表出・訴え型がくることには制限があり，また「それから」の後ろに感嘆型がくることには制限があると述べている。森田（1998）は，接続語の前後の話題のあり方の違いから用法の違いを説明している。すなわち，同一の話題の中では「そして」が用いられ，次の話題に移る場合は「それから」が用いられるとする。守屋（2000）は，「そして」の前後文のひとまとまり性と「それから」の分離性といった両者の性質，および「それから」にある発話時や談話時における想起したことを言い足す用法を理解して使い分ける必要があると指摘している。

　先行研究では用例を手掛かりに「そして」と「それから」の異同点を記述しているが，時間的継起性が両者の持つ用法全体の特徴である。それと同時に，「そして」のひとまとまり性と「それから」の分離性への言及にも注目する必要がある。上記の先行研究から「そして」と「それから」の異同点をまとめると表1のようになる。

表1 「そして」と「それから」の異同点

| | | そして | それから |
|---|---|---|---|
| 共通点 | | 共通点・類似点のある事柄を並べる | |
| 相違点 | 意味 | 同類添加 | 同類添加 |
| | 時間継起性 | ある（短い間隔） | ある（長い間隔） |
| | 情報軽重 | 後文重要 | なし |
| | そのほか | まとまり性 | 分離性 |

### 3.1.2 学習者における「そして」と「それから」の捉え方

『YUKタグ付き中国語母語話者日本語学習者作文コーパス』Ver.8から抽出した「そして」と「それから」の混用は15例①あり，そのなかに「*そして→それから」が9例，「*それから→そして」が6例である。「そして」と「それから」の混用例数を表2に示しておく。

表2 「そして」と「それから」の混用例数

| 誤用傾向 | 誤用例数 |
|---|---|
| *そして→それから | 9 |
| *それから→そして | 6 |

「*そして→それから」の例を(4)に，「*それから→そして」の例を(5)に挙げておく。

(4) 日本の音楽を聞くのが大好きで、特にロックが好きです。日本のいろいろなバンドの歌を聞いています。〈*そして→それから〉、この前夏目漱石の『こころ』を読んで、日本文学にも興味を持ちました。

(5) 語として使われ、新しい語を作った。語構成の造語力を高めて、接頭語と接尾語を利用する造語法が入った。〈*それから→そして〉、動詞＋補語の構造を発達させ、動詞を名詞化にさせた現象が増えた。

(4)では，接続詞で繋ぐ前文「日本のいろいろなバンドの歌を聞いています」と後文「この前夏目漱石の『こころ』を読んで，日本文学にも興味を持ちました」とが，ある事柄を述べ終えてから次の事柄へと転じる関係にある。このように前後文の間に独立性が存在する場合，「区切り」②を感じさせる「それから」で繋ぐ方が自然である。

(5)では，接続詞で繋ぐ前文「語構成の造語力を高め，接頭語と接

---

① 本稿て扱っている誤用例は『YUKタグ付き中国語母語話者日本語学習者作文コーパス』Ver.8から抽出されるものに限られている。そのため，ここでは限られた誤用例数の範囲内で，筆者は議論を展開している。

② 林（1986:46）によると，「『それから』は区切りを感じさせ，『そして』は連続性を感じさせる」。

尾語を利用する造語法が入った」と後文「動詞＋補語の構造を発達
させ,動詞を名詞化にさせた現象が増えた」とが一つの話題で最後
まで一貫している。このような場合,「連続性」①が感じられる「そし
て」で繋ぐ方が自然である。

　ところが,学習者は前後文に区切りが感じられるときでも,「そし
て」を使用してしまう。逆に,前後文に連続性が現れるときでも,学
習者は「それから」を選択してしまう。要するに,「そして」と「それ
から」の使用される前後文の関係について,学習者は母語話者と違
い,連続性のある時は「そして」を使い,区切りが感じられる時は「そ
れから」を使うという使い分けが身に付いていないようである。母
語話者と学習者における「そして」と「それから」の捉え方を表3にま
とめておく。

表3　母語話者と学習者における「そして」と「それから」の捉え方

| | 母語話者 | 学習者 |
|---|---|---|
| 前後文における 関係の捉え方 | 連続性→そして | 連続性→それから |
| | 区切り→それから | 区切り→そして |

### 3.1.3 「そして」と「それから」にみられる捉え方の違いの要因

　楊・馬場(2004)は,中国語訳の観点から,"然后"はある事に引き
続いて別の事が生じる時に用いられる語で,前にあることが生じ
た後出現した情況を表す。"然后"は,区切り性が強いことから時間
的な間隔が長いと考えられ,「それから」と対応すると説明してい
る。一方,"接着"は「引き続いて,続いて」という意から転化してき
た語だと考えられ,"然后"より区切り性が強くないとしている。
このことから,"接着"は連続性を感じさせる「そして」と対応する
と指摘している。(4)と(5)を中国語②で表現すると(6)と(7)のよ
うになる。

---

① 林(1986:46)による。
② 中国語訳文は,筆者が翻訳したものである。訳の適切さについては中国語母語話者
　20人による確認を得ている。

（6）日本 の 音楽 を聞くのが 大好き で、特に ロック が 好き
　　日本 的 音乐　　听　　很喜欢　　特别 摇滚　　喜欢
　　です。日本 の いろいろな バンド の 歌 を聞いています。
　　　　　　　日本 的　　很多　　　乐队 的歌曲 听着
　　〈*そして→それから〉、この前　夏目漱石 の 『こころ』
　　〈*接着／*于是→然后〉之前　　夏目漱石 的　《心》
　　を読んで、日本文学　に　も　興味　を持ちました。
　　　読　　日本文学　对 也　兴趣　　有了

*a. 我很喜欢日本的音乐，特别是摇滚。平常会听很多日本乐队
　　的歌。接着，我之前读了夏目漱石的《心》，对日本文学也产
　　生了兴趣。

　b. 我很喜欢日本的音乐，特别是摇滚。平常会听很多日本乐
　　队的歌。然后，我之前读了夏目漱石的《心》，对日本文学也
　　产生了兴趣。

*c. 我很喜欢日本的音乐，特别是摇滚。平常会听很多日本乐队
　　的歌。于是，我之前读了夏目漱石的《心》，对日本文学也产
　　生了兴趣。

（7）語構成 の 　造語力 　を高めて、接頭語 と 接尾語 を利用する
　　词构成 的 造词能力　　提高　　前缀词 和 后缀词　　利用
　　造語法 　が 入った。　〈*それから→そして〉、動詞＋補語 の
　　造词法　　进入 了　〈*然后→*接着/于是〉动词＋补语 的
　　構造を 発達 させ、動詞を 　名詞化に させた 現象が増えた。
　　构造　　发达 使 动词　　名词化　　使　现象 增加了

*a. 词构成的造词能力提高，利用前缀词和后缀词来制造新词的
　　造词法产生了。接着，使得动词＋补语的构造变得发达，动
　　词名词化的现象增加了。

*b. 词构成的造词能力提高，利用前缀词和后缀词来制造新词
　　的造词法产生了。然后，使得动词＋补语的构造变得发达，
　　动词名词化的现象增加了。

　c. 词构成的造词能力提高，利用前缀词和后缀词来制造新词的
　　造词法产生了。于是，使得动词＋补语的构造变得发达，动
　　词名词化的现象增加了。

「そして」に"接着"が用いられている(6)aと"于是"が用いられている(6)cはともに非文である。他方、「それから」に"然后"が用いられている(6)bは適格な文である。これらの用例を見ると、中国語も日本語と同様、前後文が独立性をもつ場合、区切り性を表す接続詞が必要であることになる。このことから、母語の負の転移が作用したという要因は排除される。

では、なぜ学習者は"然后"に対応する「それから」があるにもかかわらず、「そして」を使用してしまうのであろうか。"然后"は前後文を繋げるとき頻繁に使用される接続詞である。①そのため、学習者は日本語を勉強する際に、"然后"が日本語の「そして」の意味に対応すると誤認してしまうのかもしれない。(7)の場合も、"然后"が用いられている(7)bと"接着"が用いられている(7)aはともに非文である。(7)cのように"于是"を用いるのが適切である。赵远普(2001)、赵新(2003)、张(2008)は"于是"の意味機能について、「時間上先后相继、事理上前后相因（時間上の前後文の連続関係、事理上の前後文の因果関係）」と指摘している。石黒(2000)は、「そして」は並列、因果関係、時間という幅広い用法を有することを述べている。「そして」

---

① 刘(2011)によると、"然后"には書き言葉として六つの用法がある。第一は、前後関係を表す用法である。例：两个老太太在里面嘀咕了好一会儿，然后把辛小亮叫进来了。《丹凤眼》(二人の老婦人は奥でひとしきりしゃべってから辛小亮を呼び入れた。)第二は、表から里までの変化過程を表す用法である。例：针眼处开始泛白，然后发紫，然后渗出血来。《人啊，人》(刺したところが白くなり、それから紫色に変わって、血がにじみだした。)第三は、主次関係を表す用法である。例："你应该懂得认识和实践，理论和现实，永远处在对立的统一体中，而且首先是对立，然后才是统一。"《人啊，人》(「認識と実践、理論と現実は、永遠に対立と統一のうちにあることを理解すべきだ。それも、まず対立があって、それから統一されるんだよ。」)第四は、条件関係を表す用法である。例：任何一个部门的工作，都必须先有情况的了解，然后才会有好的处理。《毛泽东选集第三卷》(どの部門の仕事にしても、まず状況を了解することが必要であり、そののちにはじめて、うまく処理できるのである。)第五は、漸進関係を表す用法である。例：在完成上列部署以后，再行休整，然后从容攻击。《毛泽东选集第三卷》(上述の部署配置を完了してから休養と整備・訓練をおこない、そのうえでゆうゆうと攻撃にうつる。)第六は、並列関係を表す用法である。例：钟鼓楼果然小楷写得一丝不苟，柔中含刚，立即被校方看中。然后是呈报，然后是托人情，然后是焦急等待。《丹凤眼》(なかなか見事な出来映えである。柔軟な中に一本気骨の通った書はさっそく学校側に気にいられた。履歴書は上申され、知人に頼みこみ、苛立たしい思いで返事を待ち。)全ての例文は『中日対訳コーパス』(第一版)(北京日本学研究中心 2003)から抽出したものである。

は「そうして」の縮約形なので,「そう」と「して」に分解できる。さらに,「そして」は時間的な関係を示す役割を担っている。また,「そうすることで」何か起こされるというニュアンスがあり,因果関係をも示す役割を担っている。従って,時間的関係も因果関係も表現できる"于是"と対応する日本語の接続詞は「そして」である。

では,なぜ学習者は「それから」を用いるのであろうか。「それから」は指示詞の「それ」と起点を表す格助詞の「から」に分解できるため,そこには時間的関係も明確に示されている。あるいは「それから」は指示詞の「それ」と理由を表す接続助詞の「から」から構成されているとも考えられるので,学習者は「それから」が原因を表すと誤認してしまっている可能性もあると考えられる。以上から,学習者が語形の類似性で「それから」が時間的関係と因果関係を表現できると誤認識し,「そして」を使うべきところに「それから」を使用してしまったと考えられる。

「そして」と「それから」に認められる誤用には,いくつかの要因が混在していると考えられる。第一は,学習者が中国語の"然后"の用法を「そして」にもあてはめることができると誤認していることである。"然后"は区切り性を表すのに対し,「そして」は連続性を表すという違いがある。それにもかかわらず,区切り性を表す場合に「そして」を使用してしまっている。その要因として,"然后"と「そして」は並列関係や時間的関係などを示す幅広い用法をもっており頻繁に使用されることが考えられる。第二は,語形が類似しているという理由から,学習者が「それから」を時間的関係と因果関係という両機能を兼ね備えた接続詞と誤認していることである。従って,「そして」と「それから」の混用は単純な文法知識の欠如あるいは母語の干渉によって生じる誤用ではなく,複雑な要因が絡み合って生じた誤用であると考えられる。この現象は,「ねじれ誤用」①とも言える。

---

① 于(2012:43)によると,ねじれ誤用は「中国語母語話者の日本語学習者は,中国語にない文法規則の適用について自分の判断に基づいて行うので,その判断の過程においては,使用者の理解と文法規則の予期する内容とではミスマッチが生じることによって,現れてくる誤用のこと」である。

### 3.2 「*そして→それに」と「*それに→そして」

#### 3.2.1 母語話者における「そして」と「それに」の捉え方

楊・馬場（2004：38）によれば、「そして」は前文に後文を加えることで両文を連続する内容として表現し、一方「それに」はある出来事にさらにもう一つの出来事を付け加える。「それに」について石黒（2008：97）は、「それだけでなく、まだ他にもある」という、すでに示したものに重ねて示す感じが強いと説明している。伊豆原（2004：16）によると、「XそれにY」は話し手にとって当然言及すべき情報のうち、重要な情報をまずX（複数であることもある）で述べ、次に従情報をYで表すのに使われるものとなる。上記の先行研究から添加を表す「そして」と累加を表す「それに」の区別をまとめると表4のようになる。

表4 「そして」と「それに」の異同点

|  |  | そして | それに |
|---|---|---|---|
| 共通点 |  | 共通点・類似点のある事柄を並べる | |
|  | 意味 | 連続 | 付け加え，重ね |
|  | 時間継起性 | ある | なし |
|  | 情報軽重 | 後文重要 | 前文重要 |

#### 3.2.2 学習者における「そして」と「それに」の捉え方

『YUKタグ付き中国語母語話者日本語学習者作文コーパス』Ver.8から抽出した「そして」と「それに」の混用は12例であるが、「*そして→それに」の例はなく、すべて「*それに→そして」の例である。「そして」と「それに」の混用例数をまとめると表5のようになる。

表5 「そして」と「それに」の誤用例数

| 誤用傾向 | 誤用例数 |
|---|---|
| *そして→それに | 0 |
| *それに→そして | 12 |

「*それに→そして」の例として、(8)と(9)のようなものがある。

(8)本文はまず、中国で現行の医療制度と日本のを説明する。次に、両国の医療保険制度の利害を分析する。〈*それに→そして〉、日本医療制度からのヒントを指摘して、今後の改革に有用な意見を出す。最後に、本稿の内容をまとめる。(例(3)の再掲)

(9)23日に神様をまつります。民間で伝わっている神話の中で、神は家内の禍福財運をつかさどるといわれています。〈*それに→そして〉家族のみんなはゴマを利用して作った物を食べます。24日に、掃除します。それから、25日に豆腐を買います。

(8)では、接続詞で繋ぐ前文「両国の医療保険制度の利害を分析する」と後文「日本医療制度からのヒントを指摘し、今後の改革に有用な意見を出す」との間に連続性がある。(9)も同様である。そのため、これらの例文の前後文を繋げる接続詞としては「そして」が用いられるべきである。母語話者は、前後文で表される出来事が時間の流れに沿い移動していると捉えているため、「そして」を使用する。つまり、母語話者は前文と後文とが表す出来事を横に並列しているというイメージで「そして」を用いている。

　それに対し、学習者は「それに」を横に並列しているというイメージではなく、上に重なるというイメージから「それに」を選択し誤用を生じさせていると考えられる。母語話者と学習者における「そして」と「それに」の捉え方の違いを表6に示しておく。

表6　母語話者と学習者における「そして」と「それに」の捉え方

| | 母語話者 | 学習者 |
|---|---|---|
| 時間的流れに沿い起こった出来事への捉え方 | 出来事が移動している | 出来事が移動していない |
| | 前後文が横に並列しているというイメージがある | 縦に重ね置かれ累加しているというイメージがある |

### 3.2.3 「*それに→そして」にみられる捉え方の違いの要因

母語話者は、「まず」「次に」「最後に」などの表現が使用された時間

的な流れがある談話中で起きた事柄をどのように捉えているのであろうか。母語話者の文章を『現代日本語書き言葉均衡コーパス』を用いて分析する。(10)と(11)を参照されたい。

(10)まず魚料理、つぎに添えもの付きのしっかりした(!)肉料理、その次にとくに野菜だけの料理、そして鳥の丸焼き、昨夜に負けぬ甘味の大プディング、最後に……

(11)回避は反逆罪に等しい重罪であり、以前には労働を求められなかった人々も、まず女性、次に結核患者、そして年少者、高齢者と動員され、最終的には占領地から連行した何百万もの……

(10)において，「そして」が使用されているのは「その次にとくに野菜だけの料理，そして鳥の丸焼き，昨夜に負けぬ甘味の大プディング」の箇所である。「そして」を使用することで，書き手の視点は「野菜だけの料理」から「鳥の丸焼き」に移動している。(11)においては，「そして」を用いることで，「結核患者」から「年少者」「高齢者」に書き手の視点は移動している。

　一方，中国語母語話者は“首先”“然后”“最后”などが使用される時間的な流れがある談話において文が表す出来事をどのように捉えているのであろうか。ここでは『CCLコーパス』(北京大学中国語言語学研究センターコーパス)から抽出した(12)と(13)を例に説明する。

(12)首先，绷紧肌肉，并注意这时有什么样的感觉；然后突然放松力量，并注意有什么样的感觉；最后，仔细比较这两种感觉有什么不同。(まず，筋肉がぴんと張って，その上自分の感覚に注意する。次に，突然力を抜いて，さらに自分の感覚を向ける。最後に，この二つの感覚の違いを比べてください。)

(13)首先分因素划分等性块段，然后对各因素的复杂程度进行分级，并给各分级赋予一定的指数值，最后对各类块段进行叠加合成。(まず，因素によって等性ブロックを分けます。次に，各因素の複雑程度を分級する。その上各段級に指数値を与える。最後に，各類のブロックを重ね合わす。)

(12)では，「首先，绷紧肌肉，并注意这时有什么样的感觉(まず，筋肉

をぴんと張って,その上自分の感覚に注意する)」と「然后突然放松力量,并注意有什么样的感觉(次に,突然力を抜いて,さらに自分の感覚に注意を向ける)」に,"并"が使用されている。この"并"を使用することで,書き手の視点は移動せず,上に重なるというイメージで文が表す出来事が捉えられている。(13)も(12)と同様である。「然后对各因素的复杂程度进行分级,并给各分级赋予一定的指数值(次に,各因素の複雑程度を分級する。その上各段級に指数値を与える)」に"并"を用いることで書き手の視点は移動せず,上に重なるというイメージで文が表す出来事が捉えられている。

　以上で述べてきたように,時間的な流れに沿って文が表す出来事を述べるときの捉え方が日本語母語話者と中国語母語話者とでは一致していない。そのため,「*それに→そして」の混用には,中国語の「発想」[1]に基づく文の表す出来事に関する捉え方が影響していると考えられる。

### 3.3 「*それから→それに」と「*それに→それから」

『YUKタグ付き中国語母語話者日本語学習者作文コーパス』Ver.8には「それから」と「それに」の混用に関する誤用は1例も見いだせなかったため,ここでは論じないことにする。

### 3.4 まとめ

『YUKタグ付き中国語母語話者日本語学習者作文コーパス』Ver.8から抽出したデータをもとに,「添加型」の「*そして→Y」と「*それから→Y」,「*それに→Y」における混用について考察した。その結果,次のことが明らかになった。

　①混用の誤用パターンにおいて,誤用の分布は均等ではなく,誤用形態「*そして→Y」と「*それから→Y」,「*それに→Y」に偏るという傾向が認められる。

---

① 于(2011b:14)によると,学習者が言語を習得する際に見られる誤用は,「単なる文法知識の欠如や単純なミスによる誤用」と,母語の負の転移が作用する「発想の違いによる誤用」という二種類に分けられる。

②「そして」と「それから」の混用に関しては，日本語母語話者と異なり，学習者は前後文に区切り性がある場合には「そして」を使用し，連続性がある場合には「それから」を使用する傾向がある。「*そして→それから」の場合，学習者は文法知識の不足から，日本語でもっとも使用しやすい「そして」を中国語でもっとも使用しやすい"然后"にあてはめ，前後文を接続するためだけに使用している可能性がある。「*それから→そして」の場合，学習者は語形の類似性から，「それから」を時間的関係と因果関係という両機能を持っている接続詞として誤って使用している。

③「そして」と「それに」の混用に関しては，「*それに→そして」の誤用例しか出現しなかった。時間的な流れに沿って出来事を述べるとき，学習者は文が表す出来事を上に重なるイメージとして見る傾向がある。「それに」が「上に重なる」という意味をもつことは正しく理解しているものの，日本語が出来事をどのように捉えているのかまでは理解しておらず，この点が誤用の要因となっている。ここには日本語と中国語における文が表す出来事の捉え方の違いが反映されている。時間的な流れに沿って出来事を述べるとき，それを，日本語では横に並列したそれぞれが独立した出来事として捉えているのに対し，中国語では縦に重ね置かれ累加した一つの出来事として捉えているのである。

## 4　おわりに

「そして」と「それから」「それに」は同じ「添加型」に属しているが，それらには使い分けがある。従って，学習者はこうした使い分けについて明確に理解する必要がある。しかしながら，学習者は「そして」と「それから」「それに」の使い分けを把握していないため，その区別が曖昧になってしまっている。その結果として，文と文を繋ぐときに，学習者はそれぞれの「添加型」を混用して使用している。「添加型」がすべて同じ働きをするものと学習者が認識しているならば，それは基本的には正しいが，お互いに常に互換可能なわけではない。学習者は図3のような独自の誤用規則を持っているようである。

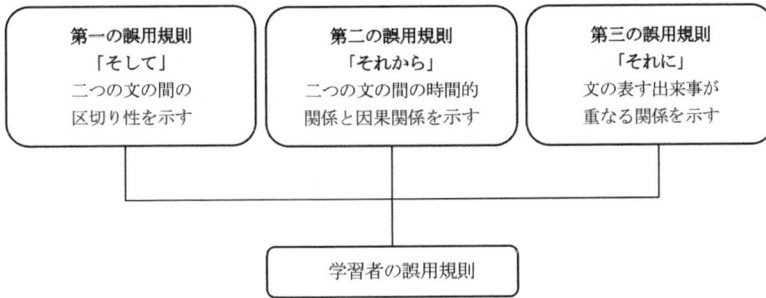

図3　学習者における「そして」「それから」「それに」に関する誤用規則

## 参考文献

刘海霞,2011. 关联词"然后"的篇章功能研究[D]. 北京:北京语言大学.

唐彬,2019a. 中国語を母語とする日本語学習者における「並列の接続詞」の混用について[J]. 北研学刊(15):77-100.

唐彬,2019b.「並列型の接続詞」の不使用と過剰使用に関する一考察—「そして」「また」を中心に—[M]//日语偏误与日语教学学会. 日语偏误与日语教学研究(第四辑). 杭州:浙江工商大学出版社:107-125.

于康,2011a.「中国語母語話者の日本語習得プロセスコーパス」「中国語母語話者の日本語誤用コーパス」の構築と中国語母語話者の日本語誤用研究のストラテジー[J]. エクス:言語文化論集(7):75-93.

于康,2011b. 統計から見る中国語母語話者の「に」の誤用について[J]. 北研学刊(7):14-25.

于康,2012.「ねじれ誤用」について—中国語母語話者のテンス・アスペクトの誤用を手がかりに—[M]//汉日对比语言学研究(协作)会,杭州师范大学日语系. 汉日语言对比研究论丛(第3辑),北京:北京大学出版社:32-45.

于康,林璋,于一乐,等,2017. 日语格助词的偏误研究(上)[M]. 杭州:浙江工商大学出版社.

赵新,2003."因此、于是、从而"的多角度分析[J]. 语文研究(1):26-29,34.

赵运普,2001. 说"于是"——兼谈顺承、因果复句的划界[J]. 新乡师范高等专科学校学报(1):26-27.

张亚茹,2008."于是"句的多角度分析[J]. 云南师范大学学报(对外汉语教学与研究版)(1):51-57.

石黒圭,2000.「そして」を初級で導入すべきか[J]. 言語文化(37):27-38.

石黒圭,2008. 文章は接続詞で決まる[M]. 東京:光文社新書.

伊豆原英子,2004. 添加の接続詞「それに、そのうえ、しかも」の意味分析[J]. 愛知学院大学教養部紀要(1):1-17.

市川孝,1978. 国語教育のための文章論概説[M]. 東京:教育出版.

栗原宜子,1968. それから・すると・では[J]. たより(31):28-36.

浜田麻里,1995. ソシテとソレデとソレカラ―添加の接続詞―[M]//宮島達夫,仁田義雄. 日本語類義表現の文法(下). 東京:くろしお出版:575-583.

林謙太郎,1986. 現代語における接続詞の用法(1)[J]. 語学研究(45):39-48.

ひけひろし,1985.「そして」と「それから」[M]//教育科学研究会,国語部会. 教育国語83. 東京:むぎ書房:44-53.

比毛博,1989. 接続詞の記述的な研究[M]//言語学研究会. ことばの科学2. 東京:むぎ書房:49-108.

森田良行,1998. 基礎日本語辞典[M]. 東京:角川書店.

守屋三千代,2000. 添加型の接続語について[J]. 日本語日本文学(10):45-58.

森山卓郎,2016. 文法と論理の意識を育てる―累加の接続詞「そして」「また」を中心に―[M]//三宅和子,大津由紀雄,小西いずみ,他. 特集ことばの意識を育てる. 東京:明治書院:26-38.

楊暁輝,馬場俊臣,2004. 接続詞「そして、それから、それに、そのうえ」の用法[J]. 北海道教育大学紀要(2):27-41.

## 有关以汉语为母语的日语学习者的"添加型"连词的混用考察
### ——以「そして」「それから」「それに」为中心

唐彬(北京航空航天大学)

**摘　要**　该文以《YUK带标签中国日语学习者作文语料库》Ver.8中检索到的数据为对象,对以汉语为母语的日语学习者的"添加型"中的「そして」「それから」「それに」的混用进行了考察。结果表明,关于「そして」「それから」「それに」,学习者拥有一套属于自己的使用规则,即:「そして」表示前后文的距离性,「それから」表示前后文的时间关系和因果关系,「それに」表示前后文所代表事物的累加关系。

**关键词**　以汉语为母语的日语学习者,添加型,混用,语料库,规则性

# 発話課題における複合動詞の 使用状況についての分析
## ―日本語能力と複合動詞の使用状況との 関係を中心に―

姚一佳(上智大学大学院)

**要　旨**　本研究は日本語能力の異なる中国人日本語学習者を対象に,日本語の複合動詞の習得状況について,ビデオを用いた口頭発話課題により,調査を行った。その結果,学習者の日本語能力が上がるにつれて,複合動詞の使用数が多くなったが,正用率は上がらなかった。この結果は,明示的知識に比べ,学習者の複合動詞に関する暗示的知識の習得が遅れていることを示している。また,日本語能力の異なる学習者群が犯しやすい誤用は異なっている。中位群には複合動詞の不使用が多く,それに加え,単純動詞で説明しきれない場面に対し,「VてV」という語彙的連合で説明しようとする傾向が見られた。上位群では語彙的連合による代用が減少し,類似している複合動詞の混同による誤用が増加した。これらの結果は,U字型発達曲線が予測している発達段階と一致している。

**キーワード**　複合動詞,口頭発話課題,暗示的知識,習得,U字型発達曲線

## 1　はじめに

　「書き始める」のような二つの動詞が連接した複合動詞は日本語に豊富に見られる。複合動詞は日本人の言語生活で重要な位置を占めているにもかかわらず,日本語教科書や教育現場での取り扱いが少なく,数も種類も限られている。先行研究では,複合動詞は日本語学習者にとって習得しにくい項目の一つであることがしばしば指摘されている(松田 2002,玉岡・初 2013)。従来の複合動詞の習得状況を調べた研究は,主に中上級学習者を対象に,筆記課題による調査が中心であり(松田 2002,陳 2004,白 2005,何 2010),発話課題における学習者の使用状況を調べた研究は僅かである(陳 2007)。複合動詞の効果的な指導案を考案するために,多様な角度から今までの指導の効果及び習得の問題点を明らかにすることが必要であると思われる。そこで,本研究は,複合動詞に焦点を当て,日本語能力の異なる学習者の複合動詞の使用状況について,発話課題で収集されたデータを分析し,検討を行うことで,学習者の習得できていない部分を具体的に示すことを目的とする。

## 2　先行研究

　複合語とは,二つ以上の語彙的意味を持つ形態素が結合してできた語のことを指す(三國・小森 2012)。日本語の複合動詞は,その高い生産性と多様な意味で,言語学において盛んに議論されている項目の一つであるとともに(影山 1993,姫野 2018,など),学習者にとって習得しにくい学習項目の一つとして第二言語習得領域においてもよく取り上げられるテーマである(松田 2002,陳 2007,何 2010,玉岡・初 2013)。本研究では,動詞＋動詞型の複合動詞を目標言語項目にした。また,複合動詞を構成する二つの動詞のうち,その第一動詞(例:「食べ終わる」の「食べる」)を前項動詞またはV1,第二動詞(例:「食べ終わる」の「終わる」)を後項動詞またはV2と呼び,議論を進める。

　従来,第二言語としての日本語の複合動詞の習得を調べた研究では,複合動詞の習得困難点についての調査が数多くなされてきてい

る(松田 2002,陳 2004,白 2005,松田・白石 2006,何 2010,玉岡・初 2013)。一定の日本語能力に達さないと複合動詞が使えないという認識が一般的であるため,日本語の複合動詞の習得を扱った先行研究は主に中上級日本語学習者を対象に行われている。陳(2004)は,文法性判断課題を用い,中上級中国人学習者の「-あう」と「-こむ」の二つの複合動詞の習得状況を調べた。その結果,学習者が「-あう」を中国語の「相互」に対応させ,「-こむ」の意味を「内部への移動」として捉える傾向があると報告した。白(2005)は二肢選択課題を用い,中上級韓国人学習者の「-出す」と「-始める」の習得状況を調べた結果,陳(2004)と同じく,意味理解方式の単純化による誤用の存在を報告した。学習者は「-出す」の意味を「第三者による動作の開始」として捉え,「-始める」の意味を「自分の行動の開始」として捉える傾向がある。この意味理解方式の単純化による誤用の存在は,松田・白石(2006)の調査結果にも見られた。松田・白石(2006)は,アンケート調査で上級学習者の前項動詞「とり-」の習得状況を調べた結果,学習者が「とり+V2」を「とってからV2する」と理解していることが多いと報告した。上述の意味理解方式の単純化による誤用のほか,学習者の使用によく出現している誤りの一つとして,過剰般化が挙げられる。松田(2002)は筆記形式の文産出課題とアンケート調査を用い,上級学習者の「-こむ」の習得状況を調べた。その結果,学習者の「-こむ」の習得度が低いと報告すると同時に,過剰般化の現象が多く見られると指摘した。

　以上に概観した先行研究は,すべてある特定の複合動詞に焦点を当てて行われた研究である。これらの研究結果から,目標言語項目にかかわらず,学習者の習得状況に過剰般化,意味理解の単純化による誤用が一般的に存在していることが窺える。それに対し,一部の先行研究は,使用頻度等を基準にし,複数の複合動詞を目標言語項目として選び出し,学習者の習得状況を調べている。何(2010)は,中上級学習者を対象にし,使用頻度及び複合動詞の構成要素が具体的な意味を示すかという二つの基準に基づいて選出された複合動詞を目標言語項目にし,筆記形式の翻訳課題及び文法性判断課題を行った。その結果,V2がアスペクトを示す複合動詞(例:書き続

ける),V1もV2も具体的な意味を示す複合動詞(例:取り出す)の二つのタイプの複合動詞が習得しやすいことを報告した。また,学習者の複合動詞の使用に母語転移による誤用の例が見られた(例:資金を吸い取る)。

玉岡・初(2013)は,影山(1993)の分類を参照し,語彙的複合動詞に焦点を当てて文法性判断課題を実施した。調査対象となったのは中国で学ぶ初中級学習者である。その結果,学習期間にかかわらず,V1が難しく,さらにV1とV2が意味的に抽象的な語彙的複合動詞が最も習得しにくいことがわかった。逆に,V1が易しい場合,学習期間のより長い学習者の正答率がより高かった。この結果から,学習者の日本語能力と複合動詞の構成要素の難易度との交互作用が見られたが,学習期間以外の評価基準を用いていないため,ほかの研究の結果と比較することが難しい。

一瀬他(2015)は同じく影山(1993)の分類を参照し,統語的複合動詞に焦点を当て,自他動詞に関する二肢選択課題,複合動詞に関する選択式の穴埋め問題と4尺度の文法性判断課題の三つの課題を韓国人学習者に実施した。その結果,学習者の使用状況に母語の影響が見られ,韓国語で「V1ことをV2する」の形式で表現できる文において,複合動詞の不使用現象が起こりやすいと報告した。また,日本語能力の低い学習者ほど,母語の影響が出やすいと指摘した。一瀬他(2015)の調査結果から,学習者の日本語能力と複合動詞の使用状況との関係が垣間見られるが,習熟度テストとして使われた言語テスト,及びその得点とほかの言語テスト(例:日本語能力試験)との対応が明記されていないため,玉岡・初(2013)と同様に,それぞれのグループに分けられた学習者の日本語能力の相対的な高低はわかったが,ほかの学習者の使用状況との比較が難しいという問題が残っている。

以上で述べた先行研究は,主に筆記形式の調査方法を用いている。調査方法が調査結果に及ぼす影響は,第二言語習得研究領域において,早い時期から議論されてきている(Bialystok 1982,Han and Ellis 1998,Ellis 2005,Bowlers 2011)。一般的には,時間的プレッシャーのない文法性判断課題や作文課題は,学習者の明示的知

識①を測るのに対し,時間的プレッシャーのある文法性判断課題や発話課題は学習者の暗示的知識②を測るとされている(Ellis 2005)。暗示的知識と明示的知識がそれぞれ言語学習にどのような役割を果たしているかについては,従来激しく議論されている問題の一つである。近年,脳科学の視点から,第二言語習得のメカニズムを究明しようとする研究により,明示的知識と暗示的知識がそれぞれ脳の異なる部位に保存されていることが指摘されている(Ullman 2001,Lee 2004)。そのため,時間制限なしの筆記課題等を用いて複合動詞に関する明示的知識を究明するとともに,時間制限ありの口頭発話課題等を用い,学習者の複合動詞に関する暗示的知識の習得状況を調べることは,複合動詞の習得状況の全体像の究明にとっても必要ではないかと思われる。しかしながら,今までの先行研究はほとんど明示的知識の調査を中心に行われている。その中で,コーパスに収録されている発話データを利用し,学習者の使用実態を調べた研究は僅かしかない(陳 2007)。陳(2007)はコーパスに収録されている会話データを用い,学習者の複合動詞の使用実態を分析した。その結果,母語話者に比べ,学習者の複合動詞の使用数は少なく,使用した種類も少なかったことを報告している。また,学習者の複合動詞の使用に,母語と習熟度の影響が見られた。しかし,会話データで語彙の使用実態を調べた際に,使用語彙の数と種類が会話のテーマ(または内容)に大きく左右されているという問題が生じている。会話を同じテーマあるいは内容に設定しないと,被験者間の使用実態を比較することが難しいと思われる。さらに,会話データでは,産出された語彙の使用実態を調べることができるが,使用すべきところで使用されていない不使用等誤用以外の問題点を扱うことが難しい。そこで,本研究は,Ellis(2005)のL2暗示的/明示的知識の構成概念の操作上の定義に従い,ビデオを用いた時間制限付き(5秒以内)の口頭発話課題を用い,同じコンテクストで学習

---

① 規則を出発点として形成され,自覚的な認識を伴った言語の分析的な知識を指す。
② 母語話者が母語に対して持っているような言語に対する直感的,感覚的な知識を指す。

者の使用状況を比較し,先行研究ではあまり解明が進んでいない日本語学習者の複合動詞に関する暗示的知識の実態を調べる。詳細は次の表1になる。

表1　L2暗示的/明示的知識の構成概念の操作上の定義および本調査設計上の特徴①

| 規準 | 暗示的知識 | 明示的知識 | 時間制限付きの口頭発話課題(本調査) |
|---|---|---|---|
| アウエアネスの程度 | 感覚(feel)による反応 | 規則を用いた反応 | 感覚 |
| 利用可能な時間 | 時間的プレッシャーあり | 時間的プレッシャーなし | 時間的プレッシャーあり |
| 注意の焦点 | 主要な注意は意味 | 主要な注意は言語形式 | 意味 |
| メタ言語的知識 | メタ言語的知識は不要 | メタ言語的知識を奨励 | 不要 |

　さらに,今まで行われた先行研究は学習者の複合動詞の使用における過剰般化,意味理解方式の単純化や母語転移による誤用等の問題を具体的に示したが,調査の対象となったのは,ほとんど同じ言語レベルに属している学習者であった。その中で,日本語能力の異なる学習者の使用状況を比べてみた研究もある(玉岡・初 2013,一瀬・木戸・團迫 2015)が,言語能力に対する評価基準が研究によって異なっているので,調査結果の一般化に困難が生じる。日本語能力の異なる学習者の複合動詞の使用状況はどう異なっているか,また日本語能力が上がるにつれて,複合動詞の誤用のタイプが変化するか,また,発話課題で得られた結果は,筆記課題を用いた先行研究の結果(玉岡・初 2013,一瀬・木戸・團迫 2015)と一致しているか,これらの問題について検討の余地がまだあると思われる。そこで,本研究は,日本語能力の異なる中国人学習者を対象にして調査を行い,日本語能力と複合動詞の使用状況との関係についても検討する。

---

① Ellis(2005),小柳(2018)訳。

## 3 研究課題

本研究では,発話課題を用い,中国人日本語学習者の複合動詞の使用状況,及び使用状況と日本語能力との関係を明らかにすることを目的とする。研究課題は以下の二つである。

(1)日本語能力が上がるにつれて,複合動詞の使用数と正用率が増えるか。

(2)日本語能力が上がるにつれて,複合動詞の誤用タイプが変化するか。

## 4 研究方法

### 4.1 参加者概要

日本の大学に在学している中上級の中国人学習者48人を対象に,ビデオを用いた口頭発話課題を実施した。参加者の日本語能力を測定するために,SPOT(WEB版SPOT90)を実施した。参加者のSPOTの得点を参考にし,上位群,中位群Ⅰ及び中位群Ⅱの三つの群に分けた。グループ分けの基準は,SPOTのレベル分けの基準を参考にし,80〜90点を上位群(n＝16,M＝84.1,SD＝2.72),70〜79点を中位群Ⅰ(n＝16,M＝73,SD＝2.17),60〜69点を中位群Ⅱ(n＝16,M＝64,SD＝2.38)に分けた。

### 4.2 調査項目

調査で対象とする複合動詞は,『複合動詞レキシコン』より,意味の異なる複合動詞20語選出した。また,参加者に本調査が複合動詞の使用状況を調べる調査であることに気付かせないように,錯乱肢として,単純動詞10語を選出した。目標言語項目及び錯乱肢の内訳は,表2の通りである。

**表2　調査項目の内訳**

| 目標言語項目 | 抱き合う,走り抜く,崩れ落ちる,積み重なる,履き替える,泣き止む,泣き喚く,燃え広がる,凍り付く,投げ入れる,駆け降りる,立ち上がる,組み立てる,奪い去る,食べ残す,使い切る,咲き乱れる,投げ付ける,売り歩く,抱きつく |
|---|---|
| 錯乱肢 | 歩く,寝る,食べる,洗う,泳ぐ,書く,降る,話す,走る,飲む |

## 4.3　調査材料

　複合動詞の産出状況を調べるため,ビデオ形式の口頭発話課題を用いた。錯乱肢も含み,1語につきビデオ1本で,全30本のビデオを用意した。ビデオはインターネットからダウンロードした日常生活の出来事や実際の場面を表すものである。ダウンロードした後,長さの調整を行い,各ビデオの長さを8秒以内に制限した。調査を行う前に,日本語母語話者12人にネイティブチェックをしてもらい,ビデオの内容と当該動詞の意味が一致していることを確認した。

## 4.4　手続き

　調査は静かな環境で調査者と参加者の対面形式で行った。参加者は,パソコンを置いた机の前に調査者と並んで座った。参加者に調査内容,手続きおよび視聴回数制限(1回限り),時間制限(5秒以内)等の注意事項について説明した後,導入課題としてサンプル動画1本を提示した。調査内容を説明する際に,参加者に「本調査は短いビデオを視聴し,見た内容を日本語で描写する調査である」ことを説明したが,複合動詞に関する調査であることについて一切言及しなかった。ビデオを視聴する前に,調査者が画面を指差しながら,「この人/物(人や物の名称)を見てください」という指示を参加者に出した。ビデオ視聴後,調査者が参加者に対し「はい,どうぞ」を言うことで参加者に発話することを促した。参加者が導入課題に適切に反応できることを確認後,本課題に入った。本課題では,錯乱肢を含み,計30本のビデオをランダムに各参加者に提示した。すべての課題は正誤のフィードバックなしで実施した。参加者が

産出した文は,すべて録音しておき,後日筆者が書き起こした。

### 4.5 分析方法

まず,学習者が産出した複合動詞を含む文を2名の母語話者に2尺度で判定させた。判定基準は以下の二つである。一つはビデオの内容と一致しているか,もう一つは当該複合動詞の使い方が正しいか。両方とも「はい」と判定した場合は「〇」,両方とも「いいえ」あるいはその中の一方が「いいえ」と判定した場合は「×」で示してもらった。「×」と判定した場合,訂正案を提示してもらった。判定結果の具体例は,表3のとおりである。錯乱肢は分析に関係しないため,判定する際に,錯乱肢を判定対象から外した。よって,分析対象となる項目は計20項目である。詳細は次の表3になる。

表3　母語話者による許容度判定結果の例

| 目標言語項目 | 学習者の産出文 | 判定者A | 判定者B | 最終結果 | 訂正案 |
|---|---|---|---|---|---|
| 履き替える | 女の子は靴を<u>着替</u><u>え</u>ています | × | × | × | 履き替える |
| 組み立てる | この人は何か棚を<u>組み立て</u>ています | 〇 | 〇 | 〇 | |
| 奪い去る | 男の人が女の人のカバンを<u>奪い取った</u> | 〇 | 〇 | 〇 | |
| 抱きつく | 男の人がもう1人の男を<u>抱き締めた</u> | × | × | × | 抱きつく |

次に,母語話者判定のうち,「×」と判定したものを複合動詞の誤用とした。判定結果に基づき,各参加者の発話産出における複合動詞の使用数,正用数および正用率を算出し,分析を行った。分析には,SPSS(Ver.24.0)を使用した。さらに,各参加者が産出した複合動詞について,質的に分析を行った。

## 5　結果と考察

ここでは研究課題の順に結果についてまとめ,考察を行う。

## 5.1 複合動詞の使用状況と日本語能力との関係(課題1)について

発話課題では,学習者が合計116語の複合動詞(延べ語数)を産出した。母語話者判定の結果,その中の44語(延べ語数)を正用とした。発話課題における複合動詞の使用状況は,表4に示す。

表4　発話課題における複合動詞の産出状況(延べ語数)

|  | 上位群 | 中位群Ⅰ | 中位群Ⅱ |
|---|---|---|---|
| 産出数 | 72(M＝4.5,SD＝2.371) | 25(M＝1.6,SD＝1.903) | 19(M＝1.2,SD＝1.074) |
| 正用数 | 26(M＝1.6,SD＝1.317) | 10(M＝0.6,SD＝0.781) | 8(M＝0.5,SD＝0.612) |
| 平均正用率* | 38% | 24% | 30% |

注:平均正用率は,各参加者の正用率の平均値である(正用率＝正用数/産出数)。

まず,日本語能力の異なる三つの参加者群の複合動詞の産出数に差があるかどうかを調べる際に,5%の有意水準で,クラスカル・ウォリス検定を用いた。その結果,日本語能力の異なる三つの参加者群の複合動詞の使用数に,有意差が見られた($\chi^2$＝20.523,$df$＝2,$p$＝0)。多重比較を行ったところ,上位群と中位群Ⅰ($p$＝0.001),上位群と中位群Ⅱ($p$＝0)との間に有意差が認められた。

次に,日本語能力と正用率の関係について分析する。分析をする際に,正用数/産出数によって算出した各参加者の正用率を用いた。正用率に対し,角変換を行った上で,5%の有意水準で,一元配置の分散分析を行った。その結果,日本語能力の異なる三つの参加者群の複合動詞の正用率に,有意差が見られなかった($F(1,35)$＝0.116,$p$＞0.05)。つまり,日本語能力が上がるにつれて,発話における複合動詞の産出数が増えたとはいえ,正用率が上がっていない。

## 5.2　複合動詞の誤用タイプと日本語能力との関係(課題2)について

以下では,レベルごとに,学習者の複合動詞の使用状況を質的に分析する。

### 5.2.1　中位群Ⅱの産出状況についての質的分析

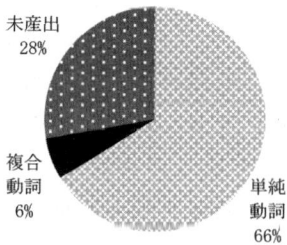

中位群Ⅱの特徴として，まず複合動詞の不使用が多いことが挙げられる。複雑な場面であっても，中位群Ⅱが単純動詞を使って描写しようとする傾向を示した。図1で示したように，分析対象となった1人につき20本（計320本）のビデオに対する発話に単純動詞と複合動詞が占める割合はそれぞれ66%と

図1　中位群Ⅱの発話状況

6%となっている。そのため，中位群Ⅱの発話に，「女の人が立ち上がった」場面を描写する際に，「女の人が立っている」のような場面にふさわしくない文の産出が多く見られた。

また，中位群Ⅱが産出した限られた複合動詞の中で，「抱き合う，抱きつく，抱き締める」，「組み合わせる，取り組む，組み立てる」，「着替える，履き替える」のような意味や形が類似している複合動詞の混同による誤用が見られた。また，「積み重ねる」を「重ね積む」に発話してしまったような組み合わせの間違いによる誤用も見られた。

### 5.2.2　中位群Ⅰの産出状況についての質的分析

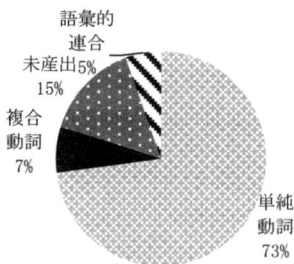

図2で示したように，中位群Ⅱに比べ，中位群Ⅰがより多くの複合動詞を産出したが，その数は依然として少なかった。中位群Ⅱに比べ，中位群Ⅰの特徴として，まず挙げられるのはその発話に「VてV」「VながらV」のような二つの動詞を「て」や「ながら」で連接した

図2　中位群Ⅰの発話状況

構造が出現したことである。例として，「お皿が畳んで並ぶ（目標言語項目：積み重なる）」「女の子が靴を脱いで履く（目標言語項目：履き替える）」「火が燃えて拡大する（目標言語項目：燃え広がる）」等発話文が挙げられる。これらの語彙的連合[①]の使用は全部誤用だと判定されてしまったが，そこから中位

---

① 姫野（2018）の用語を参考。

群Ⅰの学習者に二つ以上の動詞を使って場面をより正確に描写する意識が芽生えたことが窺える。

　学習者の発話をさらに分析すると，以下の2点がわかった。第一に，中位群Ⅱに存在している類似している複合動詞の混同による誤用が中位群Ⅰにも見られた。例として，「抱き締める，抱き合う，抱きつく」「組み立てる，取り付ける」「燃え尽くす，燃え広がる」が挙げられる。次に，中位群Ⅰの発話に過剰般化現象が見られた。例として，「赤ちゃんが寝込んでいる（錯乱肢：寝る）」，「魚が泳ぎ回っている（錯乱肢：泳ぐ）」が挙げられる。つまり，中位群Ⅰになってから，意味や形が類似している複合動詞の混同による誤用に加え，先行研究でも言及された複合動詞と単純動詞の混同による誤用も出現した。

### 5.2.3　上位群の産出状況についての質的分析

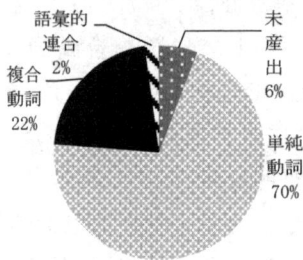

図3　上位群の発話状況

　図3で示したように，上位群の複合動詞の使用数が中位群の使用数に比べ，顕著に増えた。しかし，誤用も多く含まれているため，正用率が有意に上がっていない。中位群Ⅰと比較すると，上位群の発話にも，「VてV」のような語彙的連合が見られたが，数が少なかった。一方，中位群Ⅰ・Ⅱに見られた類似している複合動詞の混同による誤用が上位群に最も多く見られた（図4）。中位群Ⅰ・Ⅱに共通している「抱き締める，抱き合う，抱きつく」，「組み立てる，組み合わせる，積み立てる」，「履き替える，着替える」に加え，「積み上げる，積み込む，積み重なる」「飛び降りる，駆け降りる」「殴り付ける，投げ付ける」「走り終わる，走り抜く」「立ち上げる，立ち上がる」等の混同も挙げられる。また，過剰般化の存在も見られたが，数は少なかった（2語）。最後に，上述した日本語能力の異なる学習者の発話に出現した主な誤用，及びその数の変化を図4に示す。

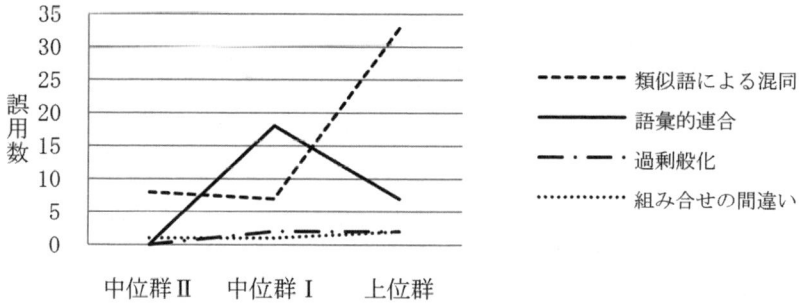

図4　誤用タイプの比較

## 5.3　考察

　以上で述べた量的分析と質的分析の結果を鑑みると,日本語能力が上がるにつれて,学習者の複合動詞の使用数が増えたが,上位群と中位群との間に,正用率における差が見られなかったことがわかった。その原因の一つとして,中位群に比べ,上位群の発話に類似した複合動詞の混同による誤用が数多く存在していることが挙げられる。この結果は,筆記課題を用いて複合動詞の使用実態を調べた玉岡・初(2013),一瀬・木戸・團迫(2015)の研究結果と一致していない。このことから,明示的知識に比べ,学習者の複合動詞に関する暗示的知識の習得が遅れていることが窺える。

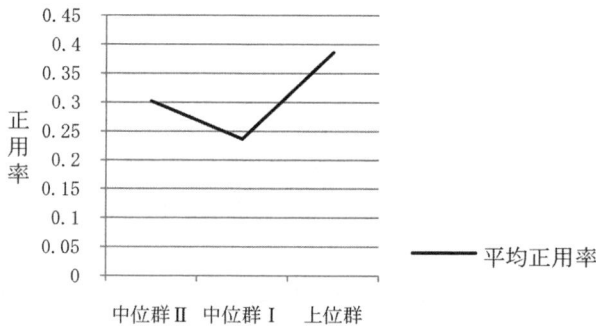

図5　正用率の変化

　次に,中位群Ⅰ・Ⅱと上位群を比べると,類似している複合動詞の混同による誤用は日本語能力が上がるにつれて増加する傾向が

示された。一方，「VてV」のような語彙的連合は日本語能力が上がるにつれて減少することがわかった。これらの語彙的連合は，日本語能力の低い中位群Ⅱの発話においては見られなかったが，中位群Ⅰの発話には多く見られた。その後，語彙量の増加に伴って減少する傾向が観察された。つまり，このような誤用として判断された語彙的連合は，中位群Ⅰが見せた場面を単純動詞で説明しきれないことに気づき，本能的に使ってしまったストラテジーの一つである可能性がある。翻訳課題のような筆記形式の産出課題で明示的知識の角度から複合動詞の使用状況を調べた先行研究では，学習者が知らない語に遭遇する際に，ストラテジーとして，母語の語形成法則に従って日本語の複合動詞を作り出すことが報告されている（何2010）。それに加え，上述の質的分析より，学習者が複合動詞に関する暗示的知識を作動させる際に，語彙的連合で表すというストラテジーも存在していると考えられる。

　また，中位群と上位群の正用率に有意差が見られなかった結果は，前述のように，学習者の複合動詞に関する暗示的知識の習得状況を反映しただけでなく，学習者の複合動詞の語彙量が増えたものの，正確さから見れば，その習得が中級レベルから上級レベルまでの段階で停滞状態になっている。さらに，日本語能力の異なる参加者群の正用率の変化を図5に示す。3群の平均正用率の変化曲線を見れば，統計的に有意ではないが，3群のうち，中位群Ⅰの平均正用率が最も低かった。このように，レベルが上がるにつれてある課題の成績が「高い→落ち込む（あるいは停滞）→再び高くなる」という発達曲線を示している現象は，「U字型発達曲線（U-shaped behavior）」と呼ばれ，認知発達や言語習得の様々な側面において報告されている（Strauss and Stavy 1982，Bowerman 1982，Kellerman 1985）。つまり，母語習得でも，第二言語習得でも，習得のプロセスが漸進的に進むのではなく，一時期に目標言語の規範から逸脱した言語形式を産出する段階が存在していると考えられる。この習得段階は，一見後退または停滞しているように見えるが，実は中間言語の再構築の段階と見なされている。本調査で確認された日本語能力の向上に伴い，複合動詞の産出数が増えたものの，正用率が上がらなかったという

習得状況は,この「U字型発達曲線」が主張している発達における後退または停滞段階と一致しているのではないかと思われる。よって,中上級の段階において,複合動詞の語彙量の増加とともに,学習者が心内辞書に形成している意味と形態のマッピングを再構築する必要があるため,結果的に類似した複合動詞の混同による誤用が増加し,正用率が上がらなかった可能性が示唆される。

# 6 今後の課題

　今回の調査は,限られた人数に対して行う横断的調査であるため,本調査で発見された中間言語の変化プロセスおよびU字型発達の傾向について,よりデータの数と種類を増やし,継続的にデータ収集を行う必要がある。また,今回の調査は,ビデオ形式の口頭発話課題を用い,学習者の複合動詞の使用状況を調べた。自然対話課題に比べ,ビデオを用いた口頭発話課題は各学習者の同じコンテクストでの発話を調べられる利点がある一方,学習者がどのようにビデオの内容を理解しているかを把握しにくい弱点もある。そのため,今後,思考発話法(think-aloud)等参加者の思考プロセスを観察できる手法を取り入れ,学習者の発話意図を把握した上でその発話を分析することも必要であると思われる。

　本調査で得られた成果をもとに,日本語教育へ以下のような提言をしたい。まず,明示的に「教える」活動と暗示的に「産出させる」活動を有機的に結び付け,授業や指導に効果的につなげたいと考える。本調査で得られた結果からは,学習者の複合動詞の産出数が全体的に少ないことが明らかになった。二つの動詞を組み合わせて複雑な場面を描写するという使用意識が中級レベルの段階で芽生えたが,上級になっても複合動詞を使いこなし,場面を正しく描写することがまだできていない。よって,教育現場では,学習者に複合動詞を産出させるような活動を実施する必要がある。また,日本語能力が上がるにつれて,産出数が増える傾向にあったが,上級では,類似している複合動詞を使い分ける能力を養成する必要があると思われる。今後,明示的に「教える」活動と暗示的に「産出させる」活動がそれぞれ複合動詞の習得にどう影響するのか,類似している

複合動詞の使い分けを教えることにどんな指導法が適しているか，教育現場へ貢献できるような検証を引き続き行いたい。

## 参考文献

一瀬陽子,木戸康人,團迫雅彦,2015. 韓国語を母語とする日本語学習者における統語的複合動詞の習得[J]. 福岡大学人文論叢(47):453-475.

影山太郎,1993. 文法と語形成[M]. 東京:ひつじ書房.

何志明,2010. 習得しやすい日本語複合動詞とは何か？—香港人中上級日本語学習者の習得及び使用実態予備調査を通して—[J]. 日本語教育研究(1):227-224.

国立国語研究所,2015. 複合動詞レキシコン[EB/OL]. (2018-08-01)[2020-02-27]. https://db4.ninjal.ac.jp/vvlexicon.

小柳かおる,2018. 第二言語習得(SLA)の普遍性[M]//小柳かおる,向山陽子. 第二言語習得の普遍性と個別性—学習メカニズム・個人差から教授法へ—. 東京:くろしお出版:1-27.

玉岡賀津雄,初相娟,2013. 中国人日本語学習者の語彙的複合動詞の習得に影響する要因[M]//影山太郎. 複合動詞研究の最先端—謎の解明に向けて—. 東京:ひつじ書房:413-430.

陳曦,2004. 中国人学習者における複合動詞の習得に関する一考察—「～あう」と「～こむ」の理解に基づいて—[J]. ことばの科学(17):59-79.

陳曦,2007. 学習者と母語話者における日本語複合動詞使用状況の比較—コーパスによるアプローチ—[J]. 日本語科学(22):79-99.

白以然,2005. 複合動詞「～出す」・「～始める」の習得—韓国語を母語とする学習者の意識を中心に—[J]. 人間文化論叢(8):307-315.

姫野昌子,2018. 複合動詞の構造と意味用法[M]. 東京:ひつじ書房.

松田文子,2002. 日本語学習者による複合動詞「～こむ」の習得[J]. 世界の日本語教育(12):43-61.

松田文子,白石知代,2006. コア図式を用いた複合動詞習得支援のための基礎研究—「とり～」を事例として—[J]. 世界の日本語教育(16):35-51.

三國純子,小森和子,2012. 表記・語彙[M]//近藤安月子,小森和子. 研究社日本語教育事典. 東京:研究社:209-229.

BIALYSTOK E,1982. On the relationship between knowing and using forms[J]. Applied linguistics(3):181-206.

BOWERMAN M,1982. Strarting to talk worse:clues to language acquisition from children's late speech errors[M]//STRAUSS S, STAVY R. U-shaped behavioral growth. New York：Academic Press：101-145.

BOWLERS M，2011. Measuring implicit and explicit linguistic knowledge：what can heritage language learners contribute？[J]. Studies in second language acquisition(2)：247-271.

ELLIS R，2005. Measuring implicit and explicit knowledge of a second language：a psychometric study[J]. Studies in second language acquisition(2)：141-172.

HAN Y，ELLIS R，1998. Implicit knowledge, explicit knowledge and general language proficiency[J]. Language teaching research(1)：1-23.

KELLERMAN E，1985. If at first you do succeed…[M]//GASS S M，MADDEN C C. Input in second language acquisition. Rowley, Mass.：Newbury House：324-344.

LEE N，2004. The neurobiology of procedural memory [M]//SCHUMANN J，CROWEL S，JONES N，et al. The neurobiology of learning：perspectives from second language acquisition. Mahwah, N. J.：Lawrence Erlbaum：43-74.

STRAUSS S，STAVY R，1982. U-shaped behavioral growth [M]. New York：Academic Press.

ULLMAN M，2001. The declarative/procedural model of lexicon and grammar[J]. Journal of psycholinguistic research(1)：37-69.

## 口语产出中的日语复合动词使用情况调查
### ——以日语水平和复合动词使用情况的关系为中心

姚一佳(上智大学大学院)

**摘　要**　该文通过口语测试的方式,对中国日语学习者的复合动词习得情况进行了调查。结果显示,随着学习者语言水平的提高,其复合动词使用的数量在不断增加,但使用的正确率并没有显著提高。这表明复合动词暗示知识的习得滞后于明示知识。同时,中级组学习者的复合动词使用数量很少,在对一些复杂场景进行说明时,他们倾向于采用"一般动词て一般动词"的方式将动词组合起来进行描述,而上级组学习者的产出中,这类词汇组合的使用率较低,但对复合动词近义词的误用大量增多。这一倾向,符合"U型曲线"的预测。

**关键词**　复合动词,口语测试,暗示知识,习得,U型曲线

# 量的程度副詞の動作量規定に関する
# 日中対照研究

劉傑(山東科技大学)

**要　旨**　本稿では,動作動詞と共起する際の日本語と中国語の程
度副詞の動作量の表し方を取り扱う。まず,日本語の程
度副詞の意味に,時間量・回数・主体の数量・客体の数
量のほか,本稿ではさらに空間的移動量という意味素性
を付け加えて考察を行い,程度副詞と動作動詞のそれぞ
れの語彙的意味という観点から,その共起制限が生じる
理由を明らかにする。その上で,中国語と日本語を対照
し,それぞれの特色を論じる。

**キーワード**　量的程度副詞,動作量,日中対照

## 1　はじめに

　程度副詞のなかには,属性を表す形容(動)詞と共起し,属性の程
度を規定するだけではなく,動詞に先行し,動作量を規定する一類
がある。本稿では,動作量を規定する程度副詞を取り扱う。ただ
し,一口に「動詞」といっても,様々なものがある。まず,「食べる」
「読む」など動作が及ぶ客体が存在する動詞のほか,「歩く」「行く」な
どの移動動詞,「座る」「待つ」「黙る」など動きの結果の持続にかかわ
る動詞がある。本稿では,これらの動詞を一括して「動作動詞」と呼
び,これらの行為を実行する(または実行される)ことにより生じた
量を「動作量」と呼ぶことにする。このほか,「ある」「いる」などの存

在動詞があり，程度副詞はこれを修飾することもある。そこで，これについても少し触れておきたい。

　程度副詞と動作動詞の共起について，森山（1985：61）は，動作動詞・存在動詞と共起する際に程度副詞が表す意味に基づいて，日本語の程度副詞には，純粋に程度だけを表すものと，程度だけではなく量をも表すものとの二種類があるとし，前者を「純粋程度副詞」，後者を「量的程度副詞」と呼んでいる。

　純粋程度副詞：非常に，とても，大変，はなはだ，きわめて，より

　量的程度副詞：ずいぶん，かなり，相当，結構，少し，ちょっと，多少，少々，もっと

　これに続いて，中山（1996），仁田（2002），佐野（2006，2008），北原（2013）などで，程度副詞の動作量規定についての研究がさらに進められている。特に佐野（2006）では，動作動詞と共起する時に程度副詞が表す意味を「動きの量」「時間量」「度数」「主体・客体の数量」の四つに分けて考察が行われているため，程度副詞の量的意味がより明らかになっている。しかし，佐野（2006）の考察では，時間量を表す場合を除けば，「ずいぶん」「かなり」「だいぶ」だけを取扱い，用例に偏りが見られる。また「量的程度副詞はすべての動詞と共起する」（佐野　2006：87）と述べ，共起制限について触れていない。これだけではなく，「随分飲んでいる」を客体の数量としている一方，客体の数量を表す「かなり喋った」は空間的移動量を表す「かなり歩いた」と同じく「動きの量」として扱うなど，分類にあいまいな一面が窺える。

　　（1）「モリちゃんと一緒じゃあ，もう随分飲んでいるでしょう？」
　　　　（椎名誠『新橋烏森口青春篇』）
　　（2）彼は言葉数の多いほうではなかったが，さすがに人恋しかったらしく，かなり喋った。（小松左京『日本アパッチ族』）
　　（3）「一発すごい発見してやろうか」と思ってかなり歩いた。（『上毛新聞』2001年）

　（用例（1）は佐野　2006：81より，用例（2）〜（3）は佐野　2006：87より）本稿では，佐野（2006）の分類を踏まえ，動作動詞と共起する日本語の程度副詞の意味を1）時間量，2）空間的移動量，3）主体の数量，4）回

数,5)客体の数量の五つに分けて考察し,そのうえで中国語と日本語を対照し,それぞれの特色を明らかにする。

　中国語において,動作量規定という観点から程度副詞を捉えた研究には,時(2011a,2011b)などがある①。また,程度副詞の中日対照研究には,時(1999,2008,2009)などがある。中国語の程度副詞のうち,程度だけではなく動作量をも規定できるものとしては,次のような語が挙げられる。

　動作量規定可能な程度副詞:稍微,略微,多少,稍稍,稍など。

　本稿の構成としては,まず第2節で,日本語の量的程度副詞が動作動詞もしくは存在動詞を修飾する際の意味を考察し,共起制限についても触れる。続いて,第3節で中国語の程度副詞と対照し,共通点と相違点を明らかにする。最後に,第4節で本稿の考察をまとめる。

　なお,本稿で用いる日本語の用例は,主に『現代日本語書き言葉均衡コーパス』,『毎日新聞』記事データベース『毎索』,『朝日新聞』記事データベース『聞蔵Ⅱビジュアル』から収集したものである。ただし,実際に使用されている用例が今回の調査対象としたコーパスには出ていなかった場合,それを補うために,『Yahoo！JAPAN』から収集した用例もある。以下,『現代日本語書き言葉均衡コーパス』から収集した用例は「著者と書名」またはジャンル名で示す。『毎索』から収集した用例は『毎索』,『聞蔵Ⅱビジュアル』から収集した用例は『聞蔵』,『Yahoo！JAPAN』から収集した用例はURLで示す。中国語の用例は,北京大学中国語言学研究中心のコーパス《CCL语料库》と

---

①時(2011a,2011b)は,"特別""格外"なども「動作量を修飾する程度副詞」としているが,これについてはさらに検討する余地がある。例えば,時(2011a:83)は,次の用例aを挙げ,"特別"は不定量を表す"一下""一番"と共起する際,動作・行為の時間量あるいは数量を表すと述べているが,この場合の"特別"は「特に入念に何かをする」という特別意識を言い表す役割であり,動作の時間量を規定するわけではないと思われる。
　a.第二天,送至火车站,替他买了回河北的火车票。进入站内,又送至车上,与乘务员<u>特别交代了一番</u>,望着火车开走才返。(梁晓声《自白》,用例aは時 2011a:82;2011b:115より)日本語訳:翌日彼を駅まで送っていって,河北へ帰る切符を買ってあげた。ホームに入っていき,更に汽車の中まで送りに行って,乗務員に<u>特別にお願いもしておいた</u>。そして汽車が去っていくのを見届けてから,はじめて帰途についた。(日本語訳は時 2011b:115より)

北京語言大学漢語コーパス《BCC语料库》から収集しているが,以下「著者と書名」またはジャンル名で示す。

## 2　日本語の量的程度副詞

### 2.1　量的程度副詞の意味の決め方

　日本語の量的程度副詞がどの側面から動作量を規定するかは,共起する動詞の語彙的意味と大きく関わっている。まず,「時間量」を表す場合から見ていく。

　1)時間量

　量的程度副詞は,「待つ」「寝る」「黙る」「目を閉じる」「休む」などを修飾する際,その行為・事態が持続する時間の長さを表す。

(4)最寄りの駅までたいていバスに乗る。ラッシュ時間を過ぎると一時間に四,五本しかない。一台乗りそこねると,かなり待つことになる。(『毎索』)

(5)「日本からドナーを連れてこい。でないと(移植手術まで)相当待たなければならない。」(『毎索』)

(6)飛行機に乗り込んだのは正午を少しまわった頃。午後3時にはソウル入りする予定だった。ところが,この飛行機,一向に飛び立つ気配がない。席につくなり,ぐっすり寝入ってしまった記録係の金沢秀男六段は目覚めてびっくり。「あれ,まだ空港なんですか。ずいぶん寝た気がするんだけれど……」(『毎索』)

(7)担当に代わりますので,申し訳ございませんが,少々お待ちください。(古谷治子『心を動かす電話の応対』)

(8)チュアンチャイは少し黙ってからまた話を続けた。(魚住直子『象のダンス』)

(9)僕は考えるのをやめて少し目を閉じていた。(村上春樹『ダンス・ダンス・ダンス』)

(10)それから家に帰って,お風呂に入ってちょっと寝て,また起きて午後二時から働くというすごい働きぶりの生活なのですが,七六歳の夫が迫ってくるのがいやでいやで,辛くて辛

　　　　くて,そんな時間があったらちょっとでも寝させてほしい
　　　　と。(河野美代子『「産婦人科の窓口から」今だからこそ伝えた
　　　　い!』)
　　(11)飯島恵子さん(48)が「お昼食べる? もっと寝てからにする?」
　　　　と耳元で尋ねると,義母たつみさん(80)は「うーん」と返事を
　　　　して,眠りについた。(『聞蔵』)

用例(4)～(6)では,「かなり」「相当」「ずいぶん」はそれぞれ「待つ」
「寝る」時間の長さを表す。用例(7)～(10)では,「少々」「少し」「ち
ょっと」はそれぞれ「待つ」「黙る」「目を閉じる」「寝る」時間の長さを
表す。用例(11)では,「もっと」は現在の睡眠時間と比べてこれから
寝る時間の長さを表す。「待つ」「寝る」などの動詞は,森山(1983:
4-12)が述べたように,持続性・過程性①という素性を持つ動詞であ
る。しかし,主体動作客体変化を表す動詞のような働きかける客体
が存在せず,空間的移動も表さないため,時間量はこの持続的な行
為の量を測るための唯一の手段であると考えられる。②ゆえに,量
的程度副詞は,これらの動詞と共起する際,時間量を表すことにな
るのである。ただし,この場合は,量的程度副詞と共起する動詞は,
「目を閉じる」や「黙る」のような,事柄が成立してからの事態の維持
を表すものが多いようである。
　　佐野(2006)でも述べられたように,量的程度副詞は,持続性のあ
る動きを表す動詞と共起する時には,時間量を表すことができる
が,持続性のない動きを表す動詞と共起する時には,時間量を表す
ことができない。用例(12)は,主体もしくは客体の数量か回数を表
す。もっとも,用例(13)のように動きがある期間繰り返される場合

---

① 森田(1983)は,持続性・過程性を持つかどうかによって,動詞を持続動詞と無持続動
　詞に分類している。持続動詞は,それが表す動きや事態に,何らかの持続的な期間が
　認められ,持続性を持つとし,「～シ続ケル」か「～シナガラ」が承接したり,単純な期
　間成分(「～間,暫ク」など)と共起しうるとする。無持続動詞は,動きの展開する期間
　もしくは,事態を維持する期間を持たず,一時点的な動きを表す動詞である。持続動
　詞には「勉強する」「歩く」「目を閉じる」「黙る」など,無持続動詞には「目撃する」「命中
　する」などがある。
② 一時点的な動きを表す動詞と共起する場合,回数,主体の数量あるいは客体の数量を
　表すと考えられる。

には，1回の動きの時間ではなく繰り返される期間として時間量を表すことができる。

(12) <u>かなり</u> <u>死ぬ/目撃する</u>。

(13) ぼくの友人に出版関係の仕事をしている奴がいて，ぼくがここに引込んでしまってからも，<u>ずいぶん</u>娑婆の様子を<u>知らせてくれていた</u>ものですから，丹羽先生のことも大体はわかっているのです。(郷静子『れくいえむ』一部改変)

(用例(12)〜(13)は佐野 2006:85より)

2) 空間的移動量

　量的程度副詞は，「歩く」「走る」「移動する」などの主体移動を表す移動動詞や「(窓を)開ける」「(着物の裾を)上げる」「(カーテンを)引く」などの主体動作客体移動を表す動詞を修飾し，空間的移動量を表すことができる。

(14) 落札者にヤフーゆうパックで送ってほしいと言われました。しかし，家の近くにはファミリーマートがなく，<u>かなり</u> <u>歩いていかなければならない</u>。断ってもいいですか?(『Yahoo!知恵袋』)

(15) 矢野はこちらに歩いて，四つ角を右に曲がった。私は公園を出て<u>少し</u> <u>走り</u>，距離をつめる。あたりに人がいないから，物陰伝いに尾行しなければならない。(黒川博行『絵が殺した』)

(16) もう一台のロードバイクを週末用に買ってからは，通勤専用車に。5年間，<u>ずいぶん</u> <u>走った</u>けど，まだまだ大丈夫。使える限りは現役です。(『Yahoo!ブログ』)

(17) 「走るのは覚悟してたけど予想を超えていた」と選手たち。2連覇した昨年の選手は「去年の3倍は走った」，今年は「<u>もっと</u> <u>走った</u>」。(『聞蔵』)

(18) 私は，ジャンパーの袖で，口を拭った。それから，吐瀉物を避けて<u>少し</u> <u>移動し</u>，腰を降ろした。(北方謙三『罅・街の詩』)

(19) 三種類を盛る場合は，彩りの添え物としての性格が強い青みなどをツレ(従者)にし，ワキを左上に<u>少々</u> <u>移動させて</u>出来た余白に置く。(『聞蔵』)

(20) 勘定を済ませて店を出ようとした時，店の主人が初めて口を

開きました。彼は傘を持っているのかと私に訊ねたのです。それまで気がつかずにいたけれど，ガラス戸を少し開けて片手を差し出すと，掌に細かい雫がかかりました。（蓮見圭一『水曜の朝，午前三時』）

（21）麻紀子は着物の裾を少し上げて，スクーターに跨った。そして，路地の左の方に向かって走り出した。（藤田宜永『転々』）

用例（14）～（16）では，「かなり」「少し」「ずいぶん」は，「歩く」「走る」距離を表す。用例（17）では，「もっと」は，去年と比べて今年走った距離の度合いを表す（北原 2013：34）。用例（18）と用例（19）では，「少し」「少々」は「移動する」「移動させる」距離を表す。また，用例（20）「ガラス戸を少し開けて」の「開ける」と用例（21）「着物の裾を少し上げて」の「上げる」は移動動詞「歩く」「移動する」とは異なるものの，持続性・過程性を持ち，しかも空間的な移動を表すという点では「歩く」「移動する」と同じである。つまり，これらの動詞は，空間的移動を表すという点で共通している。「歩く」「（窓を）開ける」は量的程度副詞の修飾を受けると，その行為・事態が進行する空間的移動という意味が浮き彫りになる。「歩く」「（窓を）開ける」という行為の進行は必ずしも時間の推移と比例するとは限らず，空間的移動量自体が，その行為の実施量を測るための一番適切な手段だと考えられる。そのため，量的程度副詞はこれらの動詞を修飾する際，空間的移動量を表すことができるのである。ただし，「行く」「来る」のように，移動動詞の意味によっては，行為が展開する過程を取り出せない場合があり，移動動詞を修飾するからといって，程度副詞は必ずしも空間的移動量を表すとは限らない。これについては，後述する。

また，すべての量的程度副詞が無条件で「（窓を）開ける/閉める」のような動詞と共起するわけではない。「相当」「かなり」「ずいぶん」「結構」が，「（窓を）開ける/閉める」を修飾するためには使用条件がある。例えば，次の用例（22）～（28）では，「相当」「かなり」「ずいぶん」「結構」は使えない。

（22）もうひと眠りしよう，でもお天気が気になる——そう思って，もう一度窓ガラスを少し開けてみました。やっぱり寒

い。(大津幸一『英語で書いてみよう』)

(23)「少しドアを開けて，中へ入れるのよ」と，リザが言った。「細く開けるのよ。いい?」(赤川次郎『三毛猫ホームズの歌劇場』)

(24)押し入れや扉は常に多少開けて換気する。(『聞蔵』)

(25)冬など涼しい季節でしたらパックを少々開け，レンジにて1分程温めていただきますと出来立てのあったかい豆腐として楽しめます。(http://www.hachikoh.com/contents/2013/04/250g.php)

(26)お金をかけずに，簡単にできる節水方法は，水道の元栓を全開にせず，少し閉めることです。(『毎索』)

(27)部屋の明かりをめがけ，網戸におびただしい量の羽虫類がびっしり。障子を多少閉めたところで緩和するはずがなく，むしろ隙間を縫って部屋の中へ次々となだれ込んでくる始末。(http://harako.at.webry.info/201208/article_1.html)

(28)節水には，各戸の水圧バルブを少しだけ閉めるのが有効な手段ではないでしょうか。わが家の周辺では，こんなにぜいたくに使っていいものかと思うほどの水の出です。実際に自分で少し閉めましたが，不自由さは感じませんでした。(『聞蔵』)

用例(22)～(28)のような場面では，「(窓を)開ける/閉める」などは，「少し」「少々」「多少」の修飾を受けることができるが，「相当」「かなり」「ずいぶん」「結構」の修飾を受けることができない。これは，「相当」「かなり」「ずいぶん」「結構」の語彙的意味と「(窓を)開ける/閉める」の語彙的意味の両方に原因があると考えられる。

まず，程度副詞「相当」「かなり」「ずいぶん」「結構」の意味を見てみよう。飛田・浅田(1994)では次のように定義されている。

相当:程度が平均を大きく上回っているという見聞きに基づく驚きや感嘆の暗示を伴う(p.124)。しばしば推量・伝聞・様態などの表現を伴う(p.224)。

かなり:程度が平均を上回っている様子を表す(p.123)。

ずいぶん:程度が平均を大きく上回っていることについ

て，実感に基づいた感嘆や感慨・驚きなどの暗示を伴う。
多くの場合結果としての程度について用いられ，一般的に
程度が相当高いという場合には用いないことが多い
（p.198）。

　　結構：事前の予想に反して実際の程度がかなり高い様子
を表し，話者の納得の暗示を伴う（p.144）。

　つまり，「相当」「かなり」「ずいぶん」「結構」は話し手（または書き手）の予想以上の程度を表す程度副詞であるといえる。

　次に，「（窓を）開ける/閉める」の意味を見てみよう。「（窓を）開ける/閉める」は「歩く」「移動する」と同様に空間的移動を表す動詞であるが，動詞が表す行為に限界が存在するという点で違いがある。窓が全開になれば，窓を開けるという行為をこれ以上続けることができない。窓が完全に閉まれば，これ以上閉めることができない。「窓を開ける」という行動については，特に条件を加えなければ，「完全に開けた」までの空間的移動量を予想することが可能である。要するに，「（窓を）開ける/閉める」の動作量は話し手（または書き手）の予想を超えるようなことが少ないため，「かなり」「相当」「ずいぶん」「結構」とあまり共起しないのである。①従って，「相当」「かなり」「ずいぶん」「結構」が「（窓を）開ける/閉める」などと共起するには，予想した程度（または通常の程度）を超えるという場面を設定しなければならない。例えば，次の用例(29)のように，自分が思ったより大きく開けるという意味を表す場面では，「かなり」は使えるようになる。

　　（29）大きなウエザードは雨のときの換気に効力を発する。しかも下まで覆われてるため窓をかなり開けても雨は入ってこない。（http://www.geocities.co.jp/HeartLand-Namiki/9416/hobby/el_weatherd.html）

このように，「相当」「かなり」「ずいぶん」「結構」は，空間的移動量を規定することができるという点で「少し」「少々」「多少」「ちょっと」と同じであるが，話し手（または書き手）の予想以上の程度を規定するものであるため，空間的移動の進展性に限界が存在することを表

────────────────

① 「かなり」と自動詞の限界変化動詞との共起については，佐野（1998）を参照。

す動詞を修飾する際に制限がある。

3）主体の数量

ここでいう主体とは，動作・存在の主体を指す。主体の数量を表す例として，まず量的程度副詞と存在動詞「ある」「いる」の共起の例が挙げられる。次の用例（30）～（33）では，「少し」「相当」は氷の量，記者・労働者の人数，車の数量を表す。

(30) 氷が<u>少し</u>ある</u>とベターです。（下条信輔『〈意識〉とは何だろうか―脳の来歴，知覚の錯誤―』）

(31) 話してみると，多くがアメリカのメディア関係者だが，<u>海外の記者も少しいる</u>。（『聞蔵』）

(32) 正社員として働きたいのに，<u>非正規で働いている方も相当いる</u>。（『聞蔵』）

(33) こんな深夜に，<u>峠道を行き来する車がずいぶんある</u>ものだ，と不思議に思えた。（篠田節子『逃避行』）

存在動詞のほか，「死ぬ」「生まれる」「届く」などは，持続性を持たない動きであり（仁田 2002），また働きかける客体が存在せず，同じ主体が同じ行為を繰り返すことはできない。そのため，「死ぬ」「生まれる」「届く」と共起する程度副詞は主体の数量を表すと考えられる。[1]例えば，次の用例（34）～（37）では，「少し」「相当」は幼虫あるいは稚魚の数，「ずいぶん」は荷物の量，「かなり」は誕生する合格者の数を表す。

(34) 成虫を木製の産卵箱に入れ，理科室前の廊下に置いて観察した。3～4週間後，産卵箱の下に設置した水槽で，髪の毛の先ほどの小さな幼虫がうねうねと動いていたという。児童らはスポイトで幼虫を1匹ずつ吸い取って数えていった。<u>全部で424匹生まれ</u>，川から採ってきたカワニナを与えた。途中で<u>少し</u>

---

① もちろん，次の二例に示すように，「生まれる」「死ぬ」は具体的なものではなく，精神的・抽象的な状況を表す場合もある。この場合は，「生まれる」「死ぬ」と共起する「少し」などは程度限定の働きをする。

    a. 時間制限のない会話から友人のような<u>感覚が少し生まれた</u>。（『聞蔵』）

    b. NYTのウェブサイトのコラムで校閲記者の気持ちを代弁してくれる言葉を見つけました。「新聞を作る人間たちは，訂正が出るたびに<u>自分が少し死んだ</u>ように感じる。」（『毎索』）

死んでしまったが，12月に初めて放流したという。（『聞蔵』）

（35）カサゴだけでなく，ほかの魚の稚魚も<u>相当死んでいる</u>はず
で，全体から見れば，決して影響が少ないとはいえないはず
だ。（『聞蔵』）

（36）荷物が<u>ずいぶん届いた</u>。（仁田　2002:186）

（37）この年の大学入試で，<u>東京大学など難関大学合格者がかなり
生まれる</u>のではないかと予想されている。（『聞蔵』）

4）回数

「かなり」「随分」は，「行く」「来る」などの動詞を修飾し，行動の回
数を表すことができる。用例（38）と（39）の「かなり」は「行く」「見て
きた」回数，用例（40）の「ずいぶん」は「海外旅行に行く」回数を表す。

（38）アンケート結果によると，中心商店街に出かける頻度は，「非
常によくいく」「<u>かなり行く</u>」が計九・五％で，二年前のアン
ケート結果と変わらなかった。（『聞蔵』）

（39）競技会場を<u>かなり見てきた</u>友人がこんな話をしてくれた。
（『聞蔵』）

（40）<u>海外旅行もずいぶん行った</u>し，世間からは独身生活を謳歌し
ているように見えるのかもしれない。（『毎索』）

しかし，すべての量的程度副詞が回数を表すことができるとは限ら
ない。例えば，次の用例（41）〜（44）の「少し」は「行く」「来る」を修飾
しているが，回数ではなく空間的移動量を表す。用例（45）の「少し」
は行為の主体であるスズメの数量を表す。つまり，「少し」など程度
が小さいことを表す量的程度副詞は，「行く」「来る」を修飾する際，
空間的移動量や主体の数量を表すが，回数を表すことができないと
考えられる。ただし，経路を表す「を」格句（例えば，用例（43））や方
向を表す「へ」格句（例えば，用例（44））と共起する際は，空間的移動
量（あるいは距離）を表すことができるが，着点を表す「に」格句（例
えば，用例（45））と共起する際は，「少し」は空間的移動量を表すこと
ができない。これは，着点「に」格句は点的に限界点を明示化するも
のであり，着点「に」格句と共起する移動動詞は過程を表さない[①]た

---

[①]　北原（1998:93-97）を参照。

めである。

　（41）少し行って右へ曲がれば電車道である。(鈴木和明『行徳歴史
　　　　街道』)

　（42）少し行ってから，後ろを振り向く。(松岡弘一『利己的殺人』)

　（43）引き返して砂利(じゃり)の敷いてある所を少し来ると，会場
　　　　から逃げた人がちらほら歩いている。(『聞蔵』)

　（44）大阪上本町二丁目の交差点から北へ少し行った東側にCICの
　　　　建物があった。(いまいげんじ『生きて還って—私記—』)

　（45）先日，雪が積もったので，私は雪の上にも餌をまいたところ，
　　　　スズメが数羽餌を拾っていた。その日から餌台にも少し来
　　　　るようになった。(『聞蔵』)

　もちろん，「相当」「かなり」「随分」「結構」は，「行く」「来る」を修飾す
る際，回数だけではなく，主体の数量を表すことがある。例えば，用
例(46)と(47)では，「かなり」は「行く」「来る」を修飾し，主体として
の「行ける状態である人」「出稼ぎ労働者」の数量を表す。これは，着
点「に」格句(文中に現われていない場合も含めて)が生起可能な移
動動詞は過程を表さず，空間的移動量を取り出せないためである。
また，用例(48)に示すように，「走る」のような移動動詞を修飾する
際も，行為が展開する過程を取り出せない場合，「かなり」は空間的
移動量を表さず，主体の数量を表すことができる。

　（46）投票には行きにくいけど関心は高いので，行ける状態である
　　　　人はかなり行くと思います。(『聞蔵』)

　（47）またカザフには周辺の中央アジア諸国から出稼ぎ労働者が
　　　　かなり来ており，仕事を失うなどしている。(『毎索』)

　（48）深夜の乗客の増加に伴い，同交通局には終電延長の要望が強
　　　　かったが，保守点検作業などで，延長が難しいため，バスで代
　　　　替することにした。「深夜バス」は首都圏ではかなり走ってい
　　　　るが，地下鉄の代替で走らせるのは初めてという。(『聞蔵』)

　5)客体の数量

　量的程度副詞は，「食べる」「飲む」「読む」「話す」「買う」「書く」など
の動詞を修飾し，動作が向かう客体の数量を表すことができる。こ
れらの動詞は，主体の動作によって客体の数量が変わるということ

を表す動詞である。

（49）研究所でお酒は<u>かなり</u>飲んだはずだが，一向に酔ってこない。（渡辺淳一『流氷への旅』）

（50）東京時代の書生の父はひどく行動的で，いろんな人と交際し，<u>専門外の本もかなり</u>読んだらしいが，チフスにかかってから，寡黙の人に変り，時事についても言わなくなったそうである。（石堂清倫『わが異端の昭和史』）

（51）<u>少し食べた</u>だけでも満腹感があり，1回の食事で今までと同じ量が食べられなくなった。（『聞蔵』）

（52）「彼のことを，<u>少し話してくれないかな</u>」「警察の厄介になるようなことをしたの？」（西村京太郎『急行もがみ殺人事件』）

（53）ジャスダックの有望銘柄なら<u>多少買って</u>もよいけれど，その場合も，せめて経営者の人格，経営力をよく見てから買いなさいと言っている。（『毎索』）

用例（49）〜（53）では，「かなり」「少し」「多少」はそれぞれ行為が向かう客体「お酒」「本」「彼のこと」「食べたもの」「ジャスダックの有望銘柄」の数量を表す。この場合，量的程度副詞は，客体の数量を規定することを通し，動作量を表現するのである。

　上述のように，量的程度副詞は動作動詞を修飾する際，時間量・空間的移動量・回数・主体もしくは客体の数量を表すことができる。では，どちらの意味がより基本的な用法であろうか。これについて，佐野（2006：83-84）は，用例（54）のように，「走る」は「五時間」と共起するにもかかわらず，「かなり」は「走った」を修飾する際，通常は時間量ではなく動きの量[1]を表すと解釈されると述べている。その上で，潜在的には動きの量も回数も表しうる事態については，次の用例（55）のように動きの全体量があらかじめ定められるような場合を除き，通常は動きの量を表すと解釈されるため，量程度副詞のより中心的，基本的用法は，時間量と回数ではなく，動きの量（つまり，空間的移動量）であると指摘している。

（54）<u>五時間</u>走った。

---

[1] 佐野（2006：83）は，「歩く」「探す」行為の量を「動きの量」と称する。

　　かなり走った。(空間的移動量を表す)
(55)若い頃ずいぶんこの道を歩いた。(回数を表す)
　　若い頃ずいぶん歩いた。(空間的移動量を表す)
　　　　　　　　　　(用例(54)と用例(55)は佐野 2006:83-84より)
そして,前述の用例(49)～(53)から分かるように,量的程度副詞は,
「食べる」「飲む」「読む」を修飾する際,その行為・事態が持続する時
間量や回数よりも客体の数量を規定する機能が優先される。従っ
て,時間量・回数より客体の数量と空間的移動量のほうが量的程度
副詞のより基本的な用法と言えるであろう。

　　ただし,動作の働きかける客体が抽象的なものであるほど,ある
いは動詞の動作性が低いほど,量的程度副詞は客体の数量よりも時
間量もしくは程度を表す傾向が強まる。例えば,仁田(2002:235)の
指摘を援用するならば,用例(56)のように量的程度副詞「少し」が動
作性の低い動詞「考える」と共起する場合,動作量の度合いと,事態
の時間量とのどちらが優勢なのかが,きわめて微妙な場合もある。
(56)「そうねえ」由梨は少し考えた。(大庭みな子『三匹の蟹』)
　　　　　　　　　　　　　　(用例(56)は仁田 2002:235より)

## 2.2　日本語の場合のまとめ

　　以上,日本語の量的程度副詞の動作量規定について考察した。そ
の結果をまとめると,次の表1のようになる。

### 表1　量的程度副詞の動作量規定一覧表

| 量的程度副詞の意味 | 時間量 | 空間的移動量 | 主体の数量 | 回数 | 客体の数量 |
|---|---|---|---|---|---|
| 共起する動詞 | 待つ<br>寝る<br>黙る<br>休む<br>…… | 歩く<br>走る<br>移動する<br>(窓を)開ける<br>(裾を)上げる<br>…… | ある<br>いる<br>死ぬ<br>生まれる<br>届く<br>…… | 行く<br>来る<br>…… | 食べる<br>飲む<br>読む<br>話す<br>買う<br>書く<br>…… |

　　動作量を規定する量的程度副詞がどのような動作量を表すのか

は,その修飾を受ける動詞の語彙的意味と密接に関わっている。量的程度副詞は,動作量を規定する際,客体の数量と空間的移動量を表すのがもっとも基本的な用法であると言えるであろう。「食べる」「見る」や「歩く」「移動する」を修飾する場合がこれに当たる。また,「待つ」「黙る」などの動詞は働きかける客体が存在せず,しかも空間的移動を表さないが,持続的な動作を表す。このような動詞を修飾する際,量的程度副詞は時間量を表す。「いる」「ある」と「死ぬ」「生まれる」は上記のような意味を表すことができず,しかも同じ主体が同じ行為を繰り返すこともできない。そのため,このような動詞を修飾する際,量的程度副詞は動作・存在の主体の数量を表す。また,量的程度副詞の一部は「行く」「来る」を修飾する際に「回数」を表すことができるが,これは「かなり」「ずいぶん」など程度が大きいことを表す量的程度副詞に限られた用法で,「少し」「少々」など程度が小さいことを表す量的程度副詞は「回数」を表すことができない。

## 3　中国語と日本語の対照

この節では,量的程度副詞の分布とその意味の決め方という点から,日本語と中国語の程度副詞を比較し,その共通点と相違点を述べる。

### 3.1　量的程度副詞の分布

まず,程度が大きいことを表す程度副詞を見てみる。中国語の程度副詞"很""非常""极其"は,日本語の「とても」「非常に」「きわめて」と同様,動作動詞を直接修飾することができない。また,時(2008)が述べた通り,日本語の「相当」「かなり」はそのまま動作動詞を修飾し,動作量への規定ができるが,中国語の"相当"はそのまま動作動詞を修飾することができない(用例(57)と用例(58)を参照)。

(57)こうして,相当食べたはずなのに,見回すと,どのお皿もまだ山ほど残っていて,いっこうに減っていない。(樋口健夫・樋口容視子『住んでみたサウジアラビア』)

(58)*相当吃一些水果。(時 2008:112)

次に,比較専用の程度副詞は,日本語では,動作動詞を修飾し動作量

を規定することができる程度副詞(例えば,「もっと」)とできない程度副詞(たとえば「一層」「より」)の二つに分けられるが,中国語では,動作量を取り出せる動作動詞を修飾するものが存在せず,程度を限定するもののみ存在する(用例(59)と用例(60)を参照)。

(59)もっと/*一層/*より食べた。

(60)*更吃了一些水果。(時 2008:112)

また,程度が小さいことを表す中国語の程度副詞には,"有点""有些"と"稍微""多少""稍""略微"がある。そのうち"有点,有些"は動作動詞を修飾することができないが,次の用例(61)-(63)から分かるように,"稍微""多少""稍""略微"は動作動詞を修飾することができる。中国語の"稍微""多少""稍""略微"は,動作動詞を修飾する際,動詞の重ね型①もしくは"(一)点""(一)些""(一)会"など少量・小程度を表す不定量的語句とともに用いられることが多い。②例えば,用例(61)では,動詞の重ね型"等等",用例(62)と用例(63)では,動作動詞の後に現れる不定量的語句"(一)点"とともに用いられている。この点は,日本語の量的程度副詞と異なっている。しかし,不定量的語句と共起する程度副詞であれば必ず量的限定ができるというわけではない。時(2008:112)が指摘している通り,不定量的語句"(一)点""(一)些"とともに用いられていても程度副詞"太""更""(比……)还"は動作動詞を修飾し動作量を規定することができない。従って,中国語の程度が小さいことを表す"稍微""多少""稍""略微"はこの程度副詞自体が動作動詞を修飾し動作量を規定する働きを持っていると言えるであろう。このように,"稍微""多少""稍""略微"は動詞の重ね型もしくは不定量を表す語句とともに用いられるという点では,日本語の「少し」「ちょっと」「多少」「少々」と異なるものの,動作動詞を修飾しうるという点では共通している。

(61)你稍微等等。他们走了再讲,好吗?(严歌苓《寄居者》)

---

① 中国語では,動詞の重ね型は,動作量が少量であることを表す。

② 中国語の"稍微""多少""稍""略微"は,不定量的語句と共起する際,「程度副詞+動詞+不定量的語句」という構造を取る。

ちょっと待ってね。彼らが帰ってからまた話そう。いい?

（62）来现场参观的黄小姐说,自己讲究生活情调,加上平常工作很
累,稍微喝点酒能放松神经,感觉生活也有情趣,只是平时不太
容易买到适合自己喝的酒。(新华社 2003 年 10 月)

現場へ見学に来た黄さんは,自分は生活の楽しみを大切にし
ているし,普段の仕事で疲れているので,少しお酒を飲むと
精神をリラックスさせることができ,生活の楽しさも感じる
ことができるが,自分に向いているお酒を手に入れるのはな
かなか容易なことではないと言った。

（63）翠儿悄没声地走过来,看着她心疼道:"小姐,这是年夜饭,您多
少吃一点吧。"(朱秀海《乔家大院》)

翠儿はこっそり近づいてきて,そして言った。「お嬢さん,こ
れは大晦日の晩御飯ですので,多少召し上がってみてはどう
ですか。」

日本語においても,程度が小さいことを表す程度副詞には,量的意
味を表せないものがある。それは「いささか」という程度副詞であ
る。従来の研究では,程度副詞「いささか」は,「少し」「少々」「多少」
「ちょっと」と同じく量的程度副詞とされてきた(森山 1985:61,仁
田 2002:181,佐野 2008:67)。しかし,いずれも程度が小さいこと
を表す程度副詞であるが,両者の間にはやや異なる点がある。この
ことは,次の用例(64)～(67)から分かる。例えば,用例(64)の「いさ
さか飲みすぎた」や用例(65)「いささか走りすぎ」のようには言える
が,用例(66)のように「いささか飲んだ」「いささか走った」とは言え
ない。①量的程度副詞(例えば,「少し」)は量も程度も規定すること
ができるため,「飲む」量と「飲みすぎる」度合いのいずれも規定する
ことができるが,「いささか」は「飲む」量を規定することができな
い。「飲みすぎる/走りすぎる」は一見量的意味を含んだ概念のよう
に見えるが,用例(67)から分かるように,「飲みすぎる」は純粋程度
副詞「あまりに(も)」の修飾を受けることができるのである。純粋

① 「いささか飲んだ」「いささか飲みすぎた」といった言い方の自然さについて,複数の
日本語母語話者に確認した。

程度副詞は,程度を規定することができるが,動作量を規定することができないため,「飲みすぎる」は動作量ではなく,ある度合いを超えるという状態の程度を示す表現であると見るほうが適切である。すなわち,「飲みすぎる」を修飾する「いささか」は動作量を規定するのではなく,程度を規定するのである。①「いささか」が動作量を規定するように見える用法は,用例(68)の「いささか述べる」のように客体が抽象的なものである場合に限られるようである。以上から,「いささか」は,量的程度副詞とやや異なる性質を持っているということが分かる。

(64)山登りに還ったような嬉しい気分になって,強行軍になるかもしれぬ明日を前にしながらいささか飲みすぎた。(本多勝一『山とスキーとジャングルと』)

(65)ドラム(オカモトレイジ)はいささか走りすぎで,ファンク調がそうは聴こえなかったりもするものの,バンド全体がそれに後れを取るわけでもなく,全体的な勢いの良さでそれもいいかと思えてくる。(『聞蔵』)

(66)*いささか飲んだ/走った。

(67)あまりにも飲み過ぎて肝臓を悪くし,43歳の若さで亡くなった。(『聞蔵』)

(68)トウガラシについていささか述べると,カロチンの一種であるカプサイシンの量によって辛さがちがう。(『聞蔵』)

以上述べたことを簡単にまとめると,表2のようになる。

---

① ほかにも,例えば,下記の用例①の「いささか時間がかかる」は量的限定を行う用法に見えるが,用例②③に示した通り,純粋程度副詞「とても」「たいへん」も同様に「時間がかかる」を修飾することができることから,「時間がかかる」も動作量ではなく,時間の長さという属性を示すものであるということが分かる。

  a. 初めてコシカイシュウと言う言葉を寝ぼけまなこで聞いた時,それが古紙回収と言う単語に結びつくまで,いささか時間がかかった。(『聞蔵』)

  b. 子どもを親から引き離すことを考えましたが父親が同意せず,結局,家裁に判断を仰いだのです。とても時間がかかりました。(櫻井よしこ『日本の危機』)

  c. 個性を伸ばすためには,しっかりした基礎的学力が必要ですが,本質を理解しながらの学習は,大変時間がかかります。(穂坂邦夫『どの子も一番になれる―本当の学力とは何か―』)

表2　日本語・中国語における量的程度副詞と純粋程度副詞

| | 量的程度副詞 | | 純粋程度副詞 | |
|---|---|---|---|---|
| | 日本語 | 中国語 | 日本語 | 中国語 |
| 程度大 | ずいぶん,かなり,相当…… | | 非常に,とても,きわめて…… | 非常,很,极其…… |
| 程度小 | 少し,ちょっと,多少…… | 稍微,略微,多少…… | いささか | 有点,有些…… |
| 比較専用 | もっと | | 一層,より | 更,还…… |

## 3.2　量的程度副詞の意味の決め方

　　上述のように,中国語の"稍微""多少""稍""略微"は,動詞の重ね型もしくは不定量を表す語句とともに動作動詞を修飾し動作量を規定する。次の用例(69)～(73)のように,不定量を表す語句と共起する際,中国語の"稍微""多少""稍""略微"は,日本語の「少し」「少々」「ちょっと」「多少」より表現できる内容が多岐にわたる。例えば,用例(69)では,日本語の「少し」は食べ物の量を表すだけで,食べるという行為が持続する時間などを言い表しているわけではない(時 2008:114)。これに対し,中国語の"稍微""多少""稍""略微"は,用例(70)では"看(見る)"という行為が及ぶ客体"録像(VTR)"の量,用例(71)では"看(読む)"という行為の客体"英文"の行数,用例(72)では"看(読む)"という行為が持続する時間,用例(73)では"深呼吸"という行為の回数を規定する。日本語の「少し」「少々」「ちょっと」「多少」は行為の回数を規定することができないが,中国語の"稍微""多少""稍""略微"にはこのような制限が見られない。まさに時(2008:114)が述べたとおり,中国語の"稍微"などは,共起する不定量的語句が置き換えられることにより,同じ動詞に対し,その数量的側面と時間的側面のいずれも規定できるが,日本語の量的程度副詞は,動作動詞を修飾する際,動詞自体の意味に束縛されているため,同じ動作・行為を多角的に捉えることができないのである。

　　(69)あそこで<u>少し</u>食べる。(時 2008:114)

　　(70)我们<u>稍微</u>看一下这个录像。(陈自明《美妙神奇的外国民歌》)

日本語訳：このVTRを少し見てみよう。

(71)英文,表达方面特点很明显,稍看几行,就会感到与流俗的不同。(《CCL语料库》)

（辜鴻銘の）英文は,表現が非常に特徴的であるため,少し読んだだけでも世間一般の慣習との違いがすぐ分かるのです。

(72)因为蜡烛必须十分节约地使用,通常总是稍微看　会书,就把它熄掉。(《CCL语料库》)

蝋燭は節約しないといけないので,通常本を読んで時間が少し経ったらすぐに消します。

(73)可以稍稍做几次深呼吸放松自己,随着考试的深入,你的思维就能得到有效的转移。(《厦门日报》2003年)

少し深呼吸して自分をリラックスさせればいい。試験が進むにつれて,思考の焦点がうまく変えられるのだから。

　もっとも,不定量を表す語句と共起せず,動詞の重ね型と共起する際に,中国語の"稍微""多少""稍""略微"が表す意味は,共起する動詞の語彙的意味と大きく関わっている。用例(74)では,"等等(待つ)"の動作量を規定する"稍微"は,日本語の「少し」と同じように時間量しか表せない。用例(75)では,"走走(歩く)"の動作量を規定する"稍微"は空間的移動量を表し,用例(76)では,"说说(話す)"の動作量を規定する"稍稍"は客体の数量を表すと解釈され,いずれも日本語の「少し」と同様に動作動詞の意味に束縛されるのである。

(74)你稍微等等。他们走了再讲,好吗?(严歌苓《寄居者》)

ちょっと待ってね。彼らが帰ってからまた話そう。いい?

(75)父母们稍微走走便回家了。(余华《一九八六年》)

（散歩する）親たちは少し歩いたら家へ帰っていった。

(76)让我稍稍说说罗马。(萨德《淑女的眼泪》)

ローマについて少し話しよう。

　最後に,願望表現と共起した場合に見られる差異について述べよう。中国語の"稍微""多少"も日本語の「少し」「少々」「ちょっと」「多少」も,願望表現と共起する際,動作量を規定することができるが,日本語の「ずいぶん」「かなり」「相当」「結構」は,願望表現と共起する

と程度を規定するものとなり,動作量を規定しにくくなる。用例
(77)では,"稍微"は中国語の願望表現"想"と共起し,"讲(話す)"量
を規定する。用例(78)では,「多少」は日本語の願望表現「たい」と共
起し,「述べる」量を規定する。これに対し,用例(79)と用例(80)に
示すように,日本語の「ずいぶん」「結構」は願望表現と共起する際,
願望の度合いを規定することになり,量的限定がしにくくなってい
る。①なお,日本語の程度副詞と願望表現との共起については,劉
(2017)を参照されたい。

(77)我感觉现场观众……对技术问题也非常感兴趣,所以我也想
<u>稍微讲一讲</u>,云计算这个东西。(《李彦宏马化腾马云首次对
话》2010年3月28日)
みなさんは技術面のことについても興味をお持ちのようで,
私もクラウドコンピューティングについて<u>少し述べ</u>させて
いただきたいと思います。

(78)維新官僚の性格については,先にのべたとおりであるが,志
士との関連のうえで<u>多少述べ</u>ておきたい。(佐々木克『志士と
官僚―明治を「創業」した人びと―』)

(79)あのとき,実は<u>ずいぶん</u>あなたに<u>会いたかった</u>。(渡辺 1998:
66)

(80)実際糖質を1週間ほど制限すると,最初は<u>結構食べたかった</u>
白米とか麺類なんてものがあまり食べたいと思わなくな
るんですよね。(http://kouhanseihattatushougai.net/)

## 4　おわりに

本稿では,動作量の規定という観点から程度副詞と動作動詞の共
起について考察を行った。結論は大きく次の三点にまとめること
ができる。

まず,日本語では,程度が小さいことを表す「少し」「少々」「ちょっ

---

① 渡辺(1998)では,過去における事態を客体のものとして捉えた用例(79)のような場
合,「ずいぶん」は「たい」と共起できるが,そうではない場合,例えば「＊ずいぶんあな
たに会いたい」のようには言うことができないと指摘されている。

と」「多少」,程度が大きいことを表す「ずいぶん」「相当」「かなり」「結構」,および比較専用の程度副詞「もっと」は,動作動詞を修飾し動作量を規定しうる。これに対し,中国語においてそれが可能なのは,程度が小さいことを表す程度副詞のなかの"稍微""略微""多少""稍稍""稍"であり,程度が大きいことを表す程度副詞と比較専用の程度副詞は動作量を規定することができない。

次に,日本語では,動作量を規定する程度副詞は,動作動詞の語意に束縛され,同じ行為を多角的に捉えることができない。これに対して,中国語では,程度が小さいことを表す"稍微""略微""多少""稍稍""稍"は,動詞の重ね型と共起する際は,日本語の場合と同様に動作動詞の語意に束縛されるが,不定量的語句と共起する際は,不定量的語句とともに動作量を規定するため,同じ行為に対してその数量的側面や時間的側面・回数など多角的に捉えることができ,日本語の程度副詞に見られる共起制限がない。

最後に,「相当」「かなり」「ずいぶん」「結構」は,「窓を開ける」「窓を閉める」などの限界までの動作量が予想できる行為を修飾しにくい。また,願望表現と共起した際に動作量を規定しにくくなるという点でも,「少し」「少々」「ちょっと」「多少」とは性格が異なる程度副詞である。

本稿は,これまで十分に究明されてこなかった量的程度副詞と動詞との共起制限を記述し,量的程度副詞の意味の決め方を明らかにできたと思われる。なお,純粋程度副詞と動詞の共起問題については今後の課題としたい。

## 参考文献

北原博雄,1998. 移動動詞と共起するニ格句とマデ格句—数量表現との共起関係に基づいた語彙意味論的考察—[J]. 国語学(195):84-98.

北原博雄,2013. 量修飾の可能性と,被修飾句のスケール構造の違いに基づいた,現代日本語の程度副詞の分類[J]. 国語学研究(52):29-43.

佐野由紀子,1998. 程度副詞と主体変化動詞との共起[J]. 日本語科学(3):7-22.

佐野由紀子,2006. 動きに関わる量について—量的程度副詞と動詞との共起関

係から一[J]. 高知大国文(37):79-88.

佐野由紀子,2008.「程度差」「量差」の位置づけ—程度副詞の体系についての一考察—[J]. 高知大国文(39):64-75.

時衛国,1999. 中国語と日本語における程度副詞の対照研究—「更」「还」と〈もっと〉〈さらに〉—[J]. コミュニケーション科学(10):3-26.

時衛国,2008. 中日両語の程度性と量性の表わし方について[J]. 愛知教育大学研究報告(人文・社会科学篇)(57):109-115.

時衛国,2009. 中国語と日本語における程度副詞の対照研究[M]. 東京:風間書房.

時衛国,2011a. 特別/格外＋被修饰语＋量性成分[J]. 愛知教育大学研究報告(人文・社会科学)(60):81-85.

時衛国,2011b. 中国語の程度表現の体系的研究[M]. 東京:白帝社.

中山恵利子,1996. 程度副詞の分類の試み—その程度・量・基準により—[J]. 阪南論集(人文・自然科学)(3):75-86.

仁田義雄,2002. 副詞的表現の諸相[M]. 東京:くろしお出版.

飛田良文,浅田秀子,1994. 現代副詞用法辞典[M]. 東京:東京堂出版.

森山卓郎,1983. 動詞のアスペクチュアルな素性について[J]. 待兼山論叢(文学)(17):1-22.

森山卓郎,1985. 程度副詞と動詞句[J]. 京都教育大学国文学会誌(20):60-65.

劉傑,2017. 程度副詞と願望表現の修飾構造[J]. 日中言語対照研究論集(19):86-103.

渡辺史央,1998. 日本語の副詞「ずいぶん」の一考察—モダニティ形式と人称との関連から—[J]. 神戸大学留学生センター紀要(5):63-78.

## 程度副词表达行为量的中日对比研究

刘杰(山东科技大学)

**摘　要**　该文以中日两种语言中的程度副词为对象,研究它们和行为动词共现时在表达行为量方面的异同。首先,从时间量、频次、行为主体数量、客体数量和空间移动量这五个方面考察日语程度副词表达的意思,从程度副词和行为动词的词汇义出发分析并阐明两者在一定条件下才可以共现的原因。然后,在此基础上进行中日对比,进而论述两国语言各自的特点。

**关键词**　程度副词,行为量,中日对比

论 坛

# 「日本語学科の諸先生方にもいろいろご助言をいただきましたことに心から厚くお礼申し上げます。」错在哪里?

毋育新(西安外国语大学)

标题日语被判断为偏误用法,正确的说法应该是:

(1)日本語学科の諸先生方にも<u>さまざまな</u>ご助言をいただきましたことに心から厚くお礼申し上げます。

句中应该使用「さまざまな」,而不应该使用「いろいろ」表达。与标题日语类似的偏误例句还有:

(2)茶事をうまく進めるために、主人は〈いろいろ→<u>さまざまな</u>〉準備をする必要がある。

(3)図書館には私の好きな本がいろいろあります。〈いろいろ→<u>さまざまな</u>〉知識を勉強することができて、私の生活も豊かになります。

(4)日系企業で働いている友達らは〈いろいろ→<u>さまざまな</u>〉有益な情報を教えてくれる。

分析标题偏误例句,我们可以发现「ご助言をいただきました」是一个VP结构,与标题日语类似的偏误例句都有相同的特征,即「いろいろ」后接的是VP。那么,这两者是什么关系呢?

我们知道,「いろいろ」可以是名词、「ナ」形容词或者副词。能修饰VP结构中名词部分的只能是名词或「ナ」形容词。如其词性为名词,则使用「いろいろの」的形式;如其词性为「ナ」形容词,则使用的「いろいろな」形式;能修饰VP结构中动词部分的只能是副词或「ナ」

形容词的「ニ」形。例如,标题日语中「いろいろ」如果是副词,则可修饰「いただきました」。

那么为什么以上偏误例句中不能使用「いろいろ＋VP」,而要使用「さまざまな＋N」呢？要明晰此问题,我们须弄清以下几点:

①「いろいろ＋VP」是错误的吗？

②「さまざまな＋N」的表义功能是什么？

在标题日语中,「いろいろご助言をいただきました」中的「いろいろ」属于副词,可以看作用来修饰「ご助言をいただきました」,即「いろいろ＋VP」。例句(2)～(4)中的「いろいろ」的用法也一样,也都可以看作修饰VP,这些句子都被判断为偏误用法。但我们使用语料库『YUKANG日本語コーパス』和『中納言KOTONOHA「現代日本語書き言葉均衡コーパス」』对「いろいろ」可否与「ご助言をV」「準備をV」「知識をV」「情報をV」共现进行了检索,结果发现「いろいろ」是可以与VP共现用作状语的。例如:

(5)さらには最近では、大臣官房に金融服務監査官室というのを、これはことしになってからでございますけれどもつくりまして、顧問弁護士を委嘱いたしまして、いろいろ助言を受けながら、監査といいますか今回の調査に当たったということでございます。(『参議院第142回予算委員会』)

(6)日本は南北にこれだけ長うございますから、どういう地点で、そして、攻撃されるとすればどういう攻撃に対してどうすることが一番いいのか、それに力が足りないまでも質的にはどこまで対応できるかということについていろいろ準備をすると、そういう意味でございます。(『参議院第091回予算委員会』)

(7)新全国総合開発計画をいま策定中でありまして、いま第四次ができておりますが、これは各方面からいろいろ知識を得て計画しております。(『衆議院第061回予算委員会』)

(8)この情報をどれだけ緊急に着手すべきなのか、そういったことを判断する一つの要素としてこの通報動機も例示しているわけで、その例示に当たりましては、従来から入管は、電話であるとかお手紙でいろいろ情報をいただいていま

　　す。(『衆議院第159回予算委員会』)

　　既然如此,为什么例句(5)～(8)是正确的,而标题日语和例句
(2)～(4)是错误的呢? 我们知道,日语的偏误主要有语法错误和使用
条件错误两种。这里的错误并非语法上有问题,因为例句(5)～(8)已
经证明语法上是可以成立的,显然问题在于「いろいろ」与「さまざま」
的使用条件,也就是表义功能的不同。例如:

　　(9)a. ×家庭をもっとさまざま出費がかさむものだ。

　　　　b. 家庭をもっといろいろ出費がかさむものだ。

　　飛田,淺田(1991:91)认为例句(9)a之所以不能使用「さまざま」
是因为「さまざま」的蕴含义与「いろいろ」不同。「いろいろ」表示诸多
种类的事物数量众多,而「さまざま」主要蕴含一个事物变化的多样
性,并不一定蕴含多数的事物。例句(9)a中的「出費がかさむ」指的是
数量众多的「出費がかさむ」有很多种类,所以只能用「いろいろ」,而
不能用「さまざま」作状语。如果需要表示「出費」这一个种类具有多
样性,则需要使用「さまざまな」或「さまざまの」作定语来限定「出
費」,这样句子就可以成立了。例如:

　　(10)五十歳といえば、子供の教育費や住宅ローン、親の介護費
　　　　用などさまざまな出費がかさむ年齢であります。(『参議院
　　　　第174回予算委員会』)

　　根据上述条件,我们来分析一下标题日语和例句(2)～(4)。标题
日语「日本語学科の諸先生方にもいろいろご助言をいただきました
ことに心から厚くお礼申し上げます」这句话并没有错,但是蕴含义
不同。用「いろいろ」作状语修饰「ご助言をいただきました」,表示各
种各样的「ご助言」数量众多,与此相比,用「さまざまな」作定语限定
「ご助言」,突出表示各种各样的「ご助言」。也就是说,「いろいろ」没
有针对性,表述抽象;而「さまざまな」有针对性,表述清楚。因此,与
「いろいろ」相比,「さまざまな」更能达意和更加自然。例句(2)用「さ
まざまな」作定语限定「準備」,例句(3)用「さまざまな」作定语限定
「知識」,例句(4)用「さまざまな」作定语限定「情報」,要比用「いろい
ろ」作状语修饰VP显得更有针对性,表述更具体。再例如:

　　(11)取り急ぎ今二党から補佐というものを御選出していただ
　　　　きまして、そして党の立場からいろいろな助言をいただく

という意味で御協力を賜っておりまするけれども、そういうことも含めて、御指摘の点につきましては、これからさらに検討を加えていく必要がある問題だというふうに認識をいたしております。（『衆議院第132回予算委員会』）

(12) 多分何年先にはこの技術が開発されているだろう、だからそれはもう一般化されている、そこに向かって今からいろいろな準備をする、ちょっと私は無理があるような気がいたします。（『衆議院第144回予算委員会』）

(13) こういうものにつきましても、もっと活発に活動してもらいまして、いろいろな人からいろいろな知識を借りて施策の上に表わしていきたいと考えております。（『参議院第040回予算委員会』）

(14) 今回問題となっている大日本愛国党の党首赤尾敏氏らは、取り調べのあと、警察側がいろいろな情報を教えてもらうという恩恵もあるのでありましょうか、署長や次長は玄関まで送って出てくるという事実もあるそうであります。（『衆議院第038回本会議』）

比較例句（11）～（14）「いろいろな＋N」与例句（5）～（8）「いろいろ＋VP」中的「いろいろ」，我们可以更清楚地发现两者的语义指向不同。从这个意义上讲，「いろいろな＋N」与「さまざまな＋N」同义，例如例句（15）～（18）。

(15) フィナンシャルアドバイザーはあくまで、先ほど申しましたように譲渡契約についてのさまざまな助言を行うと、財務上の助言を行うという立場でございまして、この譲渡契約に基づいて長銀を再生していきますのは、リップルウッド社が中心になって設立をいたしましたニュー・LTCB・パートナーズ社ということになると思います。（『参議院第159回予算委員会』）

(16) 「と、いうことは、やつは、この絵を盗みだすがために、すでに、さまざまな準備をしておるということですな。パーティでわしに声をかけたのも……」（那須正幹『ズッコケ中年三人組』）

(17)彼はもっぱら歴史研究所に入り浸り、研究員たちも、探求
心豊かで知力の高いこの"旅人"を歓迎して、<u>さまざまな知
識</u>を授けてくれた。(宮部みゆき『ブレイブ・ストーリー』)

(18)判断権者ということでいうならば私自身は判断権者では
ございませんので、<u>さまざまな情報</u>を得て私なりの見解は
申しておりますけれども、判断そのものには直接携わって
いるということではございません。(『参議院第180回予算
委員会』)

也就是说,标题日语和例句(2)～(4)中是可以使用「いろいろ」作
状语修饰VP的,语法上没有什么问题,但是在表义功能上,「いろい
ろ」与「いろいろな＋N」「さまざまな＋N」的语义指向不同。标题日
语和例句(2)～(4)需要使用有针对性和表述清楚的表述方式,所以与
「いろいろ」相比,「さまざまな」或「いろいろな」更能够体现说话人的
表达意图。

综上所述,在需要表示数量成分共现的动词谓语句中,用「いろい
ろ」还是用「さまざまな」,其使用条件基本如下:

①当需要表示诸多种类的事物数量众多,并非具有针对性和具体
性时,一般用「いろいろ」作状语,而不能用「さまざまな」作
定语。

②当需要表示某一种事物具有多样性,并具有针对性和具体性
时,需要用「さまざまな」作定语,而不能用「いろいろ」作状语。

标题日语和例句(2)～(4)之所以被判断为偏误用法,是因为它们
都违反了上述使用条件。

**参考文献**

飛田良文,浅田秀子,1994. 現代副詞用法辞典[M]. 東京:東京堂出版.

# 「特にXのファンと喋った。今まで全然知らなかったことを教えてもらった。」錯在哪里?

朴丽华(北京第二外国语学院)

标题日语被判断为偏误用法,正确的说法应该是:

(1)特にXのファンと喋った。今まで全然知らなかったことを<u>いろいろ</u>教えてもらった。

句中的动词谓语「今まで全然知らなかったことを教えてもらった」需要表数量的成分「いろいろ」修饰,句中却没有使用,所以被判断为偏误用法。与标题日语类似的偏误例句还有:

(2)中国にないことを〈〇→いろいろ〉学びます。それから、異文化を経験して,自分の視野を広げたいです。

(3)図書館には私の好きな本が〈〇→いろいろ〉あります。

那么是不是这些动词前面都需要使用「いろいろ」作状语修饰 VP 呢? 我们使用『YUKANG 日本語コーパス』进行了检索,结果发现了很多没有使用「いろいろ」的例句。例如:

(4)a. 撮影では、一つのものをみんなで作るという大切なことを<u>教えてもらった</u>。(『毎日新聞』2009年)

　　b. 私も大臣に就任いたしましてから、ちょうど共通一次実施されまして、その前に入るというのはいけませんので、終わりましてから入試センターに激励と慰労を兼ねて行ってまいりまして、問題の出し方というものを<u>いろいろ教えてもらいました</u>。(『衆議院第101回予算委員会』)

（5）a. どうすれば収入が増えるか、商品生産などについて教えてたのだ。(『毎日新聞』1995年）

　　 b. 次に、行革推進についていろいろ教えていただきました。(『衆議院第100回本会議』)

（6）a. 大学では時間がかかっても正確に行うことを学びます。(『毎日新聞』1995年）

　　 h. 今、佐田議員からお話がありましたように、さまざまな歴史があって今日に来ている、こういうことをいろいろ学ばせていただいたところであります。(『衆議院第177回予算委員会』)

（7）a. 講師の出題に基づき作文し、講義と添削指導の中から学びます。(『毎日新聞』1995年）

　　 b. 「チームを離れる不安はあるが、こういうチャンスはめったにない。他の選手からいろいろ学びたい」と意欲を燃やしている。(『毎日新聞』1995年）

例句(4)a～(7)a没有「いろいろ」共现,例句(4)b～(7)b有「いろいろ」共现,两者的不同在于是否存在数量上的限制,但不影响两者是否符合语法规则。既然如此,为什么标题日语和例句(2)～(3)还会被看作偏误用法呢? 这显然取决于句中是否需要「いろいろ」共现,以此来限制数量。关于「いろいろ」的表义功能,飛田,浅田(1994:91)认为「いろいろ」用来表示诸多种类的事物数量众多。也就是说,有「いろいろ」共现时,句子表示诸多种类的事物多数存在;没有「いろいろ」共现时,句子便不表示诸多种类的事物多数存在。这与数量词的用法相同。例如:

（8）a. 通帳はあるけれども、五千万振り込まれたことについては知らないのか、その点について正確にお答えいただきたいと思います(『衆議院第122回予算委員会』)

　　 b. 今でも通帳は十数冊あるって言うんです。(『衆議院第129回予算委員会』)

（9）a. 何のために飛行機を買うのかということをむしろわれわれは言いたい。(『衆議院第071回予算委員会』)

　　 b. ことに軽飛行機を五十機買うといわれた。(『衆議院第

　　016回予算委員会』)

　　例句(8)a与例句(8)b的区别在于例句(8)a只说有银行存折,没有说明有多少本存折,相反,例句(8)b不仅表明有银行存折,而且同时指出其数量,即共有十几本存折。例句(9)a与例句(9)b的不同也一样。例句(9)a只说买飞机,但没有说明要买多少架飞机,而例句(9)b不仅表明要买飞机,而且同时指出要买50架飞机。也就是说,句中的数量词用来表明具体的数量,当没有数量词共现时,只是用来笼统地表示某种事物。表数量的成分是否可以共现有时要受句式的制约,这个问题不是我们本次需要讨论的问题,这里暂且不涉及。

　　根据上述的使用条件,现在我们来分析一下标题日语和例句(2)～(3)的偏误问题。标题日语「今まで全然知らなかったことを(　)教えてもらった」中的括号里如果没有表数量的成分共现,其意思可以解释为迄今为止所有不知道的事情都告诉了自己,如果这里的「今まで全然知らなかったこと」并非定指,即并非说话人和听话人都知道指什么时,显然不符合逻辑,因为对方不可能知道自己迄今为止所有不知道的事情,对方也不可能把所有自己不知道的事情都告诉自己。如果不需要说明具体的数量,只是抽象地表示数量很多,这时就需要使用「いろいろ」来表达了。例句(2)～(3)也是如此。例句(2)「中国にないことを(　)学びます」中的括号里如果没有表数量的成分共现,便可以理解为学习中国所有没有的知识,例句(3)「図書館には私の好きな本が(　)あります」中的括号里如果没有表数量的成分共现,便可以理解为图书馆里有我爱读的书。与标题日语一样,句中没有表数量的成分共现,表示的是一种大类,有的时候可以成立,有的时候会很不自然。是否成立或自然取决于问题是否符合逻辑。所以,句中有表数量成分的共现,可以避免句子词不达意或不自然。

　　综上所述,在动词谓语句中,是否需要「いろいろ」共现,其使用条件基本如下:

　　①当句子表述的事情不可能全部涉及,需要有表数量的成分共现,而又无须将数量具体化时,需要使用「いろいろ」作状语,不能省略。

　　②当句子表述的事情能够全部涉及,即使没有表数量的成分共现,句子也很自然得体时,句中可以不使用「いろいろ」作状语。

　　标题日语和例句(2)～(3)之所以被判断为偏误用法,是因为它们都违反了上述使用条件。

**参考文献**

飛田良文,浅田秀子,1994. 現代副詞用法辞典[M]. 東京:東京堂出版.

# 「いつも単語が覚えられないです。来学期、きっと単語の勉強に力を入れます。」错在哪里? ①

刘凤荣(吉林大学)

标题日语被判断为偏误用法,正确的说法应该是:

(1)いつも単語が覚えられないです。来学期、<u>必ず</u>単語の勉強に力を入れます。

句中应该使用「必ず」,而不应该使用「きっと」来表达。与标题日语类似的偏误例句还有:

(2)この目標に向かって努力したい。ただ一度の人生、〈<u>きっと→必ず</u>〉有意義に過ごすつもりである。

(3)私は日本語をしっかり学んだ後、〈<u>きっと→必ず</u>〉日本へ一回行きます。

标题日语和例句(2)~(3)都是动词谓语句,都是肯定句,并都是表示第一人称自身意志行为的句子,句中都应该使用「必ず」而不是「きっと」作状语修饰动词谓语。

那么在与标题日语和例句(2)~(3)相同的句式中,是不是不能使用「きっと」呢? 对此我们使用语料库『YUKANG 日本語コーパス』进行了检索,结果发现「きっと」是可以作状语修饰动词谓语的。例如:

---

① 本文系吉林省社会科学基金一般项目(2017B33)、吉林省哲学社会科学基金博士和青年扶持项目(2018BS14)、吉林大学种子基金项目(2019ZZ004)、大学日语专业主干课课堂师生互动个案研究(GH180672)的阶段性研究成果。

（4）どうか、夜の明けるまで、気をおしずめください。そうすれ
ばきっと、いま申したことの証拠をごらんに入れますから。
（小泉八雲『小泉八雲集』）

（5）僕だって教育こそないが、借金を踏んじゃ善くないくらい
の事はまさかに心得ています。来年になればきっと返して
やるつもりです。（夏目漱石『彼岸過迄』）

（6）「畜生、今に見ていろ、おれはきっと、中学ヘ行ってみせる
ぞ。中学校の制服を着て、きさまたちの前を大またに歩い
てみせるぞ。」腹の底にぐっと力を入れて、彼は何ものかに、
堅く誓った。（山本有三『路傍の石』）

　既然有类似的例句出现，那么为什么标题日语和例句（2）～（3）还
是会被判断为偏误用法呢？为了讨论清楚这个问题我们有必要先讨
论「きっと」与「必ず」的构句条件与语义功能。

　飛田，浅田（1994：131–132）认为「きっと」的主要用法有以下
两种。

　第一种用法为表示确信。这种确信往往没有客观的根据，具有极
大的主观性。分为以下三种情况。

　a. 当主语是第三人称或事物时，表示说话人带有确信的推测，往
往句尾与推测表现搭配。例如：

（7）明日はきっと雨はふらないよ。[①]

（8）靴がないから、彼はきっと帰ったのだろう。

　b. 当主语是第二人称时，蕴含说话人对听话人的行为非常信赖
的意思，以此表示说话人对听话人的某种强烈期望。例如：

（9）「明日、君のところへ行くよ。」「きっとね。」

（10）この仕事は明日までにきっとしあげといてくれ。

　c. 当主语是第一人称时，表示说话人确信自己行为的实施，由此
表示说话人某种强烈的决心。例如：

（11）お金は期限までにきっとお返しします。

　第二种用法为表示毫无例外。确信某种事态总会发生，不过确信
度没有那么高，而且不蕴含规则性，所以不能保证某种事态一定会客

① 例句（7）～（11）均来自飛田，浅田（1994：131–132）。

观且经常性地发生。

飛田,浅田(1994:132)认为「きっと」的第一种用法与「必ず」类似。所不同的是「必ず」表示的确信蕴含客观的根据和规则性,一般不用于否定。

关于「必ず」的用法,飛田,浅田(1994:121-122)认为主要有以下两种用法。

第一种用法为表示毫无例外地一定会成为某种结果,蕴含规则性和某种真理。例如:

(12)あの二人は合えば<u>必ず</u>ケンカする。①

(13)人間いつかは<u>必ず</u>死ぬんだ。

第二种用法为表示某种确定性。可以用来表示说话人的某种确信,当表示某种确信时,往往蕴含客观的根据和理由,所以尽管句中可以不出现表示根据和理由的成分,但「必ず」修饰的动作行为实现的可能性仍然极高;也可以用于表示命令、劝诱、指示等句中,敦促施事确实实施某种动作行为。例如:

(14)彼女は約束を<u>必ず</u>守る人だ。(说话人的某种确信)

(15)土曜日は<u>かならず</u>お弁当を持っていらっしゃい。(命令)

(16)テストでは最後に<u>必ず</u>もう一度見直しましょう。(劝诱、
　　指示)

根据上面的讨论我们发现,「きっと」与「必ず」之间既有不同的用法,也有相同的用法。最大的不同在于「必ず」一般只能用于肯定句,而不用于否定句。相反,「きっと」可以用于肯定句,也可以用于否定句。「きっと」与「必ず」相同的用法是都可以用来表示说话人的某种确信。但是,在表示确信时,「きっと」与「必ず」又有不同。「きっと」表示的确信主观性强,没有客观的根据支持,而「必ず」表示的确信蕴含客观的根据和规则性。

市川(2015:95-96)认为「きっと」本身含有推测性的要素,所以很难与表示说话人自身意志的形式搭配使用。此外,当对听话人说「(私は)きっと来る/行く」时,会因为事情的不确定性让对方产生不安的心情。所以这种场合下最好使用「必ず」。例如:

———————————

① 例句(12)～(16)均来自飛田,浅田(1994:121)。

（17）来年は入場券があれば、〈きっと→必ず〉パレードへ行きます。（市川　2015：93）

　　杉村（2000：168-169）也认为「きっと」的表达重点在于说话人自身对事件的确信，并不在于事件本身实现的可能性高低，所以使用「必ず」来表达更让人觉得有安全感。

　　根据上述有关「きっと」与「必ず」的使用条件，现在我们来讨论一下标题日语和例句（2）～（3）的偏误问题。标题日语和例句（2）～（3）都是肯定句，根据「必ず」一般只能用于肯定句，而不用于否定句，相反，「きっと」可以用于肯定句，也可以用于否定句这个条件，句中无论使用「きっと」还是使用「必ず」，都没有违反成句条件。但是，如果标题日语「いつも単語が覚えられないです。来学期、（　）単語の勉強に力を入れます」、例句（2）「ただ一度の人生、（　）有意義に過ごすつもりである」和例句（3）「（　）日本へ、回行きます」的括号中如果选择使用「きっと」作状语来修饰动词谓语，根据「きっと」表示的确信主观性强，没有客观的根据支持，而「必ず」表示的确信蕴含客观的根据和规则性这个条件，显然会给人一种不确定的感觉，让人怀疑说话人是否真的实施该动作行为。相反，括号中如果选择「必ず」作状语来修饰动词谓语，那么这种不确定的感觉和不安感就会消除，由于「必ず」蕴含实施动作行为的客观的根据和规则性，所以动作行为实施的可信度将会大大提高。

　　（18）お金は期限までにきっとお返しします。
　　（19）お金は期限までに必ずお返しします。

　　例句（18）与例句（19）最大的不同就在于例句（18）这种表述方式不一定能够保证到期还钱，而例句（19）这种表述方式则保证肯定能够做到到期还钱。

　　综上所述，在肯定句形式的动词谓语句中，用「きっと」还是用「必ず」作状语来修饰动词谓语，其使用条件基本如下：

　　①当句子是否定句时，只能使用「きっと」，而不能使用「必ず」。

　　②当句子表示说话人的某种确信时，既可以用「きっと」，又可以用「必ず」。但是，当这种确信属于主观性的，而且没有客观根据支持时，只能用「きっと」，而不能用「必ず」。当这种确信属于客观的，又有客观根据支持时，只能用「必ず」，而不能用

「きっと」。

③当需要表示有根有据肯定会实施某种动作行为时,只能用「必ず」,而不能用「きっと」。当需要表示没有把握肯定会实施某种动作行为时,只能用「きっと」,而不能用「必ず」。

标题日语和例句(2)～(3)之所以被判断为偏误用法,是因为它们都违反了上述使用条件。

**参考文献**

市川保子,2015. 日语误用辞典[M]. 北京:世界图书出版社.

杉村泰,2000. 現代日本語における蓋然性を表す副詞の研究[D]. 名古屋:名古屋大学.

飛田良文,浅田秀子,1994. 現代副詞用法辞典[M]. 東京:東京堂出版.

# 「興味があったら、きっとネットで探してみましょう。」错在哪里?

高山弘子(関西学院大学)

标题日语被判断为偏误用法,正确的说法应该是:

(1)興味があったら、ぜひネットで探してみましょう。

句中应该使用「ぜひ」,而不应该使用「きっと」来表达。与标题日语类似的偏误例句还有:

(2)実は、今度、日本に留学することを彼女に相談した。彼女は「〈きっと→ぜひ〉留学すべきだ。金がなければ、私はできるだけのことをしてあげる。」と言ってくれた。

标题日语和例句(2)中都不能使用副词「きっと」,而应该使用副词「ぜひ」来表达,即应该使用句式「ぜひ+V(よ)う」或「ぜひ+Vべきだ」。事实是否如此,我们使用语料库『YUKANG 日本語コーパス』和『中納言 KOTONOHA「現代日本語書き言葉均衡コーパス」』进行了检索,结果发现了很多使用「ぜひ」的例句。例如:

(3)お年寄りの皆さん、8月30日の総選挙にはぜひ行きましょう。(『毎日新聞』2009年)

(4)定期的な検診は早期発見の決め手になりますので、ぜひ受診しましょう。(『広報おとふけ』2008年)

(5)国際郵便のEMSや国際宅配便でもこのようなコンピュータ追跡システムによるサービスを行なっています。このサービスはとても便利ですのでぜひ利用しましょう。(木村雅晴『輸入ビジネスででっかく儲ける方法』)

(6)「後藤閣下はヨーロッパに留学はなさっておいでですが、ま
　　だアメリカをごらんになっておりません。……とくに閣下
　　のごとく新領土経営の責にあるかたは、ぜひ視察をなさる
　　べきです。」(星新一『人民は弱し官吏は強し』)

(7)子ども家庭省の創設には賛成だし、公立高校の実質無償化
　　もぜひやるべきです。(『毎日新聞』2009年)

(8)環境計画研究所長の中上英俊さんがサマータイム制度の概
　　要を説明。「少しでも省エネルギーになる制度なら、ぜひ導
　　入するべきだ」と、必要性を強調した。(『毎日新聞』1995年)

　　但是，我们使用语料库进行检索的过程中也发现，尽管副词「きっ
と」不能「Vべきだ」与共现，但是并非不能与「V(よ)う」共现。例如：

(9)a.「〇月〇日にお店を予約しました。ぜひ会いましょう」
　　　と、相手の確認も取らずにスケジュールを押しつける
　　　メールも好ましくありません。(鈴木芳樹『メールを書く！
　　　ネット掲示板に書く！嫌われないための147のルール』)

　　b.「デミアン、あなたと知り合いになれて本当によかった
　　　わ。……でもまたきっと会いましょうね。……」(藤原
　　　正彦『若き数学者のアメリカ』)

(10)a.山本さんから「もんじゃ焼きを食べに行きませんか」の
　　　お誘いを受けた。……「食べたことがないなら、ぜひ行
　　　きましょう」と語る山本さん強い言葉に押されるよう
　　　にして、東京・月島へ出かけた。(『読売新聞』2008年)

　　b.買い物帰り、名古屋高速の工事を見ながらバスを待っ
　　　ていると、未知の同年配の婦人2人から話し掛けられ
　　　た。……更に国会中継を欠かさず見ていることを知っ
　　　て、驚いた。私も今はしっかり見ている。「投票にはきっ
　　　と行きましょう」といって、バスに乗った。(『朝日新聞』
　　　2008年)

　　既然如此，那么为什么标题日语和例句(2)还是会被判断为偏误
用法呢？在副词的分类中，「ぜひ」和「きっと」都属于陈述副词①。工

――――――――――――――――

① 关于副词分为三类的细节内容请参照工藤(2000:164)和庵等(2000:378-379)。

藤（2000:172）认为陈述副词是用来"补足和明确表示否定、推测和假设等义"的副词。也就是说，「ぜひ」和「きっと」与谓语表义功能的关系密切并且依存于谓语的表义功能。下面我们就以例句（3）～（8）和例句（9）～（10）为对象，在厘清两者谓语表义功能的基础上，着眼于句中的施事来讨论标题日语和例句（2）的偏误问题。

首先，像例句（3）～（5）中「（よ）う」的用法，日本語記述文法研究会（2003:53,55）认为这种用法可以用来表示"意志情态"中的"行为建议"。也就是说，例句（3）～（5）中的「ぜひ」的共现可以看作为了进一步明确实施某种行为的建议。具体地说，例句（3）中的「ぜひ」是为了进一步明确号召大家一起去参加选举，例句（4）中的「ぜひ」是为了进一步明确要求大家去参加体检，例句（5）中的「ぜひ」是为了进一步明确建议大家利用这项服务。例句（3）～（5）中的「総選挙に行く」「検診を受診する」「サービスを利用する」并非说话人一起实施的行为，而只是针对听话人的行为来说的。

其次，像例句（6）～（8）中的「べきだ」的用法，日本語記述文法研究会（2003:92）认为这种用法属于"评价情态"范畴。"如果该事态是听话人未实现的行为时，表示说话人的一种要求。"（日本語記述文法研究会 2003:96）也就是说，例句（6）～（8）中的「ぜひ」是用来明确说话人的某种要求。因此，例句（6）中「ぜひ」用来明确表示说话人要求后藤阁下应该去美国视察，例句（7）中「ぜひ」用来明确表示说话人要求政府应该真正实施公立高中免除学费，例句（8）中「ぜひ」用来明确表示说话人要求应该导入夏令时制度。例句（6）～（8）中的「視察」「公立高校の実質無償化」「サマータイム制度の導入」同样也是针对听话人来说的，用来表示说话人对听话人的一种要求。

像例句（9）～（10）中的「（よ）う」的用法，日本語記述文法研究会（2003:61-62）认为这种用法"用来表示以说话人的行为为前提，劝诱听话人实施该行为"。也就是说，例句（9）～（10）中的「ぜひ」「きっと」用来明确表示说话人劝诱听话人实施「会う」「行く」「投票」的行为，但是，这些行为与例句（3）～（8）不同，不仅仅是针对听话人的，同时也是说话人的行为。

以上讨论可以归纳为以下三点。

（11）建议听话人实施某种行为「ぜひ＋V（よ）う」。

（12）要求听话人实施某种行为「ぜひ＋Ｖべきだ」。

（13）劝诱听话人实施某种行为，该行为也是说话人的行为「｛ぜひ/きっと｝＋Ｖ（よ）う」。

根据上述的讨论，下面我们来分析一下标题日语和例句（2）。标题日语「興味があったら、きっとネットで探してみましょう」中的「（よ）う」用来表示说话人建议听话人「ネットで探す」，这个建议仅仅以听话人的行为为前提，并不包含说话人的行为。例句（2）「留学すべきだ。金がなければ、私はできるだけのことをしてあげる」中的「べきだ」用来表示说话人建议听话人「留学する」，这个建议也仅仅以听话人的行为为前提，并不包含说话人的行为。标题日语和例句（2）中的行为都是听话人的行为，都不蕴含听话人也实施该行为的意思。如果需要更加明确地表示说话人对听话人的建议或要求，可以使用「ぜひ」，但不能使用「きっと」来表达。

综上所述，在以「Ｖ（よ）う」「Ｖべきだ」结句的句子中，用「ぜひ」还是用「きっと」来表达，其使用条件基本如下：

①当行为为听话人的行为，并不蕴含说话人也实施该行为，需要表示说话人建议或要求听话人实施该行为时，只能使用「ぜひ」，而不能使用「きっと」。

②当行为为听话人的行为，同时蕴含说话人也实施该行为，需要表示说话人建议或要求听话人实施该行为时，不仅可以使用「ぜひ」，而且也可以使用「きっと」。

标题日语和例句（2）之所以被判断为偏误用法，是因为违法了上述使用条件。

（原文为日文，于康翻译）

## 参考文献

庵功雄，高梨信乃，中西久美子，他，2000. 初級を教える人のための日本語文法ハンドブック［Ｍ］. 東京：スリーエーネットワーク.

工藤浩，2000. 副詞と文の陳述的なタイプ［Ｍ］//仁田義雄，益岡隆志. 日本語の文法3 モダリティ. 東京：岩波書店.

日本語記述文法研究会，2003. 現代日本語文法4 第8部モダリティ［Ｍ］. 東京：くろしお出版.

# 「高い会費を納めて、また値段が高い用具を買っても、彼らは気にしない。」错在哪里?

徐爱红(中山大学)

标题日语被判断为偏误用法,正确的说法应该是:

(1) 高い会費を納めて、<u>さらに</u>値段が高い用具を買っても、彼らは気にしない。

句中应该使用「さらに」,而不应该使用「また」作状语来修饰动词谓语。与标题日语类似的偏误例句还有:

(2) 今後の課題として〈また→さらに〉研究する必要がある。

标题日语和例句(2)有一个共同的特点,即句子都不能用「また」共现,而必须使用「さらに」才对。那么,是不是在与标题日语和例句(2)谓语相同的情况下,都必须使用「さらに」,而不能使用「また」呢?对此,我们使用『中納言KOTONOHA「現代日本語書き言葉均衡コーパス」』进行了检索,结果发现类似的谓语与「また」是可以共现的。例如:

(3) 振り返ってみますと、八五年のプラザ合意以降のいわば不均衡な貿易の是正あるいはまたドル高の是正、さらには進んで金利の引き下げをやりながら円高が進行し、<u>株価が暴騰し</u>、土地の取引が活発になってこれ<u>また値段が暴騰する</u>、こういうことを八九年ごろまでずっと流れとしては繰り返してきたわけであります。(『衆議院第126回国会常任委員会』)

(4)そして多数の生産者が同時に同じような考え、増産に走れ
ば、<u>価格が下がる</u>。すると、価格下落による収入減を埋める
ため、ますます販売数量を増やそうとする。その結果<u>また</u>
<u>価格が下がる</u>という、生産者にとって最悪の循環が始まる。
これが暴落のメカニズムである。(江戸雄介『ITの次は「これ
だ」』)

(5)<u>その後</u>鼻について<u>また研究をした</u>が、この頃トリストラ
ム・シャンデーの中に鼻論があるのを発見した。(夏目漱石
『吾輩は猫である』)

(6)じゃ、もう少しくだいてお尋ねいたします。このペーパー
に出ておりますところの救護班と医療班の違いを教えてく
ださい。では、<u>後ほどまた研究して</u>御報告ください。(『参議
院第126回国会特別委員会』)

　　从以上所举的例句我们可以发现，这些例句中谓语的种类与标题
日语和例句(2)相同或相似，但句中都是用「また」作状语的。也就是
说，从语法规则角度来看，「また」是可以与这些动词谓语共现的，即标
题日语和例句(2)的偏误原因不在于谓语的类型，也不在于是否违反
了语法规则，而在于副词「また」和「さらに」的使用条件。下面我们就
来讨论一下这个问题。

　　飛田，浅田(1994:494-495)认为「また」有五种用法，其中一种是
表示同一行为或状态反复多次，这种反复既可以是在未来的某一个时
间点发生，也可以是过去的某行为或状态再次发生。这个用法与「ふ
たたび」和「もういちど」相似，但「ふたたび」一般用于书面语，日常会
话中很少使用，表同一行为或状态第二次出现，但不蕴含多次反复义。
「もういちど」表已完成的行为再一次发生，具有添加义。

　　例句(3)～(6)中使用的「また」符合上述的语义特征。例句(3)的
「暴騰する」和例句(4)的「価格が下がる」都是一次再一次发生的事
态，例句(5)～(6)的「研究する」都是在上一次该行为结束后再一次进
行的同一行为。也就是说，同一状态或行为在不同的时间或状况下再
一次发生时，需要使用「また」，而不使用「さらに」作状语。

　　那么，「さらに」的使用条件是什么呢？飛田，浅田(1994:174)指
出「さらに」有两种用法，其中一个用法是表达与过去或其他事物相

比,通过追加一个事项使事态在程度上更进一步,这个副词可以修饰状态,也可以修饰动作行为。例如:

(7)ネオンの自動変速(AT)車の中心価格は一万七百ドル。ラジオなどを取り付けると<u>さらに値段は上がる</u>。(日経産業新聞『日米再逆転に挑む』)

(8)すなわち,すでに市場支配力が行使されている場合,当該非競争的な高価格を前提に<u>さらに価格引き上げ</u>を仮定すれば,市場が無意味に拡大されてしまうという問題である。(武山邦宜『独占禁止法』)

(9)そして、魂の中核、中枢が心であることも説明しました。そこで、今度は、その心というものについて、<u>さらに研究して</u>みたいと思います。心の作用、心の機能という話になっていくはずです。(大川隆法『太陽の法』)

(10)三谷氏は初版後<u>さらに研究をかさねて</u>、訂正増補版を出す心算であつたろう。(徳永直『光をかかぐる人々』)

在例句(7)~(8)中,「さらに値段は上がる」和「さらに価格引き上げる」都蕴含在原有的价格上再提高的意思,例句(9)~(10)的「さらに研究する」和「さらに研究をかさねる」蕴含在原有的基础上做进一步研究的意思。也就是说,表达同一状态或行为在原有基础上程度进一步加大或加强时,需要使用「さらに」,而不能使用「また」作状语。

根据上述的条件,我们来分析一下标题日语和例句(2)。标题日语「高い会費を納めて、(    )値段が高い用具を買っても、彼らは気にしない」中,高额的会费与高额的用品在费用开支上是一种递增关系;例句(2)「今後の課題として(    )研究する必要がある」是一句常常会用在论文结语部分的表达形式,要表达的意思是在这次论文中没有解决的课题今后将做进一步探讨,也就是研究的深度和广度会比这次论文更进一步。由此可见,标题日语和例句(2)都是后项的状态或动作行为在前项基础上具有程度进一步递进的关系,而不是同一状态或动作行为的单纯的反复,所以括号里需要用「さらに」,而不能用「また」作状语。

综上所述,在连接两个相关联的事态时,用「また」还是用「さらに」,其使用条件基本如下:

①当要表达同一状态或动作行为在不同的时间或状况下再一次发生时,需要用「また」,而不用「さらに」作状语。

②当要表达同一状态或动作行为在原有基础上程度是进一步递进时,需要用「さらに」,而不能用「また」作状语。

标题日语和例句(2)之所以被判断为偏误用法,是因为它们都违反了上述使用条件。

**参考文献**

飛田良文,浅田秀子,1994. 現代副詞用法辞典[M]. 東京:東京堂出版.

# 「魚などが生きられる環境がなくなっています。その上、廃水で汚れた川にいる魚を食べる人間も病気になるかもしれません。」错在哪里?

黄毅燕(福建师范大学)

标题日语被判断为偏误用法,正确的说法应该是:

(1)魚などが生きられる環境がなくなっています。<u>さらに</u>、廃水で汚れた川にいる魚を食べる人間も病気になるかもしれません。

句中应该使用「さらに」,而不应该使用「その上」作状语。标题偏误例句的句式是「前项 X+その上+后项 Y」,属于「その上」在表达递进关系时的偏误用法。也就是说,在连接前后项表递进关系时,需要使用「さらに」,而不能使用「その上」作状语。与标题日语类似的偏误用法还有:

(2)つまり、女性教育は毎日行わなければならないということを強調した。ここから、女性教育を重視していることが分かった。〈<u>その上→さらに</u>〉、中国古代女性教育の基本的な思想—「三従四徳」の「三従」思想が前漢『儀礼喪服子夏伝』に伝えられた。三従とは「在家従父、出嫁従夫、夫死従子」(嫁に行くまでは父親に従い、嫁に行ったら夫に従い、夫が死んだら子供に従う)である。

那么是不是当表示递进关系时只能使用「さらに」,而不能使用「その上」呢? 对此,我们使用语料库『YUKANG 日本語コーパス』进行

了检索,结果发现「その上」也可以表示递进关系。例如:

(3)婿の儀八です。二十五六、若くて好い男で、<u>その上</u>、この騒ぎの中にも、一番冷静に見えます。(野村胡堂『銭形平次捕物控』)

(4)いろいろ貴女に、お詫わびしたいことばかりです。僕も昨夜遅く帰って来ました。一刻も早く貴女にお目にかかりたく、<u>その上</u>、お詫の言葉と僕の気持を聴いて頂きたいのです。(菊池寛『貞操問答』)

尽管「その上」和「さらに」一样都可以用来表示递进关系,但是两者并非可以自由互换。例如:

(3)'×婿の儀八です。二十五六、若くて好い男で、<u>さらに</u>、この騒ぎの中にも、一番冷静に見えます。

(4)'×いろいろ貴女に、お詫わびしたいことばかりです。僕も昨夜遅く帰って来ました。一刻も早く貴女にお目にかかりたく、<u>さらに</u>、お詫の言葉と僕の気持を聴いて頂きたいのです。

(5)a. しかし、常陸との国境は、一衣帯水いちいたいすいだ。将門にすれば、それだけでも、枕を高うしてはいられない。警戒の理由は、充分にある。<u>さらに</u>、その後、玄明の手によって、貞盛が常陸で何を企んでいるかという輪郭は、追々に、明らかになった。(吉川英治『平の将門』)

b. ×しかし、常陸との国境は、一衣帯水いちいたいすいだ。将門にすれば、それだけでも、枕を高うしてはいられない。警戒の理由は、充分にある。<u>その上</u>、その後、玄明の手によって、貞盛が常陸で何を企んでいるかという輪郭は、追々に、明らかになった。

(6)a. ことしはコロンブスが新大陸に到達してから五百年であります。<u>さらに</u>、あと五年すると、バスコ・ダ・ガマがアフリカ大陸南端の喜望峰を回ってインド洋に出てからやはり五百年になります。(『参議院第123回本会議』)

b. ×ことしはコロンブスが新大陸に到達してから五百年であります。<u>その上</u>、あと五年すると、バスコ・ダ・ガマ

がアフリカ大陸南端の喜望峰を回ってインド洋に出て
からやはり五百年になります。

可见,「その上」与「さらに」使用条件不同。飛田,浅田(1994:
173-174,226-227)认为,「その上」指的是添加之意,所添加的事物对
于整体而言影响较小,蕴含对原来的事项和所添加的对象同等看待,
并且关注添加后的结果的意思。语体上偏向于书面语。与此相比,
「さらに」表示某种状态或动作行为的程度更高,是一种客观表达,与
以前或其他事物相比程度更深,并且蕴含添加事项为最终添加。当用
于描述态态性行为时,蕴含此行为将持续进行之义。例如:

(7)a. 彼女は頑固だ。そのうえあわて者ときている。

   b. 日が暮れてそのうえ雪まで降ってきた。

   c. 彼はハンサムで頭がよく、そのうえおお金持ちだ。

(以上例句来自飛田,浅田1994:173-174)

(8)a. あいつ、飲酒運転でスピート違反、さらに悪いことには無
      免許ときているから、もう救いようがないよ。

   b. 台風の接近に伴って風はさらに激しくなった。

   c. (社長の訓示)今後もさらに努力してほしい。

(以上例句来自飛田,浅田1994:226-227)

也就是说,当表示递进关系的添加义时,「その上」和「さらに」的
表义功能不同。「その上」表示的是添加同一性质事项,后项对于整体
的影响较小;「さらに」则表示的是事件的进程发展,后项较于前项程
度大大加强,对整体的影响较大。因此,当上下文表示的只是后项是
前项的顺向叠加,并且没有直接强调带来较大程度的加深时,宜选用
「その上」,而不使用「さらに」。

也正是因为「その上」与「さらに」的语义指向的重点不同,二者也
可以在同一表达中叠加同现。例如:

(9)その朝、宋江は、江上を船をつらねて見送られた。その上さ
      らに、陸上二十里まで送ろうという一同の好意を、宋江は強
      たって断わり、そのまま二人の端公に追っ立てられつつ、一
      路江州への道をいそいだ。(吉川英治『新・水滸伝』)

(10)若いお客は、気まえよく、あざむかれてやってウイスキイ
      を一杯のませ、さらにそのうえ、何か食べたいものはない

かと聞くのである。(太宰治『狂言の神』)

例句(9)「その上さらに」表示"在其之上进而……";例句(10)「さらにその上」表示"进而在其之上……"。

根据上述使用条件,我们来分析一下标题日语和例句(2)的偏误问题。在标题日语「魚などが生きられる環境がなくなっています。(  )廃水で汚れた川にいる魚を食べる人間も病気になるかもしれません」中,前项为「魚などが生きられる環境がなくなっています」,后项为「廃水で汚れた川にいる魚を食べる人間も病気になるかもしれません」。句中作者想表达的是污染导致的一系列生态链的连锁恶化反应:河流污染导致鱼失去了生存环境,而人类吃了废水中生长的鱼可能会引发疾病。在这个生态循环过程中污染的不良影响不断加强,最后这个后果也将循环到由人类来承担。句中所阐述的前项和后项是同一性质事件的不断发展,后项是前项的程度的加深,并且蕴含为最终添加义,因此括号中应选用「さらに」,而不宜使用只是表示单纯事项叠加的「その上」来作状语修饰动词谓语。例句(2)也是如此。

综上所述,在连接前项和后项表示递进添加义时,用「その上」还是用「さらに」作状语,其使用条件基本如下:

①当表达后项为前一个事项的同一性质的顺向添加,对总体影响较小时,要用「その上」,而不用「さらに」。

②当表达某个事件总体进程中状态程度加深,或是把前后项当成一个完整事件来描述,表示后项程度大大加深,并且蕴含为最终添加义时,则要用「さらに」,而不用「その上」。

标题日语和例句(2)之所以被判断为偏误用法,是因为违反了上述使用条件。

**参考文献**

飛田良文,浅田秀子,1994. 現代副詞用法辞典[M]. 東京:東京堂出版.

# 「今回、改めて丁寧に読んだ後、その魅力に目を奪われた。」错在哪里?

熊仁芳(北京第二外国语学院)

标题日语被判断为偏误用法,正确的说法应该是:

(1)今回、改めて丁寧に読んだ後、<u>さらに</u>その魅力に目を奪われた。

句中应该使用「さらに」。与标题日语类似的偏误例句还有:

(2)男性を募集する企業に女性は履歴書を出しても誰も見ないのが実情です。無論、女性が独立して何か経営的な活動をする際には〈〇→さらに〉妨げが大きくなります。

(3)その後、2008年に国際金融危機を受け、〈〇→さらに〉2011年の東日本大地震に津波と、日本経済に災難が重なってしまった。

标题日语与例句(2)~(3)一样,都是肯定句中应该使用「さらに」作状语来修饰动词谓语却没有使用的偏误用法。那么,是不是肯定句中一定要使用「さらに」呢? 我们使用『YUKANG日本語コーパス』进行了检索,结果发现了很多与标题日语谓语相同或句式相同的肯定句中可以使用「さらに」,也可以不使用「さらに」的情况。例如:

(4)a. おれはあぶなく笑い出しそうになった。戸川に敬意を表してウイスキーを、そしてこんどは、女学生に敬意を表して花束か。然し、次の瞬間、おれはむかむかっと<u>不愉快になった</u>。「たかが一人の女学生が、病気になろうと、どうしようと、構わんじゃないか。感傷は捨てるんだ。ほっと

くんだね。」そしておれは、ウイスキーを、グラスにではなくコップに二つ求めた。（豊島与志雄『失われた半身』）

b. そんな時は、一時は意識もなくなり、顔面は蒼白で、唇の色も失われてしまう。また始終頭痛がした。殊に午後になると、顳顬に動悸を打って痛んで来る。或は「よくない行為」のせいではないか、とも疑う。私は<u>更に不愉快になる</u>。とにかく、その頃の私は感情が変り易い。（外村繁『澪標』）

（5）a. 確たる産業資金計画を持ち合わさないで、いたずらにこのような法案をつくっても有害無益である、ことに復金融資の回収分は、集中生産方式から考えて、きわめて巨大な企業のみに向けられる<u>ことになり</u>、興業債券につい<u>ても</u>、これに関連して同様のことが考えられる、かような反動的な両法案には絶体に反対する旨述べられました。（『衆議院第005回本会議』）

b. 我が国は現在十対一の割合で著しく輸入超過となっているが、ガット税率が実施されるときには、今まで最高税率を課せられていた「まぐろ」、肝油以下各種の主要品目の税率が大幅に引下げられる<u>ことになり</u>、更に、パイプライン、光学機械等<u>について</u>、新たに輸出の進展が予想せられ、現在の総額年約千五百万ドルの輸出貿易は、よく行けば二倍程度にまで増加するであろうと期待される。（『参議院第018回本会議』）

那么，「さらに」的使用需要满足什么条件呢？使用「さらに」和不使用「さらに」有什么不同呢？标题日语和例句(2)～(3)为什么会被判断为偏误用法呢？

グループ・ジャマシイ（1998：134）认为「さらに」表示程度比现在更深一步，多用于书面语或较为正式的口语表达中。飛田，浅田（1994：173）认为「さらに」表示某种状态或动作行为的程度更高，是一种客观表达，与以前或其他事物相比程度更深。「さらに」的最大特点是蕴含添加的事项为最终添加义。例如：

（6）台風の接近に伴って、風は<u>さらに</u>激しくなった。

（7）ここからさらに北へ500メートル歩くと駅がある。

（8）あいつ、飲酒運転でスピード違反、さらに悪いことには無免
　　　許ときているから、もう救いようがないよ。

（9）君の絵はなかなかうまいが、さらに欲を言えばもう少し
　　　デッサンを勉強したほうがいい。

（以上例句来自飛田，浅田　1994：173）

　　例句（6）表示一直在刮的风，程度递进，程度更深。例句（7）表示
距离递进。例句（8）表示在「飲酒運転」「スピード違反」之上再添加
「無免許」，使得犯法的程度进一步加深。例句（9）表示如果想令自己
的绘画能力更上一层楼，需要再进一步，「もう少しデッサンを勉強し
たほうがいい」。

　　换句话说，当句中无须表达递进添加关系、程度更深并蕴含最终
添加义时，就没有必要使用「さらに」作状语来修饰动词谓语。例句
（4）a「おれはむかむかっと不愉快になった」中没有「さらに」共现，用
来表示「不愉快になった」是一种单纯的事态，不是在其他事态之上再
添加的事态，而例句（4）b「私は更に不愉快になる」就不同了。由于有
「さらに」的共现，表示在「意識もなくなり、顔面は蒼白で、唇の色も
失われてしまう。また始終頭痛がした」等许多令人不舒服的状况的
基础上，又出现「顳顬に動悸を打って痛んで来る」，所以才令本来就
不愉快的事态进一步加深。例句（5）a「ことに復金融資の回収分は、
集中生産方式から考えて、きわめて巨大な企業のみに向けられるこ
とになり、興業債券についても、これに関連して同様のことが考え
られる」中没有「さらに」共现，用来表示「興業債券について」是一种
单纯的事态，与其他事态之间没有递进添加的关系，而例句（5）b「今ま
で最高税率を課せられていた「まぐろ」、肝油以下各種の主要品目の
税率が大幅に引下げられることになり、更に、パイプライン、光学機
械等について、新たに輸出の進展が予想せられ、現在の総額年約千
五百万ドルの輸出貿易は、よく行けば二倍程度にまで増加するであ
ろうと期待される」就不同了。由于有「さらに」的共现，表示因为有
「『まぐろ』、肝油」等降税一事，才会进一步出现「パイプライン、光学
機械等」出口扩大的猜测，表达的是一种递进添加关系。

　　根据上述「さらに」的使用条件，现在我们来分析一下标题日语和

例句(2)~(3)的偏误问题。标题日语「今回、改めて丁寧に読んだ後、
(　)その魅力に目を奪われた」、例句(2)「男性を募集する企業に女
性は履歴書を出しても誰も見ないのが実情です。無論、女性が独立
して何か経営的な活動をする際には(　)妨げが大きくなります」和
例句(3)「その後、2008年に国際金融危機を受け、(　)2011年の東日
本大地震に津波と、日本経済に災難が重なってしまった」的括号中
即使没有「さらに」共现,句子仍符合语法,可以成立,只是缺少了括号
后的成分与其他成分是何种关系的信息。标题日语中,如果需要蕴含
以前读的时候已经很感动了,这回重新阅读所出现的「その魅力に目
を奪われた」现象与上回相比属于递进添加关系,程度更深,就必须使
用「さらに」作状语来表达这种蕴含义,否则不能达意。例句(2)和例
句(3)同样,如果需要蕴含括号后面的成分与其他成分(无论句中是否
出现)相比具有递进添加关系,表示程度加深,就不能省略「さらに」,
否则就读不出「さらに」所具有的蕴含义。

　　综上所述,在肯定句式中,用「さらに」还是不用「さらに」,其使用
条件基本如下:
　　①当句子需要用来表达后项的事态与其他事态为递进添加关系,
　　　后项程度更深时,必须使用「さらに」作状语,而不能省略。
　　②当句子只是用来表示一种单纯的事态,与其他事态之间并没有
　　　递进添加关系时,就无须使用「さらに」作状语。
　　标题日语和例句(2)~(3)之所以被判断为偏误用法,是因为它们
都违反了上述使用条件。

## 参考文献

グループ・ジャマシイ,1998. 教師と学習者のための日本語文型辞典[M]. 東
　京:くろしお出版.
飛田良文,浅田秀子,1994. 現代副詞用法辞典[M].東京:東京堂出版.

# 日语偏误与日语教学学会/日本語誤用と日本語教育学会　会則

2014年4月7日制定
2014年12月5日修訂
2017年8月31日修訂
2018年2月15日修訂

第1条　名称

本会を『日本語誤用と日本語教育学会』（日语偏误与日语教学学会/The Society for studies of errors in Japanese and for teaching Japanese as a foreign language）と称する。SETJと略す。

第2条　目的

本会は，中国語母語話者日本語学習者を対象とする、誤用研究、日本語習得研究及び日本語教育にかかわる研究を行うことを目的とする。

第3条　事業

本会は，上記の目的を達成するために，次の事業を行う。

1. 大規模中国語母語話者日本語学習者のタグ付き学習者コーパスの構築。

2. 学会誌《日语偏误与日语教学研究（日本語誤用と日本語教育研究/*Journal of Error in Use of Japanese and Japanese Language Teaching*）》の刊行。

3. 日本語の誤用研究の叢書の刊行。

4. 学会や研究発表会の開催。

5. その他，必要な事業。

第4条　会員

本会の会員は,所定の書類を記入し,入会の意思を表明した者とする。

第5条　入会および退会

入会と退会は自由であるが,会員になろうとする者は,所定の入会手続きを行うものとする。退会する場合は,事務局に届け出なければならない。

第6条　会員の権利

会員は,学会誌に投稿し,その他,学会が行う事業に参加することができる。

第7条　役職

本会に次の役職をおく。

会長(1名),副会長(2名),学会誌編集長(1名),学会誌副編集長(2名),学会誌編集委員(査読者数名)。

第8条　理事、常務理事、会長の選出

1. 理事は33名とし,常務理事は13名とする。
2. 理事は会員の中から選出し,常務理事は理事の中から選出する。
3. 会長は,常務理事の中から選出する。副会長は,会長が任命する。
4. 編集長は会長が兼任し,副編集長は,副会長が兼任する。編集委員は,編集長が任命する。
5. 会長は,会を代表する。

第9条　任期

1. 会長の任期は3年とし,再任を妨げない。副会長の任期はその期の会長の任期終了までとする。
2. それぞれの任期は,4月1日に始まるものとする。但し第1期は2014年10月10に始まるものとする。

第10条　事務局

本会の事務局は,〒662-8501西宮市上ヶ原一番町1-155関西学院大学国際学部于康研究室内におく。事務局長は,事務を総理する。

メールアドレス:goyouken@163.com

ホームページのアドレス:http://yukang.org/

第11条　会員総会

本会は,必要に応じ総会を開催する。

1. 会長は,臨時総会を招集することができる。

2. 会員の5分の1以上から議題を示して臨時総会の招集が請求された場合,会長は速やかに臨時総会を招集しなければならない。

第12条　改訂

この会則の改訂は,会長と副会長の提案により,総会において決する。

# 日语偏误与日语教学学会/日本語誤用と日本語教育学会　組織構成

2018 年 4 月—2021 年 3 月

会　　長：于康(関西学院大学)
会長代行：林璋(福建師範大学)
副　会　長：張佩霞(湖南大学)、徐衛(蘇州大学)、毋育新(西安外国語大学)
会長補佐：呂雷寧(上海財経大学)、徐愛紅(中山大学)
常務理事：于康(関西学院大学)、杉村泰(名古屋大学)、徐衛(蘇州大学)、張威(中国人民大学)、張佩霞(湖南大学)、朴秀娟(神戸大学)、朴麗華(北京第二外国語学院)、彭広陸(陝西師範大学)、毋育新(西安外国語大学)、毛文偉(上海外国語大学)、熊仁芳(北京第二外国語学院)、林璋(福建師範大学)、呂雷寧(上海財経大学)
理　　事：于康(関西学院大学)、王安(法政大学)、葛金龍(南京航空航天大学)、黄毅燕(福建師範大学)、佐藤暢治(広島大学)、徐愛紅(中山大学)、徐衛(蘇州大学)、徐微潔(浙江師範大学)、徐萍飛(浙江工業大学)、杉村泰(名古屋大学)、盛文忠(上海外国語大学)、蘇鷹(湖南大学)、高永茂(広島大学)、高山弘子(九州大学)、多田美有紀(長崎大学)、張威(中国人民大学)、張佩霞(湖南大学)、朴麗華(北京第二外国語学院)、朴秀娟(神戸大学)、彭玉全(西南大学)、彭広陸(陝西師範大学)、苞山武義(近畿大学)、毋育新(西安外国語大学)、向坂卓也(北京第二外国語学

院)、毛文偉(上海外国語大学)、望月圭子(東京外国語大学)、熊仁芳(北京第二外国語学院)、楊暁敏(復旦大学)、姚媛(浙江工商大学出版社)、林璋(福建師範大学)、劉鳳栄(吉林大学)、呂芳(立命館大学)、呂雷宁(上海財経大学)

事務局

事　務　局　長：熊仁芳(北京第二外国語学院)

事務局長代行：朴麗華(北京第二外国語学院)

事　務　局　次　長：黄毅燕(福建師範大学)、周彤(北京外国語大学)、朴秀娟(神戸大学)

会　計　監　査：王軼群(中国人民大学)、孫楊(揚州大学)、田禾(関西学院大学)、苞山武義(近畿大学)


大会運営委員会

委　員　長：徐衛(蘇州大学)

副委員長：徐微潔(浙江師範大学)、蘇鷹(湖南大学)


学会賞選考委員会

委　員　長：杉村泰(名古屋大学)

副委員長：彭玉全(西南大学)、葛金龍(南京航空航天大学)


学術交流委員会

委　員　長：毛文偉(上海外国語大学)

副委員長：盛文忠(上海外国語大学)、楊暁敏(復旦大学)


《日语偏误与日语教学研究》編集委員会

主　　　編：于康

副　主　編：林璋、張佩霞

編　　　委：岸本秀樹、佐藤暢治、杉村泰、盛文忠、高永茂、張威、彭広陸、毋育新、南雅彦、毛文偉、望月圭子

# 入会案内
## 2014年12月5日制定
## 2017年3月1日修訂

　　入会に際して，資格による規定はございません。上記の学会の目的にご賛同いただければ，どなたでも入会することができます。入会ご希望の方は下記口座にご送金の上，必要事項を事務局宛にメールにてご連絡ください。

## 会費について

　　会費は年度の会費になります。年度は毎年の4月1日から3月31日までとします。会費をその年度の8月末日までにご納入がない場合，特別の事由がある場合を除き，会員の資格が停止され，会員の権利の執行が制限されます。その後，2月末日までにご納入がない場合は，退会したとみなされ，会員資格が取り消されます。

## 会費

　　一般会員：年度単位で2000円（ただし，中国在住の会員については，100人民元です。）
　　学生会員：年度単位で1000円（ただし，中国在住の会員については，50人民元です。）

## お支払い方法

　　下記口座に銀行振込にてお支払いください。

〈日本〉

ゆうちょ銀行

口座記号番号:00920-0-332259

口座名称:日本語誤用と日本語教育研究学会

加入者払込店:関西学院前

〈中国〉

口座:中国工商銀行北京大興支行

番号:6212260200104191081

名義:朴丽华

## 入会の手続き

　書式は任意です。1)ご氏名,2)性別,3)ご所属,4)メールアドレス,5)ご住所,6)お電話番号を事務局宛 goyouken@163.com にメールにてご連絡ください。

　会費の納入と上記6点のご連絡をもって,日本語誤用と日本語教育学会の会員とさせていただきます。

## 会員の権利

　・研究誌の配布を受けることができる。

　・研究誌に投稿することができる。

　・その他,研究会が行う事業に参加することができる。

## 入会後の変更届,退会手続きについて

　変更届について

　ご住所,ご所属に変更がある場合は,事務局 goyouken@163.com までお知らせください。

　退会手続きについて

　退会を希望される場合は,氏名,ご所属,退会の期日を事務局までお知らせください。なお,当学会では一旦お納めいただいた会費は原則としてお返しいたしません。

# 投稿規定
2014年12月5日制定
2017年3月1修訂
2019年1月15日修訂

　《日语偏误与日语教学研究（日本語誤用と日本語教育研究/*Journal of Error in Use of Japanese and Japanese Language Teaching*）》には，重要なキーワードが二つある。一つは，日本語の誤用研究，もう一つは日本語教育である。日本語の誤用研究とは，日本語教育を立脚点とする中国語母語話者日本語学習者の誤用研究のことを意味するのに対し，日本語教育とは，中国語母語話者を対象とする日本語教育のことを意味する。これは，この研究誌の中核を成す部分である。

　以上のことを踏まえて，次の投稿を大いに歓迎する。

　1. 中国語母語話者日本語学習者を対象とする日本語の誤用研究

　2. 誤用のデータを根拠とする日本語教育の研究

　3. 誤用研究を目的とする日中または中日対照研究

　この研究誌への投稿は，日本語誤用と日本語教育学会の会員であること，独創性があり，なおかつ因果関係をはっきりさせ，論文の基本を守っている未公刊のものを条件とする。

　また，投稿される際は，以下の点に留意されたい。

　1. 同一人物が執筆者に含まれている原稿は，同じ号に複数本投稿できない。

　2. 査読後の修正原稿の提出は2度（つまり査読者とのやりとりは2往復）までとする。原稿がなお十分に修正されていないと判

断された場合,「条件付き採用」の「条件」が満たされなかった
ものとして,「不採用」となる。

3. 修正原稿を提出する際に,どこがどのように直したかを詳細
に記した「修正報告書」を別紙で提出しなければならない。

4. 投稿者は著者名・謝辞を,投稿論文が「条件付き採用」と判定
された段階ではなく,「採用」と判定された段階で記入するも
のとする。

5. 投稿原稿は,「論文/研究论文」「フォーラム/论坛」「研究ノート/
研究笔记」とする。

6. 使用言語は,中国語,または日本語とする。

7. 論文は,10ページ以内とする。

8. ワードソフトの使用を基本とし,製作に費用を要する図版・
特殊文字をなるべく避ける。

9. 要旨とキーワードが必要である。要旨は,日本語と中国語の
両方を用意し,400字以内とする。キーワードは,日本語も中
国語も5ワード以内とする。

10. 要旨には,「何について論ずるのか」「どのような結論が得ら
れたのか」を明確に書く。

11. 投稿は,電子メールの投稿に限る。

12. 投稿の際には,著者の氏名(よみかた),所属,職名(共著の場
合は全員),住所,電話番号,メールアドレス(共著の場合は代
表者1名),最終学歴を記載した申込用紙も提出する。

13. 投稿の締め切り日は,毎年の11月30日とする。

14. 執筆の要領

横組みを主体とし,区切り符号は「,」「。」とします(用例や引用の
部分は原文のまま)。

タイトルや内容などは何れも明朝MS,10.5ポイント。

番号は手動で付与し,自動付与機能を使用しない。

(1)ページレイアウトの設定

文字数と行数:横書き,段数1,文字数40,行数40

余白:上30mm,下30mm,左30mm,右30mm,とじしろ0mm,と
じしろの位置:左

（2）論文内容の配列（「脚注」以外は，何れもMS明朝または
SimSun10.5ポイント）

①題名

②著者（所属）

③執筆言語が中国語の場合は中国語の要旨，日本語の場合は
日本語の要旨

④執筆言語が中国語の場合は中国語のキーワード，日本語の
場合は日本語のキーワード

⑤見出し

⑥本文

⑦注（脚注，MS明朝9ポイントまたはSimSun9ポイント）

⑧参考文献

⑨謝辞または付記

⑩参考文献（全角，10.5ポイント，"，"""．""："は半角）

　a. 参考文献の配列

　　執筆原稿が日本語の場合：日本語，中国語，英語，その他の言語

　　執筆原稿が中国語の場合：中国語，日本語，英語，その他の言語

　［1］［2］のように通し番号を付与する。

　b. サンプル

　［1］井上優，生越直樹．過去形の使用に関わる語用論的要因—
日本語と韓国語の場合—［J］．日本語科学，1997（1）：37-52.

　［2］仁田義雄．動詞の格支配［M］//仁田義雄．語彙論的統語論
の観点から．採録．東京：ひつじ書房，2010：51-65.

　［3］村木新次郎．日本語動詞の諸相［M］．東京：ひつじ書房，1991.

　［4］WILLIAMS E. Thematic structure in syntax［M］. Cambridge，
MA：MIT Press，1994.

　［5］于康，田中良，高山弘子．方法工具与日语教学研究丛书 加注
标签软件与日语研究［M］．杭州：浙江工商大学出版社，2014.

　［6］沈家煊．"在"字句和"给"字句［J］．中国语文，1999（2）：94-102.

⑪執筆言語が中国語の場合は日本語のタイトル，投稿者氏名，
投稿者所属，要旨，キーワード。日本語の場合は中国語のタ
イトル，投稿者所属，投稿者氏名，要旨，キーワード。

# 査読規定

2014年12月5日制定
2017年3月1日修訂
2019年1月15日修訂
2020年1月24日修訂

1. 論文1本につき,査読者2名で査読を行う。
2. 採否のパターンは次の通りである。
   採用＋採用→採用
   採用＋条件付採用→条件付採用
   条件付採用＋条件付採用→条件付採用
   採用＋不採用→編集委員会へ
   条件付採用＋不採用→修正再査読
   修正再査読後　条件付採用＋不採用→不採用
   不採用＋不採用→不採用
3. 査読後の修正原稿の提出は2度(つまり査読者とのやりとりは2往復)までとする。原稿がなお十分に修正されていないと判断された場合,「条件付き採用」の「条件」が満たされなかったものとして,「不採用」となる。
4. 査読者は「どこをどう直すべきか」を,査読報告書にできるだけ具体的に記しておく。
5. 投稿者に対して2名の査読者が要求する直し方がずれている場合は編集審議委員会で直し方を統一する。

# 编后记

　　《日语偏误与日语教学研究》从创刊开始到 2020 年 8 月正好满五周岁！

　　二语习得研究是一个年轻的领域,很多问题还都停留在推测和归纳的范围内。这是因为研究的样本数量太少,只能就事论事,所以归纳出来的结果未必具有普遍性。而且,研究的观点也存在各种分歧和对立。最主要的有两大类:一类是不管母语如何去寻找人类普遍存在的二语习得规则,另一类是先以某个母语为主去寻找二语习得规则,然后在综合各种母语使用者的二语习得规则的这个基础上去寻找人类普遍存在的二语习得规则。两者各有自己的研究目的和目标,但不应该相互排斥,而应该相互兼容。但是,如果两者都不是以大数据为研究基础,那么归纳出来的结论和建立起来的理论也只能是纸上谈兵。实际上,由于前者和后者都没有一个大数据为支撑,现在的二语习得研究尚在"盲人摸象"的阶段,理论推演走在了语言事实的前面,所以任何一个结论和任何一个理论都有可能被后来的科学分析所推翻。

　　二语习得研究中的日语偏误研究是一个非常重要的研究领域。虽然,日语偏误研究才刚刚起步,不过随着以汉语为母语的日语学习者作文语料库『YUKタグ付き中国語母語話者日本語学習者作文コーパス』的数据不断积累,日语偏误研究的不断深化,一定会摸索出以汉语为母语的日语学习者学习日语的规则,以贡献于日语学习和二语习得研究。这可能需要几代人的努力,但是只要锲而不舍,一定会有所成就。

　　2020 年对中国来说是一个考验国力和民力的一年。国家以民为先、快速出击和防控部署,显示了国力;国民克服各种困难、牺牲个人利益配合国家政策的实施,显示了民力。我们在海外深深地感受到了这两点。希望在本书出版之际,我们的祖国已经战胜了新冠肺炎疫

情,人民的工作和生活都蒸蒸日上。

在这一特殊时期,浙江工商大学出版社社长鲍观明、外语事业部(版贸部)姚媛副主任和责任编辑鲁燕青女士忘我奉献,克服困难,坚持工作,保证了刊物的正常出版。在此,我们谨向他们表示衷心的感谢。

于 康

2020 年 5 月